本书获得浙江财经大学汉语言文字学省级重点学科资助

明清音韵训诂研究

MINGQING YINYUN XUNGU YANJIU

杨建忠◎著

语文出版社

·北京·

图书在版编目（CIP）数据

明清音韵训诂研究 / 杨建忠著. -- 北京 : 语文出版社, 2021.1
ISBN 978-7-5187-0748-5

Ⅰ. ①明… Ⅱ. ①杨… Ⅲ. ①汉语—韵书—研究—明清时代②汉语—训诂—研究—明清时代 Ⅳ. ①H114.9 ②H131.7

中国版本图书馆CIP数据核字(2018)第173395号

责任编辑 盛艳玲
装帧设计 于 轲
出　　版 语文出版社
地　　址 北京市东城区朝阳门内南小街51号 100010
电子信箱 ywcbsywp@163.com
排　　版 北京大有艺彩图文设计有限公司
印刷装订 北京市科星印刷有限责任公司
发　　行 语文出版社 新华书店经销
规　　格 890mm × 1240mm
开　　本 A5
印　　张 10.375
字　　数 260千字
版　　次 2021年1月第1版
印　　次 2021年1月第1次印刷
定　　价 35.00元

010-65253954（咨询） 010-65251033（购书） 010-65250075（印装质量）

序　言

《明清音韵训诂研究》对出现于明清两代的音韵训诂专著《通雅》《声系》《声均表》《形声类篇》以及《(新刻)官话汇解便览》进行了相当深入的探讨，时有精当的见解。应当指出这几部著作中除《通雅》尚为学人推崇多有征引，其他则鲜有涉猎者。

作者怀着敬重之心，以充分而翔实的材料揭示方以智《通雅》在训诂学、音韵学、词汇学方面的巨大成就，尤其是指出方氏在对音义关系有较为全面而科学的认知基础上所形成的“因声求义”，无论在理论上还是实践上都有超过前人之处。我以为《明清音韵训诂研究》论述中还有两大亮点：其一，前人评价《通雅》的多为四库馆臣，片面强调其“考据精核”而忽视其存在的讹误，《明清音韵训诂研究》则通过对《通雅·谚原》的一百四十九个词条的穷尽剖析，列举出八类谬误；其二，明确指出《通雅》对词语考释，尤其是方言俗语，用力甚勤，成果卓著，清代小学家多有征引，却被当代一些权威著作所忽视，当引为憾事。

《明清音韵训诂研究》对清代几部音韵学著作有如下的研究成果：陈鳣《声系》分古韵为二十一部，并独立出缉、月、质三部，实属创见；佚名《声均表》分古韵为十九部，在部分韵部声符的归纳上有较顾、江、戴、段诸大家高明之处，有的甚至接近王力之说；丁履恒《形声类篇》分古韵为十九部并归纳出古韵通合四大条例及十五条细则，对形声字的归部进行了详细的讨论，这方面的认知似较段玉裁更为全面。必须强调这些音韵著作流传不广，其中《声系》只有稿本，作者从国家图书馆善本室抄写了全文后才得以研究。《明清音韵训诂研究》作者筚路蓝缕，开启之功，诚不可没。

《(新刻)官话汇解便览》是一部指导操方言的人学说官话的正音书。由于一个版本卷首标明“清末霞漳颜锦华刊本”，另一版本署“西湖蔡伯龙先生纂著”，曾出现所正的方言是福建漳州音还是浙江音的争论。作者通过对“霞漳”与“西湖”地名的考察，对《便览》音系的归纳整理，加之与《正音咀华》《官话新约全书》《李氏音鉴》等相关著作的比较，得出有一定说服力的结论:《便览》体现的是清代中后期的官话音，其用来正音的音系杂有方言因素，并不纯正。作者治学的踏实、求真，应予赞扬。

探索我国语言学的发展规律，对历代语言学著作进行客观的、科学的研究与评价是关键，已有的成果要不断扩展、深化，还要去开发新的研究对象，这样才能更好地批判地继承文化遗产，从中汲取借鉴，古为今用，促进语言科学的发展。我想《明清音韵训诂研究》的学术价值正在于此。

这部书的作者杨建忠教授，上个世纪末，曾在宁夏大学攻读汉语史专业研究生，他的硕士学位论文正是对《通雅》的论述，论据充分，论证严密，深得师友的好评。建忠当时表示:《通雅》博大精深，自己只是表层的探讨，今后要继续深入研究。20年后,《明清音韵训诂研究》的问世，说明建忠牢记初衷，终遂夙愿，作为当年的导师，我深感欣慰!

建忠好古敏求，学风严谨，又值年富力强，相信他会有更多的建树。建忠勉之!

刘世俊

戊戌重阳于贺兰山下

目　录

第一章　《通雅》训诂研究……1
　第一节　《通雅》价值探论……1
　第二节　《通雅》的“因声求义”……15
　第三节　《通雅·谚原》讹误辨析……44
　第四节　《通雅》对清代学风的影响……56

第二章　陈鳣《声系》研究……65
　第一节　《声系》古韵研究……65
　第二节　稿本《声系》辨正……74

第三章　《声均表》古韵研究……83
　第一节　《声均表》结构体例……84
　第二节　《声均表》谐声表……86
　第三节　《声均表》声符研究……94

第四章　丁履恒《形声类篇》研究……99
　第一节　《形声类篇》古韵研究……100
　第二节　《形声类篇》通合理论研究……156
　第三节　《形声类篇》谐声理论研究……174

第五章　《(新刻)官话汇解便览》音系研究……202
　第一节　《便览》声母系统……206
　第二节　《便览》韵母系统……239

第三节 《便览》声调系统 ······ 293

附论 利用古文字资料研究上古音的反思 ······ 296

第一节 通假关系的复杂性 ······ 298

第二节 谐声字的复杂性 ······ 308

主要参考文献 ······ 315

后 记 ······ 325

第一章 《通雅》训诂研究

第一节 《通雅》价值探论

《通雅》，明代方以智（1611—1671）著。方氏，字密之，号曼公，法名无可等，安徽桐城人，是明末清初著名的哲学家、诗人和语言学家。方氏一生涉猎广泛，对天文、地理、历史、物理、生物、医药、文学、语言文字等均有研究，尤以音韵、训诂见长。方氏一生著述甚多，《通雅》是方氏治声韵、训诂的集中体现，钱澄云："要其三十年心血，尽在此一书矣。"① 梁启超许以"近代声音训诂学第一流作品"。② 何九盈把它与《尔雅》《广雅》并称为中国语言学史上最重要的三部"雅学"著作。③ 评价如此之高的著作，学界研究者却寥寥无几，这与其价值是极不相称的。

一、训诂学上的价值

方氏在训诂学上最大的贡献有三：一是重倡"因声求义"之训诂利器并广泛运用于训诂实践；二是科学、宏通的方法论；三是对清人训诂理念的启发。

（一）重倡"因声求义"之训诂利器并广泛运用于训诂实践

先秦时人们已经注意到声与义的关系，但只是偶发性的。迟至两汉，人们就已经有了"因声求义"之思想。元代戴侗首倡

① 钱澄《通雅·序》，中国书店据清康熙姚文燮此藏轩刻本影印，2 页。本书所引均出此本，下凡引该书均只列页码。

② 梁启超《中国近三百年学术史》，东方出版社，2004 年，171 页。

③ 何九盈《中国古代语言学史》（新增订本），北京大学出版社，2006 年，229 页。

“因声以求义”，明末方以智明确地界定了“因声以知义”的“声”与“义”之范围，指出“欲通古义，先通古音”。

有清一代，学术昌明，名家辈出，成就斐然，其中尤以训诂成就最大。训诂成就的取得，又有赖于古音学的重大突破，这些重大的突破使得“因声求义”的训诂方法有了坚实的基础。方氏生当明末，适逢西学东渐，自身又力倡“质测”“通几”之学，颇具科学眼光与时代精神。加之方氏对古音学、今音学均有研究，故而在早于高邮王氏一百余年时就能较为科学地运用“因声求义”，解决各种训诂难题。如“媒但，诡谲也。《鸿烈解》曰：‘媒但者，非学谩也，但成而生不信。’高诱曰：‘但，犹诈也。’智以但与诞通。《说文》：‘诞，词诞也。’徐曰：‘妄为大言也。’然又为语词，如‘诞置之隘巷’，明借用诞，是发语之诞乃借但之音，而媒但之但乃借诞之义也。”（62页）按：但，定纽元部；诞，定纽元部。“但”通“诞”，欺诈。高诱径释“但”为“诈”，方氏指出，发语之“诞”乃借“但”之音，而“媒但”之“但”乃借“诞”之义，这比高诱之解要高明、完整。

方氏把“因声求义”广泛运用于破假借、明转语、探同源、释谜语、纠讹误等方面，后世“因声求义”所涉及的范围，方氏均已涉及，且成果显著。

（二）科学、宏通的方法论

方氏方法论上的突出特点，是对证据材料的广泛占有。一切立说都建立在翔实可信的材料基础之上，而一切有利于训诂之材料亦均在采用之列。方氏在材料的认识、选取上，多有卓见，独具慧眼，堪称楷模，值得大书特书。如对于金石钟鼎、伪书、笔记小说等材料都十分重视。方氏不但重视“死”的材料，对“活”的材料即方言俗语也同样予以高度重视。（详见本章第二节中“方氏‘因声求义’在方法上的突破”有关内容）

（三）对清人训诂理念的启发

被清人奉为圭臬的一些训诂理念，方氏早有类似提法，如下表：

方氏理念	清人理念
欲通古义，先通古音。（卷首一 30 页） 因声知义，知义而得声。（卷六 73 页） 训诂小学可弁髦乎？理其理，事其事，时其时，开而辨名当物，未有离乎声音文字而可举以正告者也。（自序 4 页）	疑于义者以声求之，疑于声者以义正之。（《戴东原集》卷四《转语二十章序》） 古训多存乎声，以声求之，义斯在矣。（俞樾《群经平议》卷十一） 治经莫重于得义，得义莫切于得音。（段玉裁《广雅疏证序》） 夫训诂之要，在声音，不在文字。（王引之《经义述闻》卷二十三） 声音递转，文字日孳，声近之字，义存乎声。（邵晋涵《尔雅正义·序》） 愚以为读九经自考文始，考文自知音始，以至诸子百家之书，亦莫不然。（顾炎武《答李子德书》）
凡以声为形容，各随所读，亦无不可。（卷六 73 页）	大氐双声迭韵之字，其义即存乎声，求诸其声则得，求诸其文则惑矣。（王引之《经义述闻》卷三十一）
特以因形立事，附声见意，而意多字少，转借为多。总言之，惟形与声两端，而意在其中。（卷首一 27 页） 大约古多转假，后多增加。缀文之士随手通书。推论之家，分别专主。中有异而同，同而异者，不能尽引，在学者因此而通之。（卷八 102 页）	许氏《说文》论六书假借曰："本无其字，依声托事，令长是也。"盖无本字而后假借他字，此谓造作文字之始也。至于经典古字声近而通，则有不限于无字之假借者，往往本字见存而古本则不用本字而用同声之字，学者改本字读之，则怡然理顺，依借字解之，则以文害辞。（王引之《经义述闻》卷三十二）

总之，方氏在材料的选用上是非常开放的，从金石钟鼎到谶纬歌谣，从笔记小说到方言俗语，甚或伪书，都在其选用范围之

内，在这一点上，清人特别是乾嘉学派要逊色得多。要知道，清人是言必称汉唐的，宋以降之材料，则根本不在考察范围之内。他们不但鄙弃笔记小说，即使金石钟鼎，也未认识其价值，至于伪书，更是横加指责，用之以资训诂就根本谈不上了。方氏能广泛运用汉唐之外的语言材料，应予以充分肯定。

二、音韵学上的价值

方氏对音韵学的研究是有明确目的的，他提出"因声以知义""欲通古义，先通古音"的正确主张，把"通古音"视为"通古义"的先决条件。①

（一）对语音有正确的认识及科学的研究方法

首先，方氏有较为明确的语音史观，于古音的研究，反对隔断古今，主张酌今考古以通古音。

方氏不但认为语音是发展变化的，而且认识到这种变化的必然性；不但继承陈第的语音史观，而且进一步对语音的发展进行了分期。如：

上下古今数千年，文字屡变，音亦屡变。（自序6页）

声音之道，与天地转。岁差自东而西，地气自南而北，方言之变，犹草木移接之变也。（卷首一30页）

方音乃天地间自然而转者，上古之变为汉晋，汉晋之变为宋元，势也。（卷四十九588页）

智考古今之声，大概五变。此事无可明证，惟以经传诸子歌谣韵语征古音，汉注汉语征汉音，叔然以后有反切等韵矣。宋之方言与韵异者，时或见之，至德清而一改。终当以《正韵》为主，而合编其下为一书。（凡例18页）

---

① 杨建忠、贾芹《方以智〈通雅〉"因声求义"的理论》，《古籍整理研究学刊》2003年第4期，36—40页。

> 音韵之变与籀楷同，天地推移而人随之。今日之变沈，即沈之变上古也。上古之音见于古歌三百，汉晋之音见于郑、应、服、许之论注，至宋渐转，元周德清始起而畅之，《洪武正韵》依德清而增入声者也。（卷五十 609 页）

方氏把语音的发展大致分为五期：（一）古音，古歌三百及经传诸子歌谣可证；（二）汉音，汉注汉语可证；（三）魏晋隋唐音；（四）宋元音；（五）明音，《正韵》为主。分期如此之细，且列出各期材料，在当时是绝无仅有的。

要考知古音，须从今音入手，这犹如今天学者以《广韵》为津梁上推古音。方氏反对隔断古今，这与其语音史观是相符的。方氏云："愚以《洪武》酌准，若欲考古，可征贯也。"（卷五十 611 页）上文说过，方氏分语音史为五期，并明确指出各期之材料。语音的变化是"势所必至"，而且，从古到今，语音都是变化的，即"音韵之变与籀楷同，天地推移而人随之。今日之变沈，即沈之变上古也"。此外，"音托于字，故转假用多，同类应声，则叶之为韵"。（卷五十 609 页）语音在变化，文字也在变化，所以研究音韵，首先必须"淹贯经史，旁考曲证"，了解"古圣制字之意"，其次必须熟悉方言与语音变化的规律，不能隔断古今。

其次，方氏善用音理，考古与审音并重，参之韵书、方言俗语来研究语音，在方法上是超迈前人的。

方氏在《切韵声原》中提出发声基础方面的术语有折摄、脐轮、鼻轮；声类方面的术语有发送收、宫倡商和、粗声细声和声状、轻重、余声；韵类方面的术语有翕辟、十二统、六余声。①在方氏《通雅》中，从音理上来分析语音的例子甚多，如"声无非喉，而唇为总门，腭为中堂，故宜其近，齿为中门，舌为转键，独能出入灵动，与齿相切……唇司开闭，舌为心苗，冲气输

① 时建国《〈切韵声源〉研究》，《音韵论丛》，齐鲁书社，2004 年，444—479 页。

于丹田，而上窍于鼻，常用之气畜于肺管。”（卷五十 600—601 页）在这里，方氏对喉、舌、齿、唇音从发音部位与发音方法两方面进行了说明。《通雅》卷五十“切韵声原”是其语音理论的集中体现。[①]

方氏对方言俗语是非常重视的。首先表现在方氏在《通雅》中专辟“谚原”一节来专门收集、训释方言俗语。其次，方氏充分认识到方言与训诂、方言与古音的密切关系。方言皆或多或少地保存有古音的成分，据方言可以考知古音。方氏对方言俗语的重视无疑要比清人言必称汉唐、《说文》《尔雅》高明。方氏之所以如此重视方言，李开认为是他“把方言看作古音之原”，“把方音等同于古音”。方氏把赵宧光的方音存古音、以方音求古音的理念贯彻得更为透彻。[②]

（二）方氏对上古音的研究

方氏对上古音的研究集中体现于声纽、韵部方面。

首先，方氏明确了研究对象，确定了研究范围。他说：“上古之音见于古歌三百。”（卷五十 609 页）而在古音学昌明的清代，学者经过多年探索，才确立了《诗经》在上古音研究中的地位。

其次，在上古声纽的研究上，方氏也远远走在清人前面。如方氏认为上古汉语“唇缝常溷”、舌齿不分、喉牙相混，其方法之缜密、材料之丰富，均超迈前人，且导清代研究上古声纽成就最高的钱大昕之先路。[③] 难能可贵的是，方氏根据自己的研究，对等韵学中的“类隔”门法有独到见解，认为“古皆音和”（卷

---

① 时建国《〈切韵声源〉研究》，《音韵论丛》，齐鲁书社，2004 年，444—479 页。何九盈《中国古代语言学史》（新增订本），北京大学出版社，2006 年，205 页。孙宜志《方以智〈切韵声原〉与桐城方音》，《中国语文》2005 年第 1 期，65—74 页。《切韵声原》，时建国误作《切韵声源》。

② 李开《汉语语言研究史》，江苏教育出版社，1993 年，194 页。

③ 周远富《方以智〈通雅〉与上古声纽研究》，《语言研究》2002 年第 4 期，48—53 页。

五十 607 页）。方氏把自己的研究所得运用到具体的词语考证之中，如“封别为堋窆”条（卷一 3 页）、“鲖误音纣”条（卷一 4 页）、“古‘包’与‘孚’通”（卷一 15—16 页）、“扪摸一字”条（卷二 31 页）、“昆于犹昆吾”条（卷四 51 页）、“偭德犹偝德也”条（卷四 55 页）等。

再次，方氏对上古韵部也进行了研究。他把古韵分为七部：“中通（中与旁通，亦与正通）、天人（天，古叶人，真、先通韵，青、蒸、侵并此）、亨阳（庚、阳通）、知来（齐、知、皆、来通，知亦与多通）、无多（麻、车、歌、鱼互通，知亦与诸通）、道咎（萧、尤通，尤亦与疑通）、寒还（寒、山、监、咸通）。”（卷五十 609 页）此外，方氏提出了上古韵部较中古韵多通转的观点，并且利用异文、谐声、古注等材料来证明古韵的通合，略举证如下表：

古韵通合韵目	出处
东阳庚通，真先寒山通，萧尤侵覃通	《音义杂论·音韵通别不紊说》（卷首一 32 页）
古八庚多通七阳	“蘘音郎之原”条（卷一 4 页）
虞尤韵通	“丘之于区”条（卷一 5 页）
古佳来皆与齐微通	“来厘厉濑同声”条（卷一 10 页）
侵覃两韵相通	“多夕皆有宜音”条（卷二 24 页）
古先真多通，麻多入虞，灰多入微，庚多入阳	“互声之例”条（卷二 25 页）
古家麻韵归鱼模韵	“污邪，犹瓯臾也”条（卷四 59 页）
古尤萧固通音	“飘摇”条（卷六 77 页）
鱼麻韵通	“攫挐”条（卷七 94 页）

续表

古韵通合韵目	出处
侵覃盐咸声皆相通	“嵚崟”条（卷八 103 页）
古庚韵通于阳韵	“光门即横门”条（卷三十八 461 页）
古麻与歌通	“划船”条（卷四十九 598 页）

方氏所论之韵在上古音中多数确有关系，但这些韵之间的关系是有条件的，如“古麻与歌通”“鱼麻韵通”“麻多入虞”：

中古	条件	上古
歌	开一	歌
麻	开二	鱼歌
	合二	鱼歌
	开三	鱼歌
鱼	合三	鱼
虞	合三	侯鱼（唇牙喉）

可见，方氏还是简单地对中古韵进行合并，并没有像顾炎武一样离析《唐韵》来求古韵，并且，方氏对自己所划分的古韵七部也拿不准，他说：“或分为九，为十二。”（卷五十 609 页）看来，方氏对古韵的认识离科学的古音分部尚远。但从学术史的角度来看，方氏已完全摆脱了“叶音说”的羁绊，其古韵分部以及对古韵通合关系的阐述，在古音学史上比吴棫的古韵分部更有价值，是语言学史上真正就古音材料来归纳韵部的先导，是真正意义上的古韵分部。

（三）方氏对今音学的研究

首先，在声母方面，方氏把三十六字母归并为二十声纽，而且最早从发音方法上明确地把声母分为“发、送、收”三类。其具体分类如下：

帮（发）	滂（送）	明（收）	
见（发）	溪（送）	疑（收深发）	晓（浅发送）
	夫（送）	微（收）	
端（发）	透（送）	泥（收）	
精（发）	清（送）	心（收）	
知（发）	穿（送）	审（收）	
		来（收余）	日（收余）

我们知道，在方氏之前的音韵学研究中，学者从发音方法上把声母分为“清、浊”两类。到了宋初的《韵镜》，又把这两大类再各分成两小类，成为“清、次清、浊、次浊”四类。方氏在他的《通雅·切韵声原》中将声母分为“初发声、送气声、忍收声”三类：“古人平仄互通，其韵但粗叶耳。沈约始定平上去入四声，《韵鉴》入，始明横有唇舌腭齿喉半喉舌之七声，其为初发声、送气声、忍收声之三迭也。”（卷五十 599 页）方氏的“初发声”是指不送气的塞音和塞擦音，“送气声”是指送气音的塞音和塞擦音以及擦音，“忍收声”是指边音、鼻音和半元音。后代学者如江永《音学辨微》、江有诰《等韵丛说》、陈澧《切韵考》称为“发声、送气、收声”，钱大昕《十驾斋养新录》称为“出声、送气、收声”，虽名称不同，但实质是一样的。

除以发、送、收区分声母外，方氏还从声母发音的特点出发把声母分为宫倡、商和两大类。方氏云：“宫倡、商和，何也？曰：两间至理，一在二中。凡可说者皆两端也……约为宫倡、商和而已。凡音在唇腭中皆谓之宫；音穿齿外皆谓之商。”（卷五十

603 页)“宫倡”包括帮滂明见溪疑晓夫微母,“商和”包括端透泥来精清心知穿审日母。方氏还从清浊方面对声母进行了研究,他说:“阴阳、清浊、轻重……其轻重则曰粗声、细声,其清浊则曰初发声、送气声。”(卷五十 599 页)

其次,在韵母方面,方氏提出翕、辟、穿、撮之分,分别相当于开、齐、合、撮四呼。看来在提出“四呼”的历史进程中,方氏也是不可或缺的一个环节。方氏于《切韵声原》中把韵母分为十六摄,每摄一图,按二十声母(方氏又把这二十声母分为“宫倡”“商和”两类)、翕辟穿撮四呼及啌嘡上去入五声列字。

最后,在声调方面,方氏也有独到的见解。平声分为阴阳两类,始于元代的周德清。方氏继承这一说法而把阴平、阳平称为啌喉、嘡喉。方氏云:“阴阳、清浊、轻重,旧为通称。故权以啌喉之阴平声、嘡喉之阳平声,例曰啌、嘡。不以阖开合之阴阳、清浊之阴阳也。”(卷五十 599 页)方氏把阴平、阳平改称为啌、嘡,是为了避免与“开合之阴阳”“清浊之阴阳”相混。平分阴阳,方氏称之为“啌”“嘡”,再加上、去、入三声,则方氏把声调分为五类,这五类方氏又叫作开(阴平)、承(阳平)、转(上)、纵(去)、合(入)。我们知道,明代的官方韵书《洪武正韵》正是阴、阳、上、去、入五声,方氏在《通雅》中是推崇《洪武正韵》的,他说:“今日定序《正韵》,为万世宗。”(卷首二 37 页)这表明方氏之五声说是赞同《洪武正韵》之音系的。

综上,方氏在音韵学上不乏真知灼见,成就斐然,然而众多的语言学史著作中未给其应有的地位与评价,这与其价值是极不相称的。

三、词汇学上的价值

在词汇学上,方氏不但重视方言俗语,还确立了“词”的观念。方氏对汉语词汇的研究采用词语考释法，所以《通雅》中的多数词语像是一条一条的词语札记，这些词语考释一方面可以为我们提供较早的例证信息，另一方面还可以为《汉语大词典》补充词目，是很有价值的。

（一）重视方言俗语

方氏重视方言俗语，首先表现在《通雅》中专辟“谚原”一节来收集、训释方言俗语，其次表现在他充分认识到方言与训诂的密切关系，认识到方言在训诂中的重要价值：

方言者，自然之气也，以音通古义之原也。（卷一 1 页）

古人名物本系方言，训诂相传，遂为典实。（凡例 18 页）

愚历考古今音义，可知乡谈随世变而改矣，不考世变之言，岂能通古今之诂，而是正名物乎？……汉以来传注，每用方言。（卷首一 30 页）

为了训诂的准确，方氏甚至用实地调查的方法来获得第一手材料，他说：

草木鸟兽之名，最难考究，盖各方各代，随时变更……须足迹遍天下，通晓方言，方能核之。（凡例 17–18 页）

《通雅》对方言俗语相当重视，所谓“引据古文，旁稽谣俗，博而通之”。（姚文燮序 12 页）方氏专辟“谚原”一节来收集方言俗语，这在雅学史上，是一个重大进步。如“风，山西人乡语，皆读如分。吾乡泾县旌德，呼风亦为分。”（卷四十九 588 页）这说明在明末清初时山西及方氏之家乡前后鼻音是不分的。又如“顿……俗总以一餐为一顿。”（卷四十九 589 页）现在普通话称一餐为一顿。又如“予亦谓之过，辰州人谓以物予人曰过。”（卷四十九 598 页）“过”有“给予、递给”之义，《汉语大字典》《汉语大词典》均未收。又如“賗即券……今仓库收帖曰串子，或作券。”（卷四十九 594 页）方氏在《谚原》中还收了不少方言俗字，如袠、奎、仦、奀、歪、孬、岙等。

何九盈把“利用现代方音作为构拟古音的旁证”视为现代音韵学的一大特点。前此四百余年的方以智已经注意到方言俗语的重要性，这在方法论上具有极高的价值。因为“因声求义”要想运用得当，要想取得理想的效果，必须要有文献的证据，而这其中方言俗语起着举足轻重的作用。对于上古音的通转，如果只从上古韵表、纽表来看，那真可谓是无所不通、无所不转。要做到信而有征，一定要在方言、在异质语言中寻找答案。[①] 高邮王氏的“因声求义”“一声之转”被讥为无所不通、无所不转，原因之一就在于他们未能足够重视方言、重视异质语言，这不能不说是一缺憾。

（二）确立“词”的观念

方氏云：“《尔雅》为十三经之小学，故用其分例，《释诂》则合其‘言’‘训’，而附以‘謰语’‘重言’，一字之诂，则别编字书。”（凡例 17 页）方氏在《释诂》中列出“謰语”子目，因声求义，不限形体，如“因声”而求出“逶迤”31 个不同形体，但其“连呼声义则一也”。方氏又纠正前人分训謰语之误，如“拱押，犹拱挹也”条（卷四 58 页），方氏云“《荀子·议兵篇》：‘汤、武之诛桀、纣，拱挹指挥。’《仲长统传》：‘拱押天人矣。’注：‘拱，执也；押，揽也。’此不知古音也。邑有压音，拱押即拱挹之转也。挹本与揖通。《晏子》曰：‘下车挹之。’即揖也。”按：拱挹、拱押、拱揖为同义联绵词，以手作揖以示敬意之意。挹、揖影纽缉部同音。《荀子·议兵》作“拱挹”，《富国》《淮南子·览冥》《春秋繁露·随本消息》皆作“拱揖”。押，影纽叶部。李贤不知挹、押声同，韵部缉、叶旁转之理，遂有分训“拱押”之误。今《汉语大词典》即采方说。又“漫羡即漫衍”条（卷七

① 此观点是吾师李开在讲授《古音学史》时提出的。

88 页），方氏云："但以漫羡为漫然可羡，则非矣。"按："漫羡"为联绵词，前人训其为"漫然可羡"，方氏以为非。另有"重言"子目，对古汉语中的复音词加以考释，这都说明方氏对复音词的存在与发展已有清楚的认识，已明确地把"词"作为研究的对象，这一点较之前代学者及清代部分学者惯于以孤立的汉字为训释单位、拆骈为单的做法，是一个很大的进步。

（三）对一些词语考释超过当代权威著作

《汉语大词典》作为当今汉语词典的集大成之作，有着极高的权威性，但其中仍有不少地方不能令人满意。比如在书证方面，未能提供最早的书证；在词目的立项方面，有时也未完善。《通雅》在这两方面都能提供较有价值的信息，兹略举几例加以说明。

1. 提供较早书证，例如：

【转帖】

转帖，犹今之知会也。唐武后甲申转帖百官，令拜表，百官但赴拜，不知何事。盖若今之都吏送知会部堂堂帖，使司官知之。（卷二十六 321 页）

按：转帖，为辗转送帖知会之意。唐代戴孚《广异记》："扬州转帖潭府……与景倩左右构成。"唐代刘肃《大唐新语》卷三："则天朝……转帖百司，令拜表。"方氏提供了唐代"转帖"的用例信息，然《汉语大词典》卷九 1319 页为清代叶廷琯《吹网录》中的用例。刘坚、江蓝生主编的《唐五代语言词典》《宋语言词典》均未收。

【和市】

和市，犹周之质人也……唐《裴耀卿传》："为长安令，旧有配户和市法，人厌苦……"唐《百官志》："金部掌和市之事。"（卷二十七 330 页）

按:《太平广记》卷一百二十六:“陈岘献计请以富人补和市官。”《资治通鉴》卷二百二十四:“回纥自干元以来，岁求和市，每一马易四十缣。”《南齐书》卷三:“必是岁赋攸宜，都邑所乏，可见直和市。”“和市”有二义，一指官府向百姓议价购买货物，一指与少数民族之间的交易。

提供较早书证者尚有“生生”（卷十 140 页）、“注色”（卷二十六 321 页）等。

2. 补充词目，例如:

【粹脚】

清明出游曰粹脚。宋清明禁卫作乐四出曰粹脚。

（卷十二 165 页）

按:《汉语大词典》与刘坚、江蓝生主编的《宋语言词典》均未收。

【袖缴】

唐谓袪曰袖头小称，宋谓袖口曰袖缴，即出袖缘口也。《说文》:“袪，尺二寸。”引《春秋传》:“披斩其袪。”徐曰:“今衣袖口，俚言袖缴也。”（卷三十六 442 页）

按:《汉语大词典》与刘坚、江蓝生主编的《宋语言词典》均未收。

【过所】

过所，犹今之递铺也……过所文书。智以“过所”，今驿递小递也，即铺兵铺递也。因以“过所文书”亦名“过所”。

（卷三十八 463 页）

按: 方氏认为，“过所”即“过所文书”，是行人通过关津时的凭证。该词在郑玄《周礼注》中即已出现。“过所”为行人通过关津时的凭证，即“过所文书”，从汉代开始就作为路证的专用名词。如同今人出行必须携带身份证一样，是行人的证明文件。自汉至唐在我国通行一千余年。它是封建统治者保障国家关防治安的一种制度。《汉语大词典》无此词目。

补充词目尚有“且月”（卷十二 163 页）、“退红”（卷三十七 455 页）、“光门”（卷三十八 461 页）等。

蒋绍愚曾指出：“《一切经音义》在口语研究方面的作用已为大家所认识，而《集韵》《通雅》在这方面的价值还没有引起足够的重视。”[①]我们由上述三个方面可知，方氏之《通雅》不仅对口语研究，而且对方言[②]、俗字及普通词语的研究，均有重大的参考价值，在学风上，对清代亦产生过深远的影响[③]。

综上，方氏在训诂学、音韵学、词汇学上，均成就巨大，观点科学，观念超前，然对其研究却相对冷寂，这与其价值是极不相称的，这也不能不说是一个缺憾。

第二节 《通雅》的“因声求义”

一、《通雅》“因声求义”的理论

（一）刘熙、王圣美和方以智对音义关系的认识

1. 刘熙之声训

我国历代训诂学家在音义关系的探索上做了不少工作。早在先秦，就有了因声求义的萌芽，如《周易·说卦》：“乾，健也；坤，顺也……离，丽也。”《礼记·中庸》：“仁者，人也。”《论语·颜渊》：“政者，正也。”《孟子·滕文公上》：“庠者，养也；

① 蒋绍愚《近代汉语研究概况》，北京大学出版社，1994 年，254 页。

② 孙宜志《〈通雅〉在汉语方言学上的地位》，《古籍整理研究学刊》2006 年第 3 期，29—32 页。

③ 杨建忠等《方以智〈通雅〉对清代学风的影响》，《韶关学院学报（社会科学版）》2004 年第 2 期，40—44 页。

校者，教也。”此即为我们常说的声训。不过这一时期的声训与后代训诂学家所说的“因声求义”并不完全相同，还只是自发的，人们还没有自觉地、普遍地使用这种方法。到了两汉，这一状况大为改观，声训已被广泛使用，以至在汉代成为一种时尚，如《春秋繁露》《白虎通义》均大量运用了声训，刘熙《释名》则全部采用声训，可算是声训的集大成之作；同时，对声训的认识也逐步从自发走向自觉。但是早期的声训有一个很大的缺点，就是大多数只凭语音上的相同或相近而对词义进行主观猜测，对音义关系的认识并不科学。特别是刘熙的《释名》，刻意从语言上追求一切词的“所以之意”，使声训这一方法基本上走向泛滥。《释名·序》说得清楚：“夫名之于实，各有义类，百姓日称而不知其所以之意，故撰天地、阴阳、四时、邦国、都鄙、车服、丧纪，下及民庶应用之器，论叙指归，谓之《释名》。”刘氏认为：事物之得名，与表示该事物的词的读音有联系，物名皆有源可求，词源皆能推论，他即以声音来探求事物得名之由。普通语言学认为，语言的音义之间是没有必然联系的。但是我们应当注意到，人类语言从一产生就不是静止不变的。当一个词派生出新词时，由于新词要重用现有的语言材料，这个词和新词之间在语音上就一定要发生某种联系，这就是“因声求义”的理论依据。所以，声训是有一定适用范围的。胡奇光《中国小学史》云：“用音训求语源只局限在同一词群或语族的范围之内，超出这个范围，就会说错的。”刘熙的声训恰恰超出了这个范围。王力在谈到《释名》的特点时说：“作者不是局限于某些词，而是企图说明一切词的‘所以之意’。”[①]这无疑夸大了声训的功用。总之，声训作为一种训诂的方法本身无可厚非，它使人们摆脱字形的束缚，注意到声音在语言研究中的重要作用，有一定的价值，只是刘熙在实践上

① 王力《中国语言学史》，山西人民出版社，1981年，48页。

扩大了它的范围，所以陷入主观臆测的泥潭。

2. 王圣美的“右文说”

继声训之后的“右文说”，是古人对音义关系的进一步认识。首倡“右文说”的是宋代的王圣美。据《梦溪笔谈》载：“王圣美治字学，演其义为右文。古之字书，皆从左文。凡字，其类在左，其义在右。如木类，其左皆从木。所谓右文者，如戋，小也。水之小者曰浅，金之小者曰钱，歹之小者曰残，贝之小者曰贱，如此之类，皆以戋为义也。”据此，王氏“右文说”是对形声字声符与意符功能的一种新的认识，“右文”指声符而言。在王氏看来，形声字的声符具有表音和表意的双重功能。虽然“右文说”摒弃了声训的主观与宽泛，注意到了同声符的字之间的内在联系，给后世同源词的研究以很大的启发，然而，其致命的缺点是以偏概全和泥于字形。王氏将所有形声字的声符都赋予了表义的功能，未免太绝对，事实也并非如此。沈兼士云：“训诂家利用右文以求语言之分化，训诂之系统，固为必要。然形声字不尽属右文，其理至明，其事至显。”① 何九盈说：“把右文表义作为普遍规律看待，是不科学的。”② 王力说：“造字的人采用同一声符也仅仅是把它当做声符来使用；反过来说，不用同一声符的字所代表的词却不一定没有亲属关系。所以我们研究‘词族’的时候，应该摆脱字形的束缚，从声音和意义两方面找它们的亲属关系。”③ 殷寄明则从语源的角度指出：“宋代的‘右文说’在分析声符义，系联表现为形声字的同源词时，仅以其所察觉到的数个语词为例，其系源属于局部性的。他们还不能顾及声符相同的其他形声字，也不能揭示同一个声符可以记录多个不同的语源的道理。他们的‘右文说’是对‘字组’的分析，而不是

① 沈兼士《沈兼士学术论文集》，中华书局，1986 年，122 页。
② 何九盈《中国古代语言学史》，广东教育出版社，2000 年，185 页。
③ 王力《汉语史稿》，中华书局，1980 年，534 页。

对同声符的形声字字族作全面、穷尽的语源研究。”[1] 总之，就形声字而言，声符表义的情况是十分复杂的，既有用同一声符表示同一意义的，又有用不同声符表示同一意义的，还有用同一声符表示不同意义的。传统“右文说”只适用于这三种情况中的第一种情况，而对其他两种情况就不那么有用了。虽然“右文说”在注意到“声”的同时也注意到了“形”，对于声训的泛滥有一定的匡正，但它囿于形体，无法把用不同声符表示同一意义的同源词系联在一起，又容易以偏概全，把本来表示几种不同意义的声符硬说是表示同一意义的。“右文说”与科学的音义关系尚有一定距离。

3. 方以智的音义关系理论

一般认为，刘熙之声训趋于主观、泛滥，王圣美之右文说则又走向偏颇。方以智在这方面做得比前人好。方氏在其《通雅》中提出了较为全面的音义关系理论并付诸实践。音与义的关系，既可以体现在通过声音线索探求词义上，也可以体现在根据意义关系就正字音上。前者是由形式追求内容，即“因声求义”，后者则由内容而推求形式，也就是“以义正音”。可以说，“因声求义”与“以义正音”是同一问题的两个方面。今天人们一般只强调了“因声求义”，并且一说到“因声求义”，对高邮王氏父子倍加推崇。然而，早于王氏父子一百三十余年的方以智，早已旗帜鲜明地提出“欲通古义，先通古音”的主张，并且首次注意到“以义正音”的方法，提出“因声求义，知义而得声”，全面论述了音与义的关系。

首先，方氏重视语言文字的研究，并突出了“声音”的地位。他说：“训诂小学可弁髦乎？理其理，事其事，时其时，开而辩名当物，未有离乎声音文字而可举以正告者也。”（自序 4 页）方氏

① 殷寄明《语源学概论》，上海教育出版社，2000 年，61 页。

认为小学是研究一切学问的基础，这与清代学者的治学途径是一致的。戴震《古经解钩沉序》说：“经之至者，道也。所以明道者，其词也。所以成词者，未有能外小学文字者也。由文字以通乎语言，由语言以通乎古圣贤之心志。”（《戴东原集》卷十）张之洞在其《书目答问》中亦说：“由小学入经学者，其经学可信。由经学入史学者，其史学可信。由经学史学入理学者，其理学可信。以经学史学兼词章者，其词章有用。以经学史学兼经济者，其经济成就远大。”藉此可知方氏之卓见。

其次，方氏对文字形、音、义的关系有着较科学而全面的认识。方氏认为，文字的形、音、义是一个字的三个方面，密不可分，缺一不可。方氏云：“见日、月之事（即指日、月之事，即有日、月之声），而指为日月之意即会焉，特以因形立事、附声见意。”（卷首一 27 页）方氏已认识到文字的符号性质。文字记录语言，可以为典要（即可以作为依据的法则），亦不可以为典要，决定因素是声音的转变。方氏云：“今高丽国以好作奸，以奸作好。使中国当日如此，今亦相沿从之。如甘本舌字，象形。舌本甘字，从干入口。自小篆颠倒用之，今岂可改乎？可见六书亦《易》之象也，可以为典要，而不可为典要也。”（卷二 22 页）《释诂·古雋》中，他更强调声音的特殊重要性，“啗醋嗽获，即嚄唶之声，而痛言之也”条指出：“惟声音可通古今人物之情，文字其寄托者也。”（卷五 65 页）意即人们必须通过语音来了解语义，使用语言；而文字只是语音的寄托者即记录符号罢了。换句话说，只有语音才是语义的载体，才是与语义直接结合的要素；至于文字，是独立于音义之外而存在的符号。可见，方氏已经认识到音、义与形不属于同一层面这一理论。这与清人王引之“夫训诂之要在声音，不在文字”的观点是何等的一致。方氏还强调了文字对于音义的游离性和随意性：“音有定，字无定，随人填入耳。”（卷五十 599 页）“其始本一音也，因有一音，则借一字配之……字之纷也，即缘通与借耳。”（卷一 9 页）这样，他自然就对音义关系的紧密性予以更多的重视与研究，不拘字形，直接从声音入手来探讨语言的发展。

那么，如何通过声音来“通古义”呢？方氏云：“以韵训字，不可执一……周末至汉，皆以韵解之，如韩婴曰：‘君，群也；王，往也；先生，先醒也。’郑玄、贾逵、刘向、班固、刘熙、杜预诸人皆袭此以为正训。如父，矩也；母，牧也；兄，况也；弟，悌也；子，孜也；孙，顺也；男，任也；女，如也；姑，故也；姊，咨也；夫，扶也；妻，齐也；妾，接也……祖，且也……率以己意牵合，此弱侯之所以痛恨也。然亦有暗合者……如祖之为且……彼时以韵解字，祖者且也，如今读则不谐矣。”（卷二 26—27 页）这里对古人随意牵合、主观附会的因声求义做了较为正确的分析，指出其有“牵合”的一面，亦有“暗合”的一面。方氏强调声音的重要性，但并未夸大声音的作用，这就是“以韵训字，不可执一”。《通雅》一书中多处论述了音与义的关系，如“此书主于折衷音义”（凡例 17 页）、“方言者，自然之气也，以音通古义之原也”（卷一 1 页）、“《古尚书》昧昧与梅梅、媒媒、每每通声，古人以声状义，多半如此”（卷四 54 页）。如果说以上的论述还是方氏只强调音与义关系的一个方面的话，那么，下面的论述则强调了音与义关系的另一个方面，即“因声知义，知义而得声”（卷六 73 页）。百余年之后，戴震、段玉裁、王念孙踵其武，提出“故训音声，相为表里”（《六书音韵表序》）、“疑于义者，以声求之；疑于声者，以义正之”（《转语二十章序》）、“治经莫重于得义，得义莫切于得音”（《广雅疏证序》）、“诂训之旨本于声音”（《广雅疏证自序》），逐渐完善了这一理论。

综上，刘熙的声训过分强调了“声”的作用，这样易于走向泛滥。王圣美的右文说虽然对声训有所匡正，但由于它过分强调了“形”的作用而走向了偏颇。方氏则避免了刘熙声训的泛滥，克服了王圣美右文说的偏颇，提出了较为科学的音义关系理论，这是方氏超越前人之处。

（二）方以智的语音史观及古音成就

1. 方氏较明确的语音史观

先秦时人们已经注意到声与义的关系，但只是偶发性的。到两汉时，郑玄始有“因声求义”之思想，元代戴侗首倡“因声以求义”，明末方以智更是明确地界定了“因声以知义”的“声”与“义”之范围，指出“欲通古义，先通古音”。“通古音”是“通古义”的先决条件，也就是说方氏“通古音”的目的是为了“通古义”。所以，方氏非常重视古音的研究，并且创见颇多。其“因声求义”成就的取得也赖此良多。首先，方氏认为语音是发展变化的。他说：“上下古今数千年，文字屡变，音亦屡变。”（序6页）“天地岁时推移，而人随之，声音亦随之。”（凡例18页）“世变远矣，字变则易形，音变者转也。”（卷一1页）“古今方言亦变矣……《方言》所载，十半与今不合。”（卷首一30页）“声音之道，与天地转。岁差自东而西，地气自南而北，方言之变，犹草木移接之变也。”（卷首一30页）

方氏不但认识到语音的这种变化，而且认识到这种变化的必然性：“方音乃天地间自然而转者，上古之变为汉晋，汉晋之变为宋元，势也。”（卷四十九588页）

《通雅》一书中，分析语音发展演变的例子随处可见。如：

封，别为堋、窆……盖周汉之声，与今自异……（卷一3页）

短罷，犹短痺也……古罷但音羆，借为疲；今读罷为彼驾反，亦后来之转也。（卷十八235页）

其次，方氏继承了陈第的语音史观，并且进一步提出了语音发展的阶段性理论。他说：

智考古今之声，大概五变。此事无可明证，惟以经传诸子歌谣韵语征古音，汉注汉语征汉音，叔然以后有反切等韵矣。宋之方言与韵异者，时或见之，至德清而一政。终当以《正韵》为主，而合编其下为一书。（凡例 18 页）

音韵之变与籀楷同，天地推移而人随之。今日之变沈，即沈之变上古也。上古之音见于古歌三百，汉晋之音见于郑、应、服、许之论注，至宋渐转，元周德清始起而畅之，《洪武正韵》依德清而增入声者也。（卷五十 609 页）

可见，方氏把语音的发展大致分为五个时期：（一）古音；（二）汉音；（三）魏晋隋唐音；（四）宋元音；（五）明音。在这一点上，方氏是有首创之功的。

2. 方氏的古音研究

在古声母的问题上，方氏已朦胧认识到古无舌上音、古无轻唇音的问题。他通过考证，认识到古舌上音与舌头音常常是通借不分的，轻唇音、重唇音也往往相混不分，如："鄜，《说文》音孚。智按，包麃近而包孚通"（卷首一 32 页）、"务、帽、冕、牟声通"（卷首一 33 页）、"古包孚一声，如枹桴脬胞之类。孚甫付伏，故包、伏亦相通"（卷二十 254 页）、"俩，古仿字。《左传》'祊'，《公》《谷》作'邴'，'会于防'，《公羊》亦作'邴'，可证从方从丙古有通音"（卷十 139 页）、"负尾即陪尾"（卷二十 210 页）、"其实古陈、田通音"（卷九 116 页）、"古人呼荼为涂，而古之荼即茶字"（卷十六 211 页）、"古人口齿同、重相混，如种穜通用，衝鐘锺皆是一声"（卷一 4 页）。其在声母的研究上为钱大昕之先驱。李智明《中国古代语言学史稿》认为："方以智根据异文、前代反切、传注、谐声、译音等材料，先于钱氏证明了古音舌头、舌上不分和'古人多舌音，后代多变为齿音'这两条规律。"

方氏在古声组的研究上是较先进的。同时，方氏根据谐声、经史异文、古籍旧注等材料，对古韵也进行了探讨。他在卷五十《切韵声原·古韵》中，把古韵分为七部："中通（中与旁通，亦与正通）、天人（天，古叶人，真、先通韵，青、蒸、侵并此）、亨阳（庚、阳通）、知来（齐、知、皆、来通，知亦与多通）、无多（麻、车、歌、鱼互通，知亦与诸通）、道咎（萧、尤通，尤亦与疑通）、寒还（寒、山、监、咸通）。"

此外，在《通雅》中，方氏还利用异文、谐声、古注等材料来证明古韵的通合，限于篇幅，略举证如下表：[①]

古韵通合韵目	出处
模麻韵之通	《音义杂论·音韵通别不紊说》（卷首一 32 页）
鱼支之通	《音义杂论·音韵通别不紊说》（卷首一 32 页）
尤支模之通	《音义杂论·音韵通别不紊说》（卷首一 32 页）
先鱼寒山之通	《音义杂论·音韵通别不紊说》（卷首一 32 页）
支歌麻之通	《音义杂论·音韵通别不紊说》（卷首一 32 页）
皆支之通	《音义杂论·音韵通别不紊说》（卷首一 32 页）
东冬与江通	《地舆·地名异名》（16/580）
东蒸通	"互声之例"条（卷二 25 页）

虽然方氏所说的那些韵在上古音中多数是有关系的，但这种关系都是有条件的。试看其"鱼麻韵通""古阳庚通"在上古音中的相通关系：

① 其余相通部分，详参第一节"（二）方氏对上古音的研究"部分。

中古	条件	上古
麻	开二	鱼歌
	合二	鱼歌
	开三	鱼歌
鱼	合三	鱼
阳	开三	阳
	合三	阳
庚	开二	阳、耕（少数）
	合二	阳
	开三 / 合三	阳耕

可见，方氏对古韵的认识离科学的分部尚远。但方氏已完全摆脱了“叶音说”的羁绊，是语言学史上真正就古音材料来归纳韵部的先导，是真正意义上的古韵分部。

明代早于方氏研究古音者还有杨慎、陈第二人。杨慎治古音的代表作为《转注古音略》《古音略例》《答李仁夫论转注书》，虽然其“古音转注”说的提出对宋人“四声皆可转，切响皆可通”的谬论是一有力的抨击，但他并未曾想从根本上否定“叶音说”。杨氏从一个个字的转注入手，又不免以偏概全，所以，最终非但没有否定“叶音说”，反而走上了“叶音说”的老路。何九盈在《中国古代语言学史》中说：“杨慎还不懂得上古音也有时地不同的问题，也不懂得字有定韵，不存在什么‘叶音’问题。所以，他谈古音，还是执今音部分妄以通转古音……‘转注’论的根本错误还是立足于今音去看古音，不了解古音有自己的系统性，有自己严密的韵部系统，不能临时‘转’来‘转’去。”陈第研究古音功勋卓著，建立了明确的历史观点，但他于语音发展的阶段性并未论述，也未能进一步概括出古韵分部。对此，濮之珍在《中国语言学史》中说："陈第在《毛诗古音考》、《屈宋古音义》中，虽然以大量的证据证明古代一些字的古音，但是却没有能进一步概括出古韵分部。正如江有诰所提出的：'然于古韵分部，亦未之知也。'"

在研究方法上，陈第创立了本证与旁证相结合的方法，他在《毛诗古音考·自序》云："列本证、旁证二条。本证者，《诗》自相证也；旁证者，采之他书也。二者俱无，则宛转以审其音，参错以谐其韵。"方氏则运用音理（发音部位和发音方法），参考韵书、文献材料、口语方言来研究上古音："旋韵以中和均平之声音为四正，支湾放闭为四隅，伦论森然，其通转之几，于发送收余，可知矣。都、俞，发声也。喉中满呼合唇为吾，吾局唇为余，撮唇为都，抵齿为诸，泻齿为遮。"（卷首一31页）"合唇""局唇""撮唇""抵齿""泻齿"即是从音理上研究古音。这种认识比陈第要更理性。

综上，方氏完全摒弃了"叶音说"，在古韵分部、语音发展的阶段性理论方面，都要比陈第高明。在研究方法上，二人各有千秋。至于杨慎，则是无法与方氏相比的。可以说，方氏的古音研究在明代是处于领先水平的，而王力在谈到古音学略史时只提及杨慎、陈第二人[①]，濮之珍在谈到明代古音学家时亦只言杨慎、陈第二人[②]，均未提及方以智，这是很不客观的。何九盈在论及明代的古音学时，提到杨慎与陈第，并认为陈第是明代古音学的代表人物，然未言及古音成就比杨慎大得多的方以智[③]，似欠全面。

总之，方氏有较为科学而全面的音义关系理论，又有深厚的

① 王力《王力文集》（第四卷），山东教育出版社，1985年，238页。

② 濮之珍《中国语言学史》，上海古籍出版社，1987年，369页。

③ 何九盈《中国古代语言学史》（新增订本），北京大学出版社，2006年，216—219页。

古音学知识。他避免了刘熙声训的泛滥，克服了王圣美右文说的偏颇，其“因声求义”的理论较前人更为科学。方氏在运用“因声求义”的范围、规模、条例、方法上都有较大的突破，在当时已达到一定的水平。在古音学史上，方氏也应有一席之地。

二、《通雅》“因声求义”的实践

（一）方氏“因声求义”在范围上的突破

由于古音学的昌明，“因声求义”发展到清代，已渐趋完善，特别是高邮王氏，被视为运用“因声求义”的典范。然而早于王氏一百三十余年的方以智，在其《通雅》中已较为科学地运用了“因声求义”，并在范围上超过了前代。王氏则是借鉴前人，后出转精。

1. 破假借

朱骏声《说文通训定声·自叙》：“不知假借者，不可与读古书；不明古音者，不足以识假借。”对于文字的假借，方氏不但能“知”，而且能“识”。方氏总结了假借产生的原因：“特以因形立事，附声见意，而意多字少，转借为多。总言之，惟形与声两端，而意在其中。”（卷首一 27 页）“音一定，字莫逃；字有尽，故转借。”（卷首一 33 页）这里方氏点明了造字之初假借产生的原因：意多字少。又：“大约古多转假，后多增加。缀文之士随手通书。”（卷八 102 页）“秦焚以后，汉儒初出，各书其所记，以声取义。”（卷九 123 页）这是假借产生的原因之二：缀文之士随手通书。这里同时也指出了假借的实质：以声取义。方氏的这两点论述是很有见地的。王引之说：“许氏《说文》论六书假借曰：‘本无其字，依声托事，令长是也。’盖无本字而假借他字，此谓造作文字之始也。至于经典古字，声近而通，则有不限于无字之假借者。往往本字见存，而古本则不用本字而用同声之字。学者改本字读之，则怡然理顺；依借字解之，则以文害辞。”[①] 这与方氏“意多字少”的假借和“缀文之士随手通书”的假借多么相似。正是由于文字的假借，决定了汉语词汇的复杂性，导致了“同字异词”和“同词异字”现象的产生。正如方氏所说：“诸书一义而有数字，一字而有数音。形容双声，率不过假借。”（卷一 12 页）对此，方氏是深有体会的：“字之纷也，即缘通与借耳。”（卷一 9 页）此外，方氏对于假借的时代差异亦有认识：“然有古可通今不必通，楷可借篆不可借者。”（卷首一 33 页）“盖古人偶取一字谐声，随意通借耳，后始定为典要也。”（卷九 124 页）假借在产生之初，是“偶取一字谐声，随意通借”的，但到“定为典要”之后，则是有规律可循的。对此，方氏认为：“形声事意，皆有转借，而纵之平仄，横之宫商，填字归韵，伦论必不可紊。”（卷首一 27 页）“音有定而字无定，切等既立，随人填入耳。”（卷五十 599 页）不论是“意多字少”的假借，还是“缀文之士随手通书”的假借，古音的相同、相近是关键。在《通雅》中，方氏大胆突破字形的束缚，着重从古音的角度破假借，见解精辟，胜意迭出。通读《通雅》全书，破假借的例子俯拾皆是，略举几例如下：

媒但，诡谲也。《鸿烈解》曰：“媒但者，非学谩也，但成而生不信。”高诱曰：“但，犹诈也。”智以但与诞通。《说文》：“诞，词诞也。”徐曰：“妄为大言也。”然又为语词，如“诞置之隘巷”，明借用诞，是发语之诞，乃借但之音，而媒但之但，乃借诞之义也。

（卷五 62 页）

按：但，定纽元部；诞，定纽元部。[②] 但通诞，欺诈。《淮南

① 王引之《经义述闻》卷三十二“经文假借”条，江苏古籍出版社，2000 年，756 页。

② 本书所言声纽、韵部，除特别指明外，均为上古音，具体字的归属，详参王力《同源字典》（商务印书馆，1982 年）和郭锡良《汉字古音手册》（北京大学出版社，1986 年）。

子·说山》："媒但者，非学谩也，但成而生不信。"注："但犹诈也。"方氏指出，发语之"诞"乃借"但"之音，而"媒但"之"但"乃借"诞"之义，这比高诱之解要高明、完整得多。

几所，犹几许也；里所，犹里许也。《疏广传》："问金余尚有几所？"师古曰："几所犹言几许。"《张良传》："父去里所复还。"师古曰："行一里许而还。"古许所声近，如"伐木许许"，汉人引为"伐木所所"，可证。（卷五 68 页）

按：冯其庸《通假字典》："所，心纽鱼部。许，晓纽鱼部。二字声纽发音部位相同，鱼部叠韵。所通许，表约数，大约。"《史记·留侯世家》："（张）良殊大惊，随目之。父去里所，复还。"《汉书·原涉传》："涉居谷中半岁所。"《礼记·檀弓下》："其高可隐也。"郑玄注："谓高四尺所。"孔颖达疏："所是不定之辞。"

他如"固实即故实，固籍即故籍，或曰故志，或曰故事"（卷三 36 页）、"接要即捷要"（卷三 42 页）、"霝始霝终，即令始令终也"（卷五 68 页）、"令命即令名，领闻即令问"（卷五 68 页）、"令日即另日"（卷四十九 595 页）等均引证详实，胜意迭出，这样的例子在《通雅》中比比皆是，不胜枚举。

2. 明转语

"转"是方氏《通雅》中一个很重要的术语。在训诂学史上，"转"有"转语""语之转"等多种说法。汉代扬雄《方言》首先使用了这一术语，是指同一词因时空因素而产生的音变形式。如《方言》卷十："煤，火也，楚转语也，犹齐言焜火也。""煤"是"火"在楚方言中的语音变体。火，晓纽微部。煤，晓纽歌部。微、歌旁转。到晋代郭璞《方言注》继承了扬雄的"转语""语之转"，提出并运用了"语转""声转"等新的术语，但它们在内涵上并未超过扬雄的"转语"与"语之转"。如《方言》卷十一："蝇，东齐谓之羊。"注："此亦语转耳。"蝇，余纽蒸部。羊，余纽阳部。蒸、阳通转。可见郭氏所指同于扬雄。之后，训诂学史上几乎再无人提及“转语”，直到明末方以智始起用“转语”[①]，并且发展了这个术语，极大地丰富了它的内涵。这首先表现在数量上大大超过了前代。《通雅》明“转语”的术语约有七十九个，明确提出“转”的有一百七十处之多，这是方氏之前的任何一部训诂学著作都不及的。[②]其次表现在对“转语”内涵的丰富上，即兼及通假、同源。如：

柯欘，转为柯舒……柯舒，即柯欘之转语也。

（卷三十五 421 页）

按：欘，指斧、锄等器具的把。《说文·木部》：“欘，斤柄。”段注：“谓斫木之斤及斫田之器，其木首接金者，生而内句，不假煣治，是之谓欘。”贾公彦《周礼·考工记·车人》疏云：“据下先郑注引《苍颉篇》柯欘，则此经注所云自以斤柄为是。”《说文·木部》：“柯，斧柄也。”可见“柯欘”为同义复词。《说文·予部》：“舒，伸也。”欘、舒义无关，欘，屋部，舒，鱼部，屋、鱼旁对转。二字古音通假。又：

柄、秉、柲。柲，兵媚切，柄也。《考工记》曰：戈柲六尺有六寸。盖柄、柲同声，皆秉之转也。（卷一 12 页）

按：方氏认为柄、柲皆由秉“转”来，它们在语源上是有关系的。柄、秉同为帮纽阳部字。柲，帮纽质部字。三字同纽，阳、质旁对转。秉，作名词为禾把。柄是斧把，柲指古代兵器的把，也泛指器物的把。《说文·木部》：“柲，欑也。”徐锴《系传》：“欑即矛戟柄。”段注：“柲，引申为凡柄之称。”《方言》卷九：“三刃枝，南楚、宛、郢谓之匽戟；其柄，自关而西谓之柲。”《说文·木部》：“柄，柯也。”柯即斧柄。《易·系辞下》：“谦，

① 刘世俊、张博《说“转语”》，《宁夏社会科学》1993 年第 5 期，82—89 页。

② 顾之川《〈通雅〉转语研究》，西南师范大学硕士学位论文，1988 年。

德之柄也。”王注：“柄，所以持物也。”《小尔雅·广诂》：“把谓之秉。”三字同源。

可见，方氏之“转”有了实质性的突破，已不再单纯指平面的同一词语在不同方言中的不同语音变体，而是用它来分析由词根孳乳分化而产生的同源词。很明显，“转语”这一术语的内涵增加了，他将“转语”说从研究词的时地音变引入到研究词的同源系统。这是对“转语”说的一大深化与发展。更为重要的是，方氏在理论上亦有很大的突破，对“转语”有较强的理性认识，他说：

上下古今数千年，文字屡变，音亦屡变。（自序6页）

天地岁时推移，而人随之，声音亦随之。（凡例18页）

愚历考古今音义，可知乡谈随世变而改矣，不考世变之言，岂能通古今之诂，而是正名物乎？（卷首一30页）

欲通古义，先通古音。声音之道，与天地转。岁差自东而西，地气自南而北，方言之变，犹草木移接之变也。（卷首一30页）

孙雍长说方氏“已经洞悉音转规律及其在训诂学上的重要价值”，“已能自觉地将音转规律提高到训诂原理上来加以研究”。[①]李建国对此亦给予了极高的评价。[②]顾之川《〈通雅〉转语研究》更是全面概括了方氏转语学说，认为在五个方面有了发展。[③]

综上，方氏不但全面继承了扬、郭二人的转语学说，且在内涵、术语的数量及理论上均有较大发展。

3. 探同源

方氏在明“转语”的同时，能运用“因声求义”之法，对同源词进行探求与系联，从而使同源词的研究取得了新的成果。《通

① 孙雍长《训诂原理》，语文出版社，1997年，65—66页。

② 详参孙雍长《训诂原理》，语文出版社，1997年，66—67页。

③ 顾之川《〈通雅〉转语研究》，西南师范大学硕士学位论文，1988年。

雅》在系联联绵词之变体的同时，也对同源联绵词进行了研究。

同源词可分为两类：一是某音有某义。这类同源词具有相同的语音形式，在词义上有明显的联系。如：

山岐曰岔，水岐曰汊。二音同。金陵地名有岔口，顾公引作跤路口。韩公《曹成王碑》“行跐汊川”是也。又路之歧道亦曰跤，唐诗：“枯木岩前跤路多。” （卷四十九 597 页）

按：方氏认为“岔”（汊、跤）音表示歧路。又如“昆于，犹昆吾也”条（卷四 51 页）亦属此类。此类还有“侂侗”（卷四十九 597 页）等。

另一类则是音近义通的同源词。对于这类同源词，方氏往往用“音义相通”“音义相因”“声义相沿”“声义相因”“同声义”“一声而义亦因之”“一声”“一声之转”“同声相转”“转声”“音相近而转”等术语自觉进行系联。如：

阽危，壁危也；阽也，廉也，簷也，皆一声也。《魏志·和洽传》：“阽危。”注：“松之案：《文纪》曰：‘阽于死亡。’《食货志》‘阽危若是’注曰：‘阽音盐，如屋簷近边，易堕之意也。’”堂廉、句廉，亦谓边稜。阽、簷、廉，一声而义亦因之。 （卷五 72 页）

按：廉，来纽谈部。簷，余纽谈部。阽，余纽谈部。来、余准旁纽，三字韵部相同。《说文》：“廉，仄也。”《说文通训定声》：“堂之侧边曰廉，故从广。”《汉书·文帝纪》师古注引如淳曰：“阽，近边欲坠之意。”《说文》：“檐，樀也。”段注：“檐之言隒也，在屋边也。”《玉篇》：“簷，与檐同。”

左个，左间也……个乃介字，《左传》：“一个行李。”古画相近，个或为介，间亦相转。如今有件字，亦介、个之转也。凡曰介者，间也，介在二者之间也，声亦通。 （卷三十八 456 页）

按：这里实际上包括了两组同源词。（1）个、介，见母双声，歌月对转同源。《书·秦誓》：“如有一介臣。”《礼记·大学》作：

“若有一个臣。”《经典释文》:“个,古贺反,一读作介,音界。”王引之《经义述闻·通说上》“个”字条:“引之谨案:……介字隶书作个,省丿则为个矣。介音古拜反,又音古贺反,犹大之音唐佐反,奈之音奴个反,皆音转也。后人于古拜反者则作介,于古贺反者则作个,而不知个即介字隶书之省,非两字也。”王氏此说,正好可以印证方氏“个乃介字”、“古画相近,个或为介”的结论正确。(2)介、间,见母双声,月元对转同源。《说文》:“介,画也。”段注:“分介必有间,故介又训间。”《易·兑》:“介疾有喜。”王弼注:“介,隔也。”《左传·襄公九年》:“介居二大国之间。”杜预注:“介犹间也。”又《襄公三十年》:“以介于大国。”杜预注:“介,间也。”《后汉书·窦融传》:“臣融孤弱,介在其间。”注引《左传》杜注:“介犹间也。”閒,金文从门从月,与小篆同。铭文中为中间义。《说文》:“閒,隙也。”俗作间。《尔雅·释诂》:“閒,代也。”郝懿行《尔雅义疏》引李巡曰:“閒,厕之代也。”《左传·隐公三年》:“远间亲,新间旧。”《经典释文》:“间,间厕之间。”《荀子·王制》:“无幽间隐僻之国。”杨倞注:“间,隔也。”《汉书·韦玄成传》:“间岁而祫。”师古注:“隔一岁也。”《文选·马融·长笛赋》:“间介无蹊。”注:“间、介一也。”方氏此条了了数语,即探求出两组同源词,且甚精当。

諟正即是正。《陈书·姚察》:“研覈古今,諟正文字。”即是正。《蜀志》:“来敏是正文字。” (卷八100页)

按:“研覈古今,諟正文字”出自《陈书·姚察传》。諟、是,禅纽支部,同音同源。《广雅·释言》:“諟,是也。”《广韵》:“諟,正也。”《书·太甲》:“顾諟天之明命。”孔安国传:“諟,是也。”《礼记·大学》引《书》:“顾諟天之明命。”郑玄注:“諟,正也。”《易·未济》:“有孚失是。”虞翻注:“是也。”《礼记·乐记》:“而凝是精粗之体。”孔颖达疏:“是谓正也。”

《通雅》中此类例子比比皆是，仅卷一就有“古寤即悟”（卷一1页）、“封别为堋窆”（卷一3页）、“台、余、吾、我，一声……吾我一声之转”（卷一6页）、“無通为无、亡、毋、莫、末、秏、蔑、微、靡、不、曼、瞀，盖一声之转也”（卷一9页）、“尔、你、而、若、乃一声之转”（卷一9页）、“徒、特、独、但、第，同声相转”（卷一9页）、“歉、嗛、慊、谦、慊、嫌，经传多互用”（卷一10页）、“扰、挠、搅，声义相沿”（卷一11页）等。通检全书，更是不少。这类同源词均是音近义通，是同源词中较为普遍的一类。

当然，方氏对同源词的探求并不是处处都对，也有错误之处，要具体问题具体分析，如：

敲、攷、敂，声义相因。轻重如其声。敲，口交切，《说文》：“横击也，击头也。”又作擊，《公羊传》曰：“以斗擊而杀之。”或又作搞。攷，苦老切。敂，击也，通作考。《诗》曰：“子有钟鼓，弗鼓弗考。”敂即叩，又作扣。叩，苦厚切，又去声，小击也。《说文》曰：“扣，牵马也。”此乃惑于扣马之说。（卷一11页）[①]

按：叩、扣、敂与攷（考）同为溪纽，侯、幽旁转。叩、敲同为溪纽，侯、宵旁转。《说文》：“敂，击也，读若扣。”又“敲，横擿也。”徐锴曰：“从旁横击也。”又“攷，敂也。”《广雅·释诂三》：“攷，击也。”王力《同源字典》认为叩、扣、攷、敂、敲为同源字，并说在叩击义上，叩、敂、扣实同一词。此处方氏系联了敲、攷、敂并连及叩、扣，这是对的。但是，扣实有“牵马”之义，“敲击”只是扣的常用义而已。《广雅·释诂三》：“扣，持也。”王念孙疏证：“扣者，牵持之也。”《左传·襄公十八年》：“齐侯驾，将走邮棠。太子与郭荣扣马。”《吕氏春秋·爱士》：“晋

① 苦老切、苦厚切，此藏轩本均作“若”，误。日本内阁文库藏江户立教馆刊本作“苦”，是。

梁由靡已扣缪公之左骖矣。”高诱注：“扣，持。”《宋史·文天祥传论》：“伯夷、叔齐以两男子欲扣马而止之，三尺童子知其不可。”看来，在文献中“扣”确有“牵马”义并非《说文》误，而是方氏自己错了。

值得注意的是，方氏利用“因声求义”，不但系联联绵词的变体，纠正讹误，而且还运用于同源联绵词的研究。对此，亦可分为两类：一是方氏注意到一些联绵词虽然书写形式不同，但在语音和语义上却有着非常密切的关系，即语音形式相同，有共同的核心语义。如：

昆仑，言浑沦也，山作崑崙，人貌浑仑，亦称崑仑，并通混沌、坤屯、困敦。（卷首一 32 页）

侏儒，短貌。因以袾襦，短衣；株檽，短木。又猰獳，兽。（卷首一 32 页）

嵰峎，山空貌。因分廉宦，室空；磏硍，石声；軁躴，身长；螊蜋，蜓。（卷首一 32 页）

岣嵝，本作句娄。人句娄，谓其形也；因之龟有句娄，山有句娄，言其背高也。（卷首八 102 页）

这些词语，它们语音形式相同，核心语义相同。侏儒，核心语义为“短”；昆仑，核心语义为“浑沦”；嵰峎，核心语义为“空”。有的词语，方氏在训释之后直接指出其核心语义，如“玼傂”条云“总言不齐貌”（卷六 80 页）、“龙钟”条云“总皆状其潦倒笨累耳”（卷六 81 页）、“蓬勃”条云“总言勃郁蓬起之状”（卷六 82 页）。

另一类则是方氏运用“通”或“转”等术语系联的音近义通的同源联绵词。如：

徬徨，一作傍偟……智谓徘徊为徬徨。（卷六 75 页）

蓬勃……又转为旁勃。（卷六 81—82 页）

离娄，转为丽廔。（卷六 85 页）

绸缪，一作蜩蟉，盖缠绵之转也。（卷八 99 页）

崔巍，一作陮隗……转为嵯峨。（卷八 102 页）

按：方氏认为崔巍与嵯峨同源。二词为 dj-/ng- 型，义为“山之高峻”。[①]

由上可知，方氏不但运用“因声求义”广泛系联联绵词的变体及一般的同源词，而且还运用于对同源联绵词的研究，这不但拓宽了联绵词的研究范围，而且丰富了同源词的内涵。

4. 释谜语

“联绵字”一词最早见于宋代张有的《复古编》，在卷六专列《联绵字》一节，收词五十八个。其后历代均有不少学者致力于此，元代曹本作《续复古编》，明代杨慎有《古音骈字》，明代朱谋玮有《骈雅》，都不同程度地对联绵字做了研究。特别是朱氏的《骈雅》，收录了大量的骈字，《四库全书总目》说：“此书皆刺取古书文句典奥者，依《尔雅》体例，分章训释，自《释诂》、《释训》以至《虫》、《鱼》、《鸟》、《兽》，凡二十篇。其说以为联二为一，骈异为同，故名曰《骈雅》。”书中亦有不少联绵字。对于前人的研究，方氏并不满足，他在《谜语·小序》中说：“升庵曾汇二字，楚望亦列双声，弱侯略记骈字，晋江苏氏《韵辑》、《骈复》俱宗杨本。江右张氏《问奇》，特编而定其音读，谷城从而广之，朱氏《指南》，艮斋《字学》，皆揭此例。然多钞升庵，守以字学钩钜之说。惟郝公主通，然未免强合。故因撕其支离，补其遗漏，前后见者，偶从部居。”（卷六 73 页）

方氏认为他们“守以字学钩钜之说……未免强合”，且大多抄袭，没有创新，故用三卷篇幅来研究谜语，“撕其支离，补其遗

① 冯蒸《古汉语同源联绵词试探——为纪念唐兰先生而作》，《宁夏大学学报（社会科学版）》1987 年第 1 期，26—33 页。

漏”，可见他在謰语研究上是有严格标准及明确目的的。方氏还给“謰语”下了定义：“謰语者，双声相转而语謰謱也”，认为它们“凡以声为形容，各随所读，亦无不可”。（卷六 73 页）这就抓住了联绵词义存于声、形不固定的特点，运用“因声求义”广泛系联变体，如：

逶迤，一作委蛇、崣蛇、逶蛇、委佗、遗蛇、委它……各异，其连呼声义则一也。（卷六 74 页）

此条共系联了三十二个变体，可谓多矣。

此外，方氏还认识到联绵词的不可分训问题：

彷彿，一作仿佛、方弗……通作放物、方物……郝氏引《汉·郊祀志》：“民神杂扰，不可放物”，与放弗同。按：放物即方物也……如旧说不可方物，为不可比方其物，又何尝非臆决乎？（卷六 73 页）

按：物，明纽物部。弗，帮纽物部。二字声纽发音部位相同，叠韵。方氏谓其古读相近是对的。通过“因声求义”之法，纠正了前人望文生训的误说。无疑，方氏在研究联绵词的方法上是有突破的。一般认为联绵词的研究是从高邮二王那里走上正轨的，通过以上分析可知，方氏对联绵词的研究已经在力求臻于科学和规范；并且，其同源联绵词的研究已走在段玉裁、王念孙等人的前头。[①] 诚然，方氏在联绵词的研究上成绩卓著，但由于当时古音学仍处于草创时期，所以，方氏对联绵词的训释并非尽善尽美，有时亦有泥于旧说的一面。如：“犹与，一作犹豫……犹，兽名，闻有声则豫上树”（卷六 78 页），这是沿袭颜之推旧说，未能正确解释。但瑕不掩瑜，所谓草创难工，在所难免，方氏有此成就已是难能可贵了。

---

① 袁雪梅《试评方以智对“謰语”及联绵词的研究》，《四川师范大学学报（哲学社会科学版）》1998 年第 3 期，66—70 页。

5. 据古音正讹误

方氏“因声求义”范围的扩大还表现在对前人讹误的匡正上。纠正前人误说是《通雅》的创作目的之一。他在书中多次表达这一想法，如：“考古所以决今，然不可泥古也”（卷首一 20 页），“执古废今，则非；若执古之讹误者，更不必矣”（卷首一 33–34 页），“上下古今数千年，文字屡变，音亦屡变。学者相沿不考，所称音义，传讹而已……汉承秦焚，儒以臆决……以其一得管见，洸洋自恣，逃之虚空”（自序 6 页），“谬误宜正，雅音宜习。”（卷首一 34 页）因此，方氏欲“以经史为概，遍览所及，辄为要删。古今聚讼，为徵考而决之，期于通达”（自序 5 页），对“数千年不决者，辄通考而求证之”（卷首一 20 页），“即一字之疑，一音之讹，一画之舛，亦必详稽博考以求其至是”（钱澄《通雅序》1 页）。

（1）纠不明古音之误

语音是不断发展变化的，这在方氏心目中是十分清楚的。当整个语音系统发生变化之后，如果不明古音，就不容易看出各词之间的音转关系。如：

殿亦廷之转声……师古读朝廷如定，田汝成笑其为方言，岂知古实有此音。（卷三十八 456 页）

按：《说文・廴部》：“廷，朝中也。”朝中即殿，如金銮宝殿。廷、定同纽，廷、殿旁纽。田汝成不察古音，反笑师古，乃以是为非。

光门即横门，长安北出西头第一门也。《三辅黄图》：“棘门在横门外。”《水经注》引：“西三门曰雍门，又曰函里门，又曰光门，又曰突门……”如淳曰：“横音光。”则两存横光二门乎？盖古庚韵通于阳韵，横读曰黄，讹为光耳。（卷三十八 461 页）

按：横、黄，匣纽阳部同音。光，见纽阳部。光为横之音近而讹，郦道元、如淳不知古庚韵通于阳韵，故有“光门”“横音光”之误。

（2）纠不明假借之误

方氏对通假的认识是深刻的，因此，他在自己破假借的同时，也对前人因不明假借而导致的讹误予以纠正。如：

负兹，一作负子。方子谦引《曲礼》“不能，则辞以疾”，《注疏》引《白虎通》云：“天子有疾称不豫，诸侯称负子。子，民也，言忧民，不复王也。”按：《公羊传》：“属负兹。”注：“蓐席也。”《史记》：“康叔封布兹。”兹者，藉席之名。《索隐》曰：“一作苙，公明草也。”则负子者，兹，子之借声相通也。《白虎通》凿解耳。《笔乘》引《吕览》“今兹美禾，来兹美麦”，为来年，则负兹为负岁月，益牵强矣。（卷七 90 页）

按：子、兹，均为精纽之部字。兹，指草席，《尔雅·释器》：“蓐谓之兹。”郭璞注：“《公羊传》曰‘属负兹’。兹者，蓐席也。”兹亦有“年”义，“来兹”为来年，高诱注：“兹，年也。”如果“负兹”解作“负岁月”，则益牵强。方氏指出“负子”为“负兹”之假借，“负兹”即躺在蓐席上，乃生病之意。《白虎通》显然是望文生训，而《笔乘》之说也很牵强。

丘蓋，区蓋也。《申公传》：“疑者丘蓋不言。”如淳曰：“齐人以不知为丘。”师古曰：“非也。引蓋有不知而作，我无是也，用孔子之名。”……智按：……若依颜说，引孔子之名而下连蓋字，则比六朝人之盇各，更不通矣。丘之于区，古人通用。（卷四 53 页）

按：丘，溪纽之部。区，影纽侯部。丘通区，影、溪邻纽，之、侯旁转。区为瓯之初文。《汉书·王式传》：“试诵说，有法，疑者丘蓋不言。”丘，当读作区。《荀子·大略》：“言之信者，在乎区蓋之间。”杨倞注：“《汉书·儒林传》‘疑者丘蓋不言’，丘与区同也。”区蓋不言，犹今之闭口不言也。师古不知丘通区，故以丘为孔子之名。

（3）纠不明谜语之误

联绵词不可分训，在今天已是常识，但古人对此认识并不是很清楚，所以常常把联绵词分开来训释。方氏对联绵词的不可分训是清楚的，他在卷六“彷彿”条即驳正前人“方物为不可比方其物”的错误解释。在《通雅》中，方氏对前人分训联绵词之误都加以驳正。如：

拱押，犹拱挹也。《荀子·议兵篇》：“汤、武之诛桀、纣，拱挹指挥。”《仲长统传》：“拱押天人矣。”注：“拱，执也；押，槛也。”此不知古音也。邑有压音，拱押即拱挹之转也。挹本与揖通。《晏子》曰：“下车挹之。”即揖也。（卷四 58 页）

按：拱押、拱挹、拱揖为同义联绵词，以手作揖以示敬意之意。挹、揖，影纽缉部同音。《荀子·议兵篇》作“拱挹”，《富国篇》《淮南子·览冥》《春秋繁露·随本消息》皆作“拱揖”。押，影纽叶部。李贤不知挹、押声同，韵部缉、叶旁转之理，遂有分训“拱押”之误。今《汉语大词典》即采方说。

漫羡即漫衍……但以漫羡为漫然可羡，则非矣。

（卷七 88 页）

按：漫羡为联绵词，前人训其为“漫然可羡”，方氏以为非。

（4）纠不明音转之误

《通雅》多次强调：“音有一定之转，而字随填入。”意即因音的转变而产生新词时，用来记录新词的字常常只是记音符号。这样，如果泥于字形而以原来的意义训释，则难免望文生训。如：

薄借、不借，乃舃之转声。汉文帝履不借临朝。陆放翁诗：“穿林双不借，取水一军持。”子谦与京山皆引作唐人诗，遂曰草鞋人人所有，可不借而得，此因小颜注《急就》也；果尔，则不律为笔，何以解乎？古人用不字为发语声，正如夫襓为剑衣也。

借字古少家麻音，亦读为昔，昔与鹊、措、腊、错通声。《周礼》“玉堪”注有“薄借綦”，即不借也。《仪礼·丧服》“绳屦”注：“今时不借也。”（卷三十六 444 页）

按：舄，本鸟名，后作“鹊”，清纽铎部。借，精纽铎部。《说文·鸟部》：“舄，誰也。”《说文通训定声》：“今谓之喜鹊，字亦作誰。”《广韵·药部》引《纂文》：“舄，古鹊字。”段注：“自经典借为履舄字，而本义废矣。”故舄又指鞋，《广雅·释器》：“舄，履也。”转为薄借、不借，《方言》卷四：“丝作者谓之履，麻作者谓之不借。”子谦、京山、颜师古皆惑于“借”字原意而误以为鞋贱可不借而得。其实舄、借旁纽，叠韵；不，帮纽之部，薄，并纽铎部，帮、并旁纽，之、铎旁对转。王念孙《广雅疏证》：“《释名》以搏腊为粗貌，是也。搏腊，叠韵字，转之则为不借，非不假借于人之谓也。”进一步说明了这一现象，同时印证了方说的正确性。

妐，夫之兄也。《尔雅》：“夫之兄为兄公，夫之姊为女公。”郭璞注：“今呼为兄钟。语之转耳。”……《容斋随笔》引《玉篇》：“妐音钟，省作公。”容斋岂知为语转而别音，遂别作妐乎？

（卷十九 243 页）

按：兄公、兄钟是由音转而产生的同义词。公，见纽东部。钟，照纽东部。见、照同为不送气轻塞音，东部叠韵。妐，因“语转而别音”产生，洪迈不知兄公、兄钟之间的音转关系，遂有“妐……作公”之误。

从以上论述可以看出，方氏“因声求义”几乎涉及了后世“因声求义”的所有领域，虽然元代戴侗即已提出“因声以求义”的主张，也身体力行地进行了多方面的探讨①，但无论如何，戴氏

① 刘福根《戴侗“因声以求义”的理论与实践》，《古汉语研究》1996 年第 4 期，29—33 页。

在运用范围上远不及方氏广泛。突出的一点是，方氏已能用它来纠正讹误，戴氏于此却未有涉及，原因在于戴氏还不明古音，故在“因声求义”的运用上存在诸多不足，而方氏却非常重视古音的研究，已有比较成熟的语音发展观且创见甚多。古音的不明使戴氏的“因声求义”大打折扣，刘福根认为：“戴侗因声求义的最大不足在于，当时对古音尚无很好的研究，他本人对声近义通这一现象还没有透彻的认识。”[①]方氏批评他说：“永嘉戴侗起而训定，是非相半。”（卷首二 44 页）所以，方氏在继承戴氏“因声以求义”理论的同时，对它进行了新的发挥，这表现在他明确提出了“欲通古义，先通古音”（卷首一 30 页）、“因声知义，知义而得声”（卷六 73 页）的正确主张，并且对古音做了深入的研究，创见颇多，在当时处于领先地位。[②]所以何九盈说：“方以智是一个懂得音韵学的人，他认识到研究古义要以研究古音作为前提，仅此一点，就大大超越了以前的各种雅书。”[③]

综上，方氏“因声求义”的运用范围极广，几乎涉及了后世“因声求义”的所有领域，即使被人们奉为“因声求义”运用楷模的高邮二王，在范围上亦不过如此。赵克勤说：“简要地说，清代‘因声求义’的理论及实践，主要包括两个方面：一是同源字，这是属于词源学的范畴；一是古音通假，这是属于语义学的范畴。”[④]从以上分析来看，这两个方面，方氏都已具备。

（二）方氏“因声求义”在方法上的突破

方以智“因声求义”在方法上的突出特点，是对证据材料的

① 刘福根《戴侗“因声以求义”的理论与实践》，《古汉语研究》1996 年第 4 期，29—33 页。

② 周远富《方以智古音学考论》，南京大学博士学位论文，2002 年。

③ 何九盈《中国古代语言学史》（新增订本），北京大学出版社，2006 年，228 页。

④ 赵克勤《古代汉语词汇学》，商务印书馆，1994 年，193 页。

广泛占有，一切立说都建立在翔实可信的材料基础之上。陆宗达、王宁说："运用'因声求义'的训诂方法，必须核证于文献语言，也就是必须从实际语言材料中找出'信而有征'的佐证，以避免主观臆测，妄作推断。"① 在这方面，方氏堪称楷模，值得大书特书。他在材料的选用上多有卓见，慧眼独具。而其中有些材料是连乾嘉时代的小学大师都未能发现其巨大价值。他说：

考究之门虽卑，然非比性命可自悟，常理可守经而已，也必博学积久，待征乃决。（凡例 18 页）

是正古文，必藉他证乃可明也……智每驳定前人，必不敢以无证妄说。（卷首一 22—23 页）

对于金石钟鼎，方氏已认识到其重要价值，其可信度要较《说文》高，所以亦在引用之列：

金石汉碑之通，何必强合《说文》？重复之文，又何必强分乎？学者但当依石经、《史》、《汉》，旁证诸家，以通古人。

（卷首一 28 页）

小学有训诂之学，有字书之学，有音韵之学，从事《苍》《雅》《说文》，固当旁采诸家之辨难，则上自金石钟鼎，石经碑帖，以至印章款识，皆所当究心者。（卷首二 39 页）

金石碑文的特点是不像一般书面材料那样多讹多变，其价值在今天已越来越受到人们的重视。甚至于伪书，方氏亦能辨而用之，而不是轻易地一概否定。

书不必尽信，贵明其理。或以考事，或以辨名当物，或以验声音称谓之时变，则秦汉以降之所造所附，亦古今之征也。

（卷首一 22 页）

他对后来为清人所鄙弃不取的笔记小说等材料亦是十分重

① 陆宗达、王宁《训诂与训诂学》，山西教育出版社，1994 年，96 页。

视，他说：

志书小说，难可尽信，然引以相参，自可证发。（凡例 17 页）

历代训诂谶纬、歌谣小说，即具各时之声称，惟留心者察焉。（卷首一 31 页）

笔记小说，今天受到人们的高度重视，它是汉语史研究特别是近代汉语研究的重要资料。

如果说上面的材料还是“死”材料的话，那么方氏对“活”材料即方言俗语也同样予以高度重视。在《通雅》中专有《谚原》一卷。方氏也充分认识到方言与训诂的密切关系：

古人名物本系方言，训诂相传，遂为典实。（凡例 18 页）

汉以来传注，每用方言。（卷首一 30 页）

方言者，自然之气也，以音通古义之原也。（卷一 1 页）

所以，他说：“愚历考古今音义，可知乡谈随世变而改矣，不考世变之言，岂能通古今之诂，而是正名物乎？”（卷首一 30 页）为了准确，方氏甚至用实地调查的方法来获得第一手材料，他说：“草木鸟兽之名，最难考究，盖各方各代，随时变更……须足迹遍天下，通晓方言，方能核之。”（凡例 17—18 页）

综上，方氏在材料的选用上是非常开放的。上自金石钟鼎，下至方言俗语，都在其选用范围之内，有时甚至实地调查，在这一点上，清人特别是乾嘉学派要逊色得多。要知道，清人是言必称汉唐的，宋以降之材料，则根本不在选用范围之内 。他们不但鄙弃笔记小说，即使金石钟鼎，也未发现其价值，至于伪书，更是横加指责，用之以资训诂就根本谈不上了。方氏却能广泛运用汉唐之外的语言材料，应予以充分肯定。

总之，方氏在“因声求义”的实践中，其一在范围上超过了前代；其二在方法上，特别是在材料的选用上极为开放，因而取得了较多的成果。虽偶有错误，却瑕不掩瑜。可以说，方氏是清代王氏父子之前较为科学地运用“因声求义”的第一人。

第三节 《通雅·谚原》讹误辨析

方以智所谓的《谚原》，其实可以分为“谚”和“原”两个部分来讨论。

《谚原》中“谚”的概念既不同于狭义上的谚语，也不同于俗语。其含义大致为与书面文献对应的生活口语中的一些语词，即方氏所谓的“俚语常言”。它既不同于语汇学中狭义的谚语，也不同于广义的谚语。

“原”即探源。从目的看，方氏之探源有两种：一种是找到词源；一种是找到较早的书证。从结果看，这“原”有意义之原、读音之原、形体之原及命名之原四类。

我们穷尽式分析了《通雅·谚原》这一章节，对其中一百四十九个词条进行了全面的疏证，发现《谚原》中存在诸多纰漏。每一类错误，或又分小类，本书一般仅举一两例，且论证从简。以下是我们总结出的八类主要的纰漏。

一、字形讹误

这类纰漏可能是由于在传抄的过程中疏忽所致。

第 75 条“《说文》有‘吃’古通用‘食’”：

焦弱侯曰：《汉书》攻苦𣪠淡，俗作吃……智以“𣪠”即“击”字，按《汉书》作“攻苦食啖”，其言𣪠畜者，言系畜也。（卷四十九 593 页）

按：“毄”“𣪠”同，《说文·殳部》：“毄，相击中也。”《玉篇·殳部》：“𣪠，係也。”《广韵·锡韵》亦作“𣪠”。该字有打击义，也有系义，同繁体“系”。《汉书·景帝纪》：“无所农桑𣪠畜。”颜师古注：“毄谓食养之……毄，古系字。”方氏以为“毄即击字”，“击”字当为“系”，二字繁体下部一为“手”一为“糸”，形似而误。《汉书》颜师古注：“毄，古系字。”后文按语“其言毄畜者，言系畜也”亦可为证。

类似的词条还有第38、80、85、86、96条。

二、注音讹误

注音纰漏比较少见，就笔者所见，全部词条仅此两例。

第46条“籍”：

师交切，《说文》陈留谓饭帚曰籍，或曰饭器，或作筲。一曰宋魏谓箸桶为筲。今则有籍箕之名，合之古饭器之语是已饭帚，则今之刷箸也。（卷四十九591页）

按：籍，师交切，《集韵》生纽肴韵，同“梢”。“饭帚”之义在《集韵》是色角切，生纽觉韵。方以智把“色角切”误为“师交切”。

第88条“绫袄褷袯”：

绫，音傍，吴人谓绕音螭絮曰绫袄。今北方呼褷袯。今讹作一撤。（卷四十九594页）

按：绕，《改并四声篇海》引《搜真玉镜》：“绕，居辇切，又音狸。”《字汇补》：“绕，居辇切，音蹇。”方以智注“音螭”，《广韵》为“丑知切”，与“居辇切”读音不符。

三、训诂讹误

训诂纰漏比较多，原因亦较复杂，以下粗分几类。

（一）语法结构讹误

第67条“筐当”：

《说文》：椢，筐当也，古悔切。《韩子》曰：“玉卮无当。”言无底也。今人犹有此语。（卷四十九 593 页）

按：段玉裁《说文解字注》：“椢，匡当。今俗有此语，谓物之腔子也。”由段注可知，“匡当”是一个名词，指物体的腔子。而由《韩非子》之语可知，“无当”是一个述宾短语，意思是没有底，“当”是名词，“底”的意思。由此我们认为，“筐当”和“无当”并不是一个词的不同写法，而是两个词。方以智言口语中“无底”之原在《说文》“筐当”，不可信。

第 70 条“鸡素本鸡斯”：

文长曰：鸡斯之制，以约发，近小荷包，云鸡素，相沿误也。智按：鸡斯即笄縰，或因其名而改，亦未可知。然或是鸡嗉，鸡以嗉盛食，此以盛物，故云。《六韬》云：太公等求得鸡斯之乘。鸡斯盖国名，岂其国佩此囊邪？（卷四十九 593 页）

按：“鸡斯”或为“笄縰”之音转，郑玄早有此说，指束发之饰品，而“鸡嗉”是指鸡消化器官的一部分，二者意义差别巨大。另外，“鸡嗉”是一个偏正短语，并不像“鸡斯”是一个词，为联绵词。方以智仅根据牵强的读音相近，便推断“鸡斯”国名之由来，实为臆说。

类似的词条还有第 32、83、118、121、124、137 条等。

（二）释词讹误

第 17 条“娓”：

公浑切，陈蒨馈米鸭千头，人以荷叶裹饭，娓以鸭肉数脔。今江东人犹谓以物蒙头曰娓，与“檀弓免焉”之声近。《字汇》以娓为女字，则未考陈鉴也。《淮南》：文以青黄。注：文，音问，即免义。互见《疑始》。（卷四十九 589 页）

按：方氏《疑始》“免读为娓之原”“‘檀弓免焉’之‘免’，注：‘郑氏曰：以布广寸，从顶中而前交于额，又却回绕髻，别作绕，音问。’《管子》：‘夏三月五政。’其三政曰：禁扇去笠，毋扱免。注云：‘禁扱衽免袒者，不欲恶盛阳之气也。’信如此说，则禁扇去笠何为？盖不过作其敬耳。免谓免冠也。后世相沿称五服为袒免。唐有议袒免礼，宋有诏宗族袒免之后，不复推恩，袒免之内，以试出仕。袒，袒其衣。免，免其冠。今之始丧者，披发以布裹头，是其遗也。如此则只当读勉音。何必更音问？问之音，盖乡语。谓以布蒙头也。《陈书》‘娓以鸭肉数脔’，胡三省曰：江东以物蒙头曰娓。此其汉人之遗音乎？程泰之确言免不当音问，董彦远、戴合溪皆然，郝公主之。推其原，盖汉时事变义起，不得不分别，故未分字，先分音。取其易记耳。”从方氏举例看，“免”当音问，古代丧服，去完括髻，由布裹头。《广韵》：“亡运切。”陆德明《礼记音义》：“免，音问。”《檀弓》之“免”别作“绕”，即为古代丧服之一，去冠，用布包裹发髻。《管子》注之“免袒”，亦作“袒免”“袒绕”，“绕”“问”同音，并非“免读为娓”。“娓”有二义：一为覆盖、蒙盖义，音户衮切。一为女子人名用字的“娓”，《集韵》：“娓，女字。”公浑切，平声魂韵见母。《字汇》中也以“娓”为女字。此外，方以智错误有二，一是“免”音“问”与“娓”混；二是只承认覆盖义的“娓”，不承认女子人名用字的“娓”。

汉代刘安《淮南子·齐俗》：“譬若刍狗土龙之始成，文以青黄，绢以绮绣，缠以朱丝。”这里“文”即“纹”，纹饰之义，与“绢”“缠”形成对文。《太平御览》引作“文以青黄，饰以绮绣，缠以朱丝”。“文”与“饰”对文，更说明“文”是纹饰义。方以智“文，音问，即免义”，实为误解。

第104条“令日即另日”：

《战国策》：赵燕拜武灵王戎服之赐，曰敬循衣服，以待令

日。即异日也。《注》谓令为善，非。（卷四十九 595 页）

按：另，《五音集韵》郎定切，来纽径韵。令，《广韵》力政切，来纽劲韵。方以智认为“令”与“另”同音通假，“令日”即“另日”“他日”之义。

杨慎《俗言》云：“另日，俗谓异日为另日。另，字音命令之令。然其字《说文》、《玉篇》无有也，只当作令日。《战国策》：‘赵燕拜武灵王胡服之赐，曰：敬循衣服，以待令日。令日即异日也。注谓令为善，非。’”我们知道“令”有美好义，如巧言令色、令辰、令居、令音等。这里的“令日”解释为“吉日”并无不妥。《汉语大词典》中亦支持《战国策》鲍彪注的说法。方以智释“令日”为“另日”即异日，非。

四、引用讹误

方以智的引用多为间接引用，且大量省略。这种多凭记忆的引用方式可能是其引用错误大量存在的原因。引用错误具体又分以下几个小类。

（一）引用文献不完整

第 93 条“外后日”：

《老学庵》曰：“后三日为外后日，意其俗语耳。偶读《唐逸史·裴老传》乃有此语。裴，大历中人也。”今以后日之后，为老外后日。（卷四十九 594 页）

按：《老学庵笔记》卷十：“令人谓后三日为‘外后日’，意其俗语耳。偶读《唐逸史·裴老传》，乃有此语。裴，大历中人也，则此语亦久矣。”[①]“则此语亦久矣”，方以智未引，无法明确了解陆游对此语历史悠久之感慨，故而显得语义不完整。

① 陆游《老学庵笔记》，中华书局，1979 年，126 页。

第 117 条“黄六”：

《疑耀》曰：今京师勾栏中，诨以给人者曰黄六。盖必黄巢兄弟六人也。（卷四十九 596 页）

按：张萱《疑耀》卷三：“黄六，今京师勾栏中诨语，言给人者皆言‘黄六’。余初不解其义，后阅一小说，乃指黄巢兄弟六人，巢为第六而多诈，故诈骗人者为黄六也。”方以智未全引《疑耀》，故而误“黄六”为“黄巢兄弟六人”。

（二）引用文献实无此字

第 131 条“铇”：

木工平木之器曰推铇，音暴。一曰铇子。与圉人刷马之铇，字同器异。《释名》曰：铇〓，音斯，言〓弥之使平也。

（卷四十九 597 页）

按：《释名·释用器》：“〓，〓弥也，斫有高下之迹，以此〓弥其上而平之也。”[①]此条意为谚“铇”之原在《释名》，然《释名》所释为“〓”而非“铇〓”。引文失据，此条不成立。

（三）引用文献字词讹误

第 19 条“酵”：

《通鉴》：“起面饼鸭臛。”起面饼，亦谓卷饼。程大昌曰：起面饼，入教麪中，今书作酵。（卷四十九 589 页）

按：程大昌《演繁露》：“蒸饼，《释名》曰：‘饼，并也，溲麦使合并也。’蒸饼，汤饼之属，随形而名之。束皙《饼赋》曰：‘起溲牢九，何曾蒸饼，不折作十字不吃。’萧子显《齐书》曰：‘诏太庙四时祭荐宣皇帝麺起饼。’起者入教面中俗书教为酵，令松松

① 刘熙《释名》卷七第二十一《释用器》，四部丛刊本。

然也。”方以智“起者”为“起面饼”，误。根据程大昌义，“起者”即酵母，而“起面饼”是指用发面做的饼，二者不可混用。

（四）引用文献出入较大

第84条“底有笃音”：

江北人呼物之底，其音近笃。呼凡物之底下则曰笃下。按郭璞《东海外大壑赞》曰：“写溢洞穴，暵昏龙烛。爰有大壑，号为无底。”《列子》“无底之谷，名曰归墟”，《韵会·屋韵》有“底”，都木切，即此音。（卷四十九594页）

按：《列子·汤问》：“渤海之东，不知几亿万里，有大壑焉，实惟无底之谷，其下无底，名曰归墟。”方氏漏引。屋韵为入声韵，《韵会》中“底”不在屋韵而在上声荠韵，且《韵会·屋韵》三十八个小韵反切中无“都木切”。

第141条“奲”：

《广雅》：“奲，音扯，敞阔无收束也。”《庄子》作“奓”。今江右以去声呼之。（卷四十九598页）

按：《广雅·释诂一》：“奲，昌者反，大也。”“昌者反”切“扯”音，《正字通》“扯”正为“昌者切”，但《广雅》只谓“大也”而未言“敞阔无收束也”，方以智引文和《广雅》出入很大。此外，《庄子》之“奓”与“奲”仅义同，音并不同，实非一字。

五、词条杂糅

杂糅的词条一般都比较长。以下是三类导致杂糅的原因。

（一）内部结构混乱导致杂糅

第29条“蹲”：

徂尊切，曲股立也，又作跧。《诗》：“蹲蹲舞我。”或作墫，以但尊之音，正今之通语也。或谓之敦，《诗》之“蹲蹲”，或音七伦切。至《左传》:“蹲甲而射之。”则音攒,又作蹸。《类篇》曰:“聚足貌。”其实蹲甲之义,亦当如字。郭璞注《山海经》,以“踆”为古“蹲”字。（卷四十九 590 页）

按:该词条不同义项之间的文献相互交杂,显得结构混乱。现依读音梳理义项,依义项梳理文献。如下:

蹲,徂尊切,曲股立也。或谓之敦,今之通语也,古为“踆”字。《山海经》郭璞注:“踆,古蹲字,言临海上。”《广韵》徂昆切。旧读 cún,又作“踌”,今读 dūn。

又七伦切,舞貌。《诗》:“蹲蹲舞我。”或作墫。cūn 音。

又粗本切,聚集,迭合。《左传》:“蹲甲而射之。”cǔn 音。

(二)同一词条包括二条及以上内容导致杂糅

第 15 条“篣、籋”:

滂丁、力鼠切,《类篇》曰:“舟车蓬也”,“粗箔也”。音近“枰”,与“片”声义相转,今韵书无此字,而江湖船上,时时称之,或单称船仓中蹋足隔货者曰籋,或作笭籋,讹为筌篴。

（卷四十九 589 页）

按:篣,舟车蓬,滂丁切。籋,铺床的竹垫,《广韵》良涉切。《类篇》“篣”“籋”是两个词,方以智将二者杂糅在一起解释。“音近‘枰’,与‘片’声义相转”是释“篣”,之后内容是释“籋”,内容杂糅。

第 74 条“末厥,犹言短后也;何楼,活络之转语也”:

《刘贡父诗话》:今人呼秃狗为厥尾,衣短后亦曰厥,故欧公记陶尚书诗,语“末厥兵”。何子元曰:“末厥”可对“卑几”字。又曰:世语虚伪为何楼,始于京师有何家楼,其下皆行滥货。此非也,智以为“活络”一转耳。《庄》《列》:橛株。焦弱侯曰:短木曰榾柮,即“橛”之转语也。《方言》曰:蹶,短也。郭璞曰:蹶蹶,短小皃,音剟。（卷四十九 593 页）

按：该词条从内容上实可分为三条。第一条，“末厥，犹言短后也”，基本可信。第二条，“何楼，活络之转语也”，意义差别太大，不可信。“何楼”，宋代民间俗语，谓虚伪欺诈。“活络”，灵活，不拘泥。第三条，“柮”即“橛”之转语也，音义差别都很大，亦不可信。“柮”，即“榾柮”，木柴块、树根疙瘩、断木。“橛”指木橛或短木。《庄》《列》“橛株”是树桩义。方氏引焦弱侯语及《方言》，释“柮”即“榾柮”为短木，并认为“柮”为“橛”之转语，显然不妥。

（三）词条主旨是为谚寻原，中间加入其他成分导致杂糅

第 97 条“无万数”：

《宾退录》曰：谚云无万数，出《汉·成帝纪》语。黄溍《笔记》按：绎山碑：‘世无万数’，则秦时有此语矣。《艺经》：“捐闷”，周公作…… （卷四十九 595 页）

按：《宾退录》说“无万数”出自《汉书》，方以智同意黄溍《日损斋笔记》中的说法，秦时即有此语。只是中间插入“捐闷”一词，有杂糅之嫌。“捐闷”，古代一种数字游戏的名称。

第 108 条“褰踙，犹朘缩也，今谓之揎蹩”：

杨氏引宋章衡，得象之孙，嘉佑大魁，著《编年运历》，其序曰：诸家浅陋揎酿。又陈振孙《因革礼》跋云：繁简失中，以揎酿目之，不知何物。智按：此语载在《通考》。晁氏作张衡，误…… （卷四十九 595 页）

按：“章衡，得象之孙，嘉佑大魁，著《编年运历》”，这些对章衡的个人介绍不必有。另外，晁公武将“章衡”书作“张衡”之误，也不必有，否则便显得主题不一，结构混乱。

六、举证与释义无关

（一）书证无关

第40条"'抛'古通用'摽''抱'"：

今人谓掷曰抛，按《公羊传》：曹子摽剑而去之。《左传》：长木之毙，无不摽也。《史记·褚先生传》：抱之江中。并与抛同。《集韵》又作㪉，元美又作抛。（卷四十九591页）

按："长木之毙，无不摽也。"杜预注"摽"为"击"，不在该词条词义系统内，《左传》例当删。

第53条"沓、套"：

《避暑录话》：晏元献，平居不弃一纸，虽封皮亦十百为沓。犹今之言一套也……《韩韵》载后唐与梁，战于胡卢套。凡夫曰《说文》𥗉，大长谷也，俗误以大长二字为套。（卷四十九591页）

按："沓"有"套"之义，方以智已用大量书证证明。但最后两则书证与此无关，当删。

（二）与词条主旨无关

第54条"踏踀"：

吴曾曰：俗有踏踀语，自唐以然。《酉阳杂俎》：（钱知买卜）为韵语曰"足人踏踀，不肯下钱"。升庵以为腊䂺字，姓䂺者嫌非字，改作蚕。（卷四十九591页）

按："升庵以为腊䂺字，姓䂺者嫌非字，改作蚕"，当删。与词条主旨立谚"踏踀"之原在《酉阳杂俎》。《酉阳杂俎》卷五《怪术》："其人曰：'卜事甚切，先生岂误乎？'钱云：'请为韵语曰：两头点土，中心虚悬。人足踏踀，不肯下钱。'其人本意卖天津桥绐之，其精如此。"①

① 段成式《酉阳杂俎》，四部丛刊本。

第 94 条“餪女”：

《侯鲭录》曰：世嫁女三日送食曰暖女。《唐韵》有餪，正云嫁女送食也。初产子曰首子，亦用萌字。（卷四十九 595 页）

按：赵德麟《侯鲭录》中虽未立词条，但“暖女”“首子”“孤桶”是分三个意思来讲。方以智立“餪女”条，而将“首子”部分并入，与词条主旨不合，当删。

（三）意义无关

第 56 条“雕当”：

宋景文曰：人谓作事无据曰没雕当。智按：今语曰“不的当”即此声也。汉有“雕悍”之语，唐以来有“勾当”之语，故合之。（卷四十九 592 页）

按：“汉有‘雕悍’之语，唐以来有‘勾当’之语，故合之”，当删。汉“雕悍”是迅猛强悍之义。唐以来“勾当”是主管、料理之义。这两个语词与“雕当”“的当”的意义无关。

第 119 条“透水”：

《王孙传》：透水死者千余人。《羊侃传》：侯景欲透水，羊鹍抽斩之。按意即是泅水，而书作透字，问奇广以为六朝赴水之方言。成式言婆罗遮以透索为戏，谓走索。《方言》：逢、獡、透，惊也。郭注：獡，音铄；透，音式六反。则“透”当如“宊”。孙愐收“透”于屋韵可证。（卷四十九 596 页）

按：“《方言》：逢、獡、透，惊也。郭注：獡，音铄；透，音式六反。则‘透’当如‘宊’。孙愐收‘透’于屋韵可证”，当删。且今本《方言》“逢”作“逴”，方氏引文误。“透水”（泅水、赴水）和“透索”当归为一系。“透”，解释为《说文》中“过也”。惊讶义的“透”，为另一系。二者不在同一个词义系统。

七、立目有误

此类纰漏比较少，据笔者所见，仅有两例，全部列出。

第 87 条“袻袖，袖掖也”：

掖袖曰袻袖，滇云之称用之，或曰鹤袖。（卷四十九 594 页）

按：词目中“袖掖也”当改为“掖袖也”。“掖”为动词，“袖”为动词宾语。后文“掖袖曰袻袖”，亦可为证。

第 145 条“铳鬸”：

仁宝言：山谷集有奊㚊、铳鬸，蜀语也。奊㚊见《说文》，奊，胡结切，头衺骫态也。㚊，古屑切，头倾也。仁宝未考《说文》，何为蜀语，顾隣初曰：“俗以捧物不敬曰奊㚊。”

（卷四十九 598 页）

按：词目为“铳鬸”，可是内容却在讨论“奊㚊”，条目与内容之间不对应。

八、义项相混

义项的概念在方以智那个时代尚未明确提出，《谚原》中出现义项相混的纰漏也在所难免。这里据现代语言学观点就词条义项做出梳理。

第 24 条“顿”：

唐刘世让曰：突厥数寇，良以马邑为之中顿。注：顿是食也。置食之所曰顿。犹今言中火也。俗总以一飧为一顿。《北史》农为中军，宝为后军，相去各一顿。（卷四十九 589 页）

按：按现代语言学知识，“置食之所曰顿”“一飧为一顿”“相去各一顿”当分立三个义项，且相互间的引申关系为“一餐”引申至“置食之所”，再引申至“置食之所间的距离”。

第 27 条“庰”：

《集韵》曰：弄，厦也，一作庰。《唐韵》：庰，屏也。《南史》：郁林行至西弄杀之。今江北谓长㟍，广昌亦然。

（卷四十九 590 页）

按：㟍，卢贡切。根据方以智提供的字面材料，“㟍”应分为三个义项。一是屋子，即“厦也”。二是屏风，即“屏也”。三是巷子，即“西弄”“长㟍”。

综上，我们通过穷尽式分析《谚原》一百四十九个词条，发现有八类纰漏：字形讹误、注音讹误、训诂讹误、引用讹误、词条杂糅、举证与释义无关、立目有误、义项相混。这与方以智所称“每驳定前人，必不敢以无证妄说”甚不相符，与四库馆臣之“考据精核”评价亦相距甚远。

第四节 《通雅》对清代学风的影响

方氏《通雅》，《四库全书总目》称“以智崛起崇祯中，考据精核，迥出其上。风气既开，国初顾炎武、阎若璩、朱彝尊等沿波而起，始一扫悬揣之空谈。”梁启超说：“要之密之学风，确与明季之空疏武断相反，而为清代考证学开其先河，则无可疑。”[①]四库及梁氏的论点影响深远。之后，胡朴安[②]、罗炽[③]、石云孙[④]、周祖谟[⑤]等都认为方氏对清代以考据为主的实学学风产生了深刻的影响，但以上诸家对方氏影响清代学风的证据，要么只言及其哲学思想，要么引以《四库》之语，均有证据不足之嫌。今不揣浅陋，试为诸家举证如下，祈请方家赐正。

① 梁启超《中国近三百年学术史》，东方出版社，2004 年，186 页。

② 胡朴安《中国训诂学史》，商务印书馆，1998 年，123 页。

③ 罗炽《方以智评传》，南京大学出版社，1998 年，324 页。

④ 石云孙《〈通雅〉：雅学的辉煌》，《安庆师范学院学报（社会科学版）》1997 年第 2 期，2—8 页。

⑤ 周祖谟《文字音韵训诂论集》，北京大学出版社，2000 年，310 页。

首先，方氏与清初考据学的奠基人、实证学风的倡导者顾炎武交往甚密，他们在很多方面的一致可以推测二人有互相影响的可能。如二人对明末空疏学风都进行了批判，都提倡经世致用的实学精神。在理学与经学的关系方面，二人也是一致的。如方氏主张“藏理学于经学”，顾氏则提出“经学即理学”。在治学方法上，二人也颇一致，方氏不但重视文献材料，而且非常重视实地调查。他说：“草木鸟兽之名最难考究，盖各方各代，随时变……须足迹遍天下，通晓方言，方能核之。”（凡例 17 页）《通雅》中有很多材料都是他亲自考察而来的。如：“智来岭表数年，又见一奇事，河汉以十月收，以二月见，天下皆然，而岭表腊月晴暖之夜，仍见河汉，总不收隐，此从古无人道破者。”（卷十一 151 页）“《拾遗》言‘有特蓬杀，出贺州山内，似硇砂。’今问贺县土人，乃为大硼砂，声讹耳。”（卷四十八 585 页）按：《拾遗》即《拾遗记》，旧题晋代王嘉撰。顾氏亦十分重视社会调查，曾以采山之铜来说明第一手资料的重要性。潘耒说他“足迹半天下，所至交其贤豪长者，考其山川风俗，疾苦利病，如指诸掌”。（见《日知录序》）他常以田间地头考察的实物来订正文献的阙失，其《日知录》即以这种方式写成。《四库全书》将《日知录》与《通雅》同归入“子部杂家类”，也从另一个侧面反映出他们的关系。1671 年（康熙十年），方氏曾两次抱病为顾炎武作山水共十六帧，顾氏后来为此曾专门作诗怀念①，可见二人关系非同寻常。不能因顾氏小方氏两岁（顾炎武，1613—1682）而否定他们之间存在互相影响的可能。此外，罗炽认为清初著名实学思想家黄宗羲

① 方氏《寄亭林居士山水册》自题：“辛亥暮春，病中强起，草草成此四帧，寄呈亭林居士，弘智。”又：“辛亥首夏，弘智负痾，又为亭林居士写。”顾氏怀念诗曰：“久留踪迹在尘寰，满腹珠玑岂等闲。可奈长辞归净土，哪堪别泪洒人间。”自注：“此册乃无可师最晚之作，偶怀故人遗墨，不胜黄垆之感。漫题二十八字，以识永怀。”

（1610—1695）、王夫之（1619—1692）都与方氏有交谊[①]，据此亦可证方氏对清代实学学风之影响。

其次，从清人对《通雅》的征引来看，也可证明方氏对清代学风产生过切实的影响。方氏《通雅》在清代虽遭查禁，但清政府对纯粹的学术著作特别是小学类的著作的查禁，并不像对历史、文学类著作那么严。由于《通雅》本身的价值，清人对《通雅》时有征引，且不在少数，兹列举如下：

1. 徐文靖《管城硕记》

徐文靖（1667—1756），字位山，安徽当涂人。雍正癸卯举人，乾隆元年荐博学鸿词，十七年荐举经学，特授翰林院检讨。治经学，长于考据，为全祖望所推服。

按：《管城硕记》是其所作笔记，凡三十卷，一千二百八十四则，自经史以至诗文各加辨析、考证。每条以所引原书为纲，而以己按为目。其中卷二十九即为专对《通雅》所做的驳难，且驳之甚详，计三十六则，可见徐氏对《通雅》曾有过深入的研究。

2. 胡鸣玉《订讹杂录》

胡鸣玉（生卒年不详），字廷佩，号吟鸥，江苏青浦人。岁贡生，乾隆丙辰荐举博学鸿词。胡氏《订讹杂录》皆考订声音文字之讹，大抵采集诸家说部而参以己说。

按：胡氏对《通雅》的征引在其《订讹杂录》卷一“隽永”条：“……方密之《通雅》云：《公羊传》得隽曰克，《后汉书》朱

---

① 明崇祯十二年（1639），黄宗羲乡试南京病疟，以智曾为之切脉。《思旧录》：“己卯，余病疟……密之为我切脉，其尺脉去关下一尺取之，亦好奇之过也。”崇祯十五年（1642），黄宗羲曾赞扬方氏《河》、《洛》另出新意。《思旧录·方以智》：“壬午，在京师，言《河》、《洛》之数，另出新意。”《南雷文定》卷六“翰林院庶吉士子一魏先生墓志铭”：“余束发交游，所见天下士，才分与余不甚悬绝而为余所畏者，桐城方密之、秋浦沈昆铜、余弟（黄）泽望及（魏）子一四人。”王夫之对方氏的质测之学十分推崇，他说：“密翁与其公子为质测之学，诚学思兼致之实功。盖格物者，即物以穷理，惟质测为得之。”（见王夫之《搔首问》，详参罗炽《方以智评传》，南京大学出版社，1998年，325—326页）

儁字公伟，皆读俊儁之音，翦乃俊字之随读耳，儁有翦音，犹平有便音，甄有坚音，竣有全音也。汉人注书，偶以方言注之，后人别无所考，遂据为定案耳……”

另外，胡氏书中有“郑重”一条，与方氏《通雅》卷五“释诂·古儁”中对“郑重”的考释，虽然结论不同，但他们所引用的材料却极为相似。

3. 江永《音学辨微》《古韵标准》

江永（1681—1762），字慎修，江西婺源人。康熙时诸生，博学古今，尤长于考据之学，精三礼、步算、钟律、声韵，卒于乾隆壬午年，年八十二。

江永《音学辨微》云：“平有清浊，上去入皆有清浊，合之凡八声。桐城方以智以啌嗹上去入为五声，误矣。盖上去入之清浊方氏不能辨也。”

按：江氏所引方说见《通雅》卷五十“切韵声原”。

又江永《古韵标准·例言》：“……桐城方以智密之曰：‘古音之亡于沈韵，犹古文之亡于秦篆；然沈韵之功，亦犹秦篆之功。自秦篆行而古文亡，然使无李斯画一，则汉晋而下各以意造书，其纷乱何可胜道！自沈韵行而古音亡；然使无沈韵画一，则唐至今皆如汉晋之以方言读，其纷乱以何可胜道！’此言实为确论。”

按：江氏所引见《通雅》卷五十“切韵声原·字韵论”。

4. 黄生《字诂》《义府》

黄生（1662—？），字扶孟，安徽歙县人。明诸生。入清，一意著述，所著《一木堂集》乾隆间被销毁，其余著辑各书大多散佚，所存仅《字诂》《义府》《杜诗说》，前两种收入《四库全书》。

黄生《字诂》“䢿”字条：“汉封蒋澄为䢿亭侯，《集韵》乌后切，方桐山引陈懋仁音后，升菴谓当是函字之省，其地则《集韵》注在溧阳，田艺衡音函，谓在宜兴。《字汇》注在桐城，方桐山亦云桐有䢿山。”

按：黄氏所引见《通雅》卷十六“地舆·地名异音”。

又“鲖”字条：“汝南郡有鲖阳县，孟康音纣红反，《左传注》《后汉书注》并音纣。孙《韵》鲖字下注云：‘又直蒙、直柳二切。’戴氏侗定为徒红、篆蛹二切。《韵会补》定为音冢。桐山云：‘鲖从同，自音同，其音纣者讹失《地志》下红反二字故也。’予谓音纣固非，音直蒙者亦未为是。盖鲖必音侗，故以讨红为反，讹讨为纣，故直蒙、篆蛹因之。存纣遗红，故直柳、文九（字汇音）因之。桐山不悟纣字之讹，谓古人口齿同重相溷，引《后汉书》爞之作烔为证。然《字汇》烔音他红、徒弄二切，不与爞同音，岂可以重、童之衝衝、鍾鐘而牵入同字哉？”

按：黄氏此条所引见《通雅》卷一“疑始·专论古篆古音”。这里，黄氏不仅对方氏有所驳正，且其所引书证乃至书证的顺序都极其相似。

又“靃靃”条：“……方桐山（《通雅》）：‘鲁考及此为隹音，追唯谁虽从之，故靃靃本音荽，而音隺者，擢因摧，鹤因鹤，形近也。’余谓不然……”

按：黄氏所引见《通雅》卷二“疑始·论古篆古音”。从上面可以看出，黄氏一定见过《通雅》且有较深入的研究当无疑矣。

5. 仇兆鳌《杜诗详注》

仇兆鳌（1638—1717），字沧柱，浙江鄞县（今宁波鄞州区）人，康熙时进士，有盛名。

《杜诗详注·寄李十二白二十韵》：“乞归伏诏许，遇我宿心亲。”注：“《通雅》宿心，即夙心。”

6. 钱大昕《潜研堂文集》

钱大昕（1728—1804），字晓征，一字及之，号辛楣，又号竹汀居士，江苏嘉定（今属上海）人。乾隆进士。治学方面颇广，于音韵、训诂创见尤多。

《潜研堂文集》卷三十四《答袁简斋书》：“……方密之谓古

宰相无印，支俸皆借翰林院印，此特谓明之大学士耳。”

按：钱氏所引方说今见《通雅》卷二十三“官制·文职”：“学士，古史之遗，而任遇殊矣。”

7. 段玉裁《古文尚书撰异》

段玉裁（1735—1815），字若膺，号茂堂，江苏金坛人，乾隆举人。清代著名的文字训诂学家、经学家。

按：段氏《古文尚书撰异》卷四：“今予惟共行天之罚”下云：“……又按:《秦和钟铭》‘龚夤天命，言奉敬天命也。’《通雅》云：‘即恭寅。’非。”

8. 王念孙《广雅疏证》

王念孙（1744—1832），江苏高邮人，清代著名的语言学家。其《广雅疏证》卷九下《释水》:“艆，舟也。”疏云:“……方氏密之《通雅》云：今皖之太湖，呼船小而深者曰艓艚……”

9. 钱绎《方言笺疏》

钱绎为钱大昕弟钱大昭之子，字子乐，诸生。少承家学，潜研经史、金石，有《十三经断句考》《方言笺疏》《释大》《释小》《训诂类纂》等。

钱氏《方言笺疏》卷九:“舟……小而深者谓之艓。”疏云:“……方密之《通雅》云：今皖江之太湖呼船小而深者谓之艓艚。”

按：此节与《广雅疏证》全同，当取自《广雅疏证》，然钱氏《方言笺疏》一书中屡引其父大昭、伯父大昕之说以为佐证，且钱大昕文中已提到过《通雅》，考虑其渊源关系，则大昭与绎亦必看过《通雅》，当无疑义。

10. 顾广圻

顾广圻（1766—1835），字千里，号涧滨，江苏元和（今属苏州）人。嘉庆诸生，通经学、小学，以校雠名家，有《思适寓斋记》。

按：据潘祖荫辑《滂喜斋丛书》中钮树玉《钮非石日记》载：

“十一月廿五日，往候顾千里，得借所录戴校《孟子注》，千里言《方言》非子云所作，《通雅》甚杂，《竹书纪年》《孔丛子家语》不足引用。”

11. 陈澧

陈澧（1810—1882），字兰甫，广东番禺人，道光举人。通天文、地理、乐律、音韵、算术等学。

按：陈澧《切韵考》卷六：“……陆氏沿用古书切语，宁人以其不合当时之音，谓之类隔。方密之《通雅》始辨其惑，钱辛楣《养新录》考辨尤详。”

此外，冒怀辛在《〈通雅〉校点说明》中还提到黄虞稷、全祖望、颜元、毛奇龄、王源、袁枚等人都曾接触和征引过《通雅》，兹不赘述。清人论及方以智的著作尚有朱彝尊《静志居诗话》[①]、王夫之《船山全书》[②]等。

从上面清人的征引来看，内容涉及音韵、训诂、官制、服饰……所涉及的人物几乎涵盖了当时最著名的学者，如训诂学家王念孙，历史学家钱绎，音韵学家江永、陈澧，校雠学家顾广圻等，时间上又几乎跨了整个清代，由此可见当时学者是见过《通雅》的，同时也证明《通雅》在当时学者中的影响。这种影响，

① 朱彝尊《静志居诗话》卷十九：“先生（引者注：方以智）纷纶五经，融会百氏，插三万轴于架上，罗四七宿于胸中。早推许、郭之人伦，晚结宗、雷之净社。乐府古诗，磊落嵚嵜。五律亦无浮响，卓然名家。”（朱彝尊《静志居诗话》，人民文学出版社，1990年，582页）

② 王夫之《永历实录》卷五称方氏“姿抱畅达，早以文章誉望动天下。”（王夫之《船山全书》第11册，岳麓书社，1988年，393页）《搔首问》：“读陈大樽集，云‘密翁年十九而知作木牛流马’。欲就青原问之，不克，而密翁逝矣。”（王夫之《船山全书》第12册，岳麓书社，1988年，636页）《船山遗书·五十自定稿·寄怀青原药翁》：“霜原寸草不留心，一线高秋入桂林。哭笑双遮∴字眼，宫商遥绝断纹琴。情知死地非长夜，屡卜游魂得返吟。唯有寻思归计好，黄金装额怕春深。”（《船山遗书》，金陵节署刻本，32页）按：据任道斌《方以智年谱》，“∴”字音伊，原为梵语中五十字母之一，密之借用之，以为事物变化有如“∴”字，左交右轮，而统一于中。详参任道斌《方以智年谱》，安徽教育出版社，1983年，256页。

陈豪[①]在光绪丙午八月既望为方氏《水中雁字诗文卷》作跋时即已道破："……道人生平著述宏富，至于《通雅》，国朝经师硕学，以名物训诂，求微言大义，此书尤尊为先河之导。"

还需说明的是，《通雅》被禁的原因是方氏有反清复明的主张及行为，并不是《通雅》本身。[②]况且，《通雅》于崇祯十二年（1639）初稿已成，康熙元年（1662）刊刻未竟，康熙五年（1666）揭暄[③]携《通雅》稿至福建建宁，姚文燮作序，至此，《通雅》刊行于世。康熙十一年（1672）六月，政府有文告赞扬方氏"舍宰相身登坛说法，十年修造，万象昭垂。所有留青宝塔及遗像遗迹，永宜合其法嗣接续，看守保护"等，官方为方氏盖棺定论。由此可见，《通雅》在康熙十一年（1672）前未禁，乾隆时期才被禁，但当时四库馆臣还可见到《通雅》，并且给予了较高的评价。余英时《方以智晚节考·自序》："当乾隆之世，汉学鼎盛，四库馆臣极称许《通雅》，所重者显在其考证。"明白了《通雅》被禁原因，四库对《通雅》的称许及清人对《通雅》的征引才可得到较好的解释。

再次，清人的某些理论与方氏理论的契合。方氏在其《通雅》一书中，对音义关系、因声求义的训诂方法等都有很好的论述，而这些论述，与清人有很大的一致性。[④]

梁启超说："此书（笔者注：指《通雅》）有许多新理解，先

---

① 陈豪（1839—1910），字蓝洲，号迈庵，浙江仁和人。同治九年优贡，工诗善画，有《冬暄草堂诗集》。

② 作为明末遗民，方氏在周亮工、吴伟业等众多友人在清廷作大官的情况下，对亡明仍念念不忘，如顺治十年（1653），遗民姜垓亡，方氏曾作诗表同志之哀。顺治十一年（1654），钱澄来访，言及崇祯帝故事，方氏感恩拜伏，涕泪纵横。顺治十二年（1655），戴移孝携冒襄诗来访，共坚遗民之志。方氏曾多次致书南明朝中新贵，勉励他们为恢复明室尽忠。

③ 揭暄（1613—1695），字子宣，江西广昌人。治天文、算学，著《璇玑遗述》，康熙二十八年（1689），梅文鼎曾盛赞其书。

④ 详前文"第一节　一、训诂学上的价值"部分。

于乾嘉学者而发明。”[①] 何九盈说：“说实在的，‘欲通古义，先通古音’这八个字，作为一种理论，对清代的语言文字学也产生了一定的影响。”[②] 李智明也提出：“这（笔者注：指“欲通古义，先通古音”）实际上开了清代学者以声音通训诂，以训诂通义理的先声。”[③] 柳士镇也说：“《通雅》在研究古汉语词义时，明确提出‘欲通古义，先通古音’，‘因声求义，知义而得声’的正确主张，实开清代学者‘因声求义’之先河。”[④]

综合以上三点，方氏对清代实学学风确实产生过影响，亦有以也。

① 梁启超《中国近三百年学术史》，东方出版社，2004 年，229 页。

② 何九盈《中国古代语言学史》（新增订本），北京大学出版社，2006 年，228 页。

③ 李智明《中国古代语言学史稿》，贵州教育出版社，1993 年，210 页。

④ 柳士镇主编《语文名著》，中国青年出版社，2000 年，265 页。

第二章 陈鳣《声系》研究

第一节 《声系》古韵研究

陈鳣（1753—1817），字仲鱼，号简庄，浙江海宁硖石人。嘉庆元年（1796）举孝廉方正，嘉庆三年（1798）中乡试。《清史稿·文苑传》[①]《清史列传·儒林传》[②]有传。陈氏博学好古，性嗜典籍，强于记诵，尤精训诂之学。曾与当时著名学者钱大昕、翁方纲、段玉裁质疑问难，与同邑吴骞和苏州黄丕烈交谊甚厚，又雅好藏书，家中藏书甚富。阮元称“浙中经学，鳣为最深”。[③]晚筑讲舍于紫薇山麓，寝处其中，一意撰述。《清史稿·文苑传》载其著有《续唐书》七十卷、《论语古训》十卷、《石经说》六卷、《经籍跋文》一卷、《恒言广证》六卷，《清史列传·儒林传》载其著有《说文正义》、《孝经郑注》一卷、《六艺论》一卷、《郑康成年谱》一卷、《论语古训》十卷、《石经说》六卷、《声类拾存》一卷、《埤苍拾存》一卷、《经籍跋文》一卷、《续唐书》七十卷、《恒言广证》六卷、《缀文》六卷、《对策》六卷、《诗人考》三卷、《诗集》十卷。据陈鳣《简庄集·简庄经籍目》，著有《周易存义》十卷、《尚书郑学》十卷、《三家诗拾存》六卷、《诗人考》三卷、《三礼目录笺》三卷、《春秋家法》二十卷、《论语古训》十卷、《孝经识集》一卷、《孟子辑诂》七卷、《六艺论识集》一卷、《五

---

① 赵尔巽《清史稿》（缩印本），中华书局，1997年，13350页。

② 王钟翰点校《清史列传》，中华书局，1987年，5557页。

③ 王钟翰点校《清史列传》，中华书局，1987年，5557页。

经异义摭遗》五卷、《石经识》六卷[①]、《说文解字正义》三十卷、《声系》十五卷。可见陈氏著述宏富，然刊行者甚少，故近今学者罕能道其名姓。

一、《声系》之古韵分部

《声系》是陈氏研究上古韵部的著作，据陈氏《简庄经籍目》载，有十五卷，现仅存三卷，稿本，版框高十二厘米，宽十八厘米，每半叶九行，行七大字，白口，左右双边，单鱼尾，无牌记，书目与象鼻处署有“裕德堂”，现藏于国家图书馆，有缩微胶片。[②]

从现存《声系》三卷稿本看，该著正楷手书，亦有行书加注，类似于今天书中夹纸条，明显为未完稿。[③]正文直接是分部小目与各部所收之字，前无序言，亦无古韵分部的论证，只有分部的结论与各部所隶属的字。它的体例是：直行正楷竖写，先左列所划分出的上古音韵部，和段玉裁一样以“第 × 部”命名，部下小字详列所属的《广韵》平声韵目，另起一行列本部所隶属的字。列字亦有次序：先列主谐字，再列被谐字。如第一部东冬钟江所收之字有东、涷、冻、蝀、栜、重、緟、憧、锺、種、腫、𡹬、偅、踵、動、湩等[④]。

《声系》中可看出，陈氏于上古韵部的划分共有三处，第一处是正文的小目，分古韵十三部如下：

① 一作《石经说》六卷。

② 笔者 2009 年 1 月在国家图书馆善本室抄写了全部并复制了部分。

③ 据笔者当时所看的缩微胶片，从其行文、行款看，确实是附加纸条注的，因与正文前后字体、款识明显不同。不知原稿到底怎样，因不允许看原稿而未知真相。

④ 为突出其同谐声，个别字用繁体。

第一部	东冬钟江
第二部	支脂微齐佳灰
第三部	之咍
第四部	鱼虞模[①]
第五部	真谆臻文殷
第六部	元寒魂痕桓山先仙
第七部	萧肴又有尤幽
第八部	歌麻
第九部	阳唐庚
第十部	耕清青
第十一部	蒸登侵添
第十二部	侵添覃盐严咸衔凡
第十三部	覃谈盐咸衔凡

第二处是陈氏于正文第二十页有四行手写行书夹注曰：

第一　东冬钟江

第二　支脂微齐佳皆灰咍

第三　鱼虞模

第四　真谆臻文殷

第五　文痕寒桓删山先仙

第六　宵萧肴尤幽

第七　歌麻

① 陈氏稿本“模”后写了“侯”，但划掉了，由此可看出陈氏的举棋不定。

第八　阳唐庚

第九　耕清青

第十　蒸登

第十一　侵添

第十二　侵覃谈盐严咸衔凡

第三处是在该书最后又有手写行书字体，署“谐声谱上”，接着分古韵十一部，每部又分上下，并详细列出每部所包含的《广韵》二〇六韵韵目，详下表：

第一部	上	歌哿箇　戈果过　分麻分马分祃　分支分纸分寘
	下	宵小笑叶　分叶分篠分宵分觉　分肴分巧分效分锡　分豪分晧分号
第二部	上	元阮愿　寒旱翰　桓缓换　删潸谏　山产裥　仙狝线　分先分铣分霰
	下	幽黝幼沃　分尤分有分宥分屋　分萧分筱分啸分肴分巧分效　分豪分晧分号
第三部	上	谆准稕　文吻问　殷隐焮　魂混慁　痕很恨　分真分轸分震
	下	侯厚候　烛　分虞分麌分遇分屋分觉
第四部	上	臻　分真分轸分震　分先分铣分霰
	下	鱼语御　模姥暮　铎　陌　分虞分麌分遇　分昔　分麻分马分祃
第五部	上	耕耿诤　清静劲　青迥径　分庚分梗分映
	下	之止志　职　咍海代　德　分尤分有分宥分麦
第六部	上	阳养漾　唐荡宕　分庚分梗分映
	下	缉　帖　分合分叶分洽分业分乏

续表

第七部	上	东董送　冬宋　钟肿用　江讲绛
	下	盍狎　分合分叶分洽分业
第八部	上	蒸拯证　登等嶝
	下	脂旨至　术　微尾未　物　齐荠霁　迄　皆骇怪　没　灰贿队
第九部	上	侵寝沁　添忝㮇　分覃分感分勘　分盐分琰分艳　分咸分豏分陷　分严分俨分酽　分凡分范分梵
	下	至韵内之至宓字①　霁韵内之嚔曀字②　质栉　分屑
第十部	上	谈敢阚　衔槛鉴　分覃分感分勘　分盐分琰分艳　分咸分豏分陷　分严分俨分酽　分凡分范分梵
	下	祭　月　泰　曷　夬　末　废　黠　辖　薛分屑
第十一部	下③	佳蟹卦　分麦　分支分纸分寘　分昔分锡

从第一处看，陈氏似尚未贯彻顾炎武所开创的离析唐韵之法，覃、盐、咸、衔、凡又同时隶属第十二部、第十三部，既似举棋不定，又似离析唐韵。支脂合而与之分，真文未分是陈氏第一处分部的特点。从第二处看，与第一处所分略有不同，但依然是支脂合，真文合。从第三处看，陈氏所分古韵为二十一部，已较精细，明显地离析了唐韵，真文分部，支脂之三分，幽侯分部。入声只独立出缉、质、月三部是陈氏的一大亮点，这与王念孙几乎同时，不知是陈氏见了王氏之书还是“闭门造车，出而合

① 至，属至韵至小韵，脂利切。宓，属质韵密小韵，美毕切。
② 嚔，属霁韵帝小韵，都计切。曀，属霁韵翳小韵，於计切。
③ 第十一部仅有下，上空白。

辙”；初步把缉部与盍部分开是陈氏的另一亮点，可惜的是合韵两属，帖韵又错归入缉部。其余入声韵部如觉部并入了幽部、叶部一半独立一半并入了宵部、屋部并入了侯部、职部并入了之部、铎部药部并入了鱼部、物部并入了脂部、锡部并入了支部与宵部，均未独立。

二、《声系》古韵分部的贡献与不足

陈氏古韵分部最大的贡献是，入声独立出缉、质、月三部，初步把缉部与盍部分开。

《清史稿·文苑传》载陈氏曾“从钱大昕、翁方纲、段玉裁游”。[①] 段玉裁（1735—1815），长陈氏十八岁。段玉裁古音十七部表如下：

第一类	第一部	之咍[②]，入声职德	陈氏同
第二类	第二部	萧宵肴豪	
	第三部	尤幽，入声屋沃烛觉	
	第四部	侯	陈氏同
	第五部	鱼虞模	
第三类	第六部	蒸登	陈氏同
	第七部	侵盐添，入声缉叶帖	
	第八部	覃谈咸衔严凡，入声合盍洽狎业乏	
第四类	第九部	东冬钟江	陈氏同
	第十部	阳唐	陈氏同
	第十一部	庚耕清青	陈氏庚离析

① 赵尔巽《清史稿》（缩印本），中华书局，1997年，13350页。

② 举平以赅上去入，下同。

续表

第五类	第十二部	真臻先，入声质栉屑	
	第十三部	谆文欣魂痕	陈氏同
	第十四部	元寒桓删山仙	陈氏同
第六类	第十五部	脂微齐皆灰，去声祭泰夬废，入声术物迄月没曷末黠辖薛	陈氏基本同，但从中独立出祭部
	第十六部	支佳，入声陌麦昔锡	
	第十七部	歌戈麻	陈氏同

其中，支脂之三分、真文分部、侯部独立是段氏之创见。然陈氏虽与段氏论学，但从其《声系》看，在上古韵的分部上，陈氏前两处的分部似未受到段氏影响或陈氏未接受段氏分部观点，第三处则近半数与段氏同，特别是支脂之三分、真文分部、侯部独立，此与段氏全同。

晚于陈氏五年的姚文田（1758—1827），其“《古音谐》分古韵为八类二十六部，为清代古音学家中古韵分部最多者。姚氏将《广韵》平上去三声定为七类十七部，入声单独为一类，分为九部，其韵目皆取自《说文》中的最初谐声字”。[①] 姚氏所分古音八类二十六部如下[②]：

第一类	一东	东冬钟江[③]
	二侵	侵覃盐凡
	三登	蒸登

① 谢洁瑕《姚文田古音学研究》,《古汉语研究》2007 年第 1 期，29—32 页。
② 姚文田《古音谐》，续修四库本，第 246 册。
③ 举平以赅上去，下同。

续表

第二类	四之	之灰咍
	五齐	脂微齐佳皆
	六支	支；分齐部一支并入
第三类	七真	真臻
	八文	谆文欣魂痕
	九寒	元寒桓删山
	十青	耕清青
第四类	十一麻	歌戈麻
第五类	十二鱼	鱼虞模
	十三侯	侯；分虞部一支并入
	十四幽	幽萧
	十五爻	宵肴豪
第六类	十六庚	阳唐庚
第七类	十七炎	谈添衔严
第八类	一戠	职德
	二月	物迄月没曷末黠辖屑薛
	三易	锡
	四卩	栉
	五昔	陌昔
	六屋	沃烛觉；屋部收字非一类，今以下三部并入屋部
	七匊	分屋部一支并入
	八乐	药
	九合	缉合盍叶帖洽狎业

离析唐韵，入声独立。“平上去十七部之分约略与段氏十七部之平上同也。而入声九部之离合分配，则远胜于段氏者也。”[①]相较而言，陈氏入声未全部独立，此不如姚氏也，但陈氏质部独立、缉盍分部则优于姚氏。现把陈氏与段、王、姚的比较汇总如下：

段玉裁	王念孙	陈鱣	姚文田
十七部	二十二部	二十一部	二十六部
支脂之		支脂之	
真文分部		真文分部	
侯部独立		侯部独立	
	缉盍分部	缉部独立	入声独立
	至部独立	质部独立	觉部独立
	祭部独立	月部独立	
		初步分开缉部与盍部	

陈氏于上古音的研究，总体而言与其时代相符，虽其分部近半数与段玉裁相同，但与晚其五年的姚文田相比，亦有优长。从《声系》中亦可看出，陈氏独立出缉、质、月三个入声韵部，初步把缉部与盍部分开，此为其功。此外，从陈氏古音研究亦可看出，顾氏所开创的离析唐韵以求古韵的方法，在有清一代已深入人心，学人竞相遵用。

① 陈新雄《古音学发微》，台湾文史哲出版社，1983 年，412 页。陈新雄《古音研究》，台湾五南图书出版有限公司，1999 年，193 页。

第二节　稿本《声系》辨正

关于陈氏《声系》，于其书名，有误解。就笔者所见，陈鸿森提出《声系》即《说文解字声系》的观点[①]，笔者认为陈氏此《声系》不应称为《说文解字声系》，当奉行“名从主人”原则，忠于陈氏自己的称谓，直呼《声系》。现就其书名及性质做一探讨，以求教于方家。

一、《声系》与姚文田《说文声系》之比较

有清一代，治《说文》音韵者甚众，姚文田《说文声系》[②]即其一。姚氏《说文声系》序云：“窃尝论汉人释经，一则曰声相近，一则曰声之转，大抵谐声之法亦不出此两途。”姚氏不同意段氏所谓“合韵”之说，亦不同意孔广森之“对转”，所以取《说文》，离析合并，系之以声，同条共贯，第次缀连，其篇第仍用徐铉分卷，新附之字亦分入焉。每部之下，得声之字，皆注明卷第，实乃本《说文》谐声之字，以求谐声之系统。该著不分韵部，因其后有专治古韵分部之《古音谱》八卷，故《说文声系》盖为考订古音之初步也。由此可见，姚氏《说文声系》之“声”，实指“谐声”而非古韵。姚氏先作《说文声系》而后作《古音谱》，如此作法，尤可看出段氏“凡谐声者必同部”对他的影响。下面是姚氏《说文声系》标目及卷一上的书影：

① 陈鸿森《陈鳣事迹辨正》，载《传统中国研究集刊》(第一辑)，上海人民出版社，2006年，324—333页。

② 姚文田《说文声系》，粤雅堂丛书本。

說文聲系標目

說文聲系一上

歸安姚文田述

从以上书影可以看出，该著完全取材于《说文》，先列声符，次列从该声符得声之字，是其著《古音谐》的先期之作、准备之作，就此二书性质而言，《说文声系》乃是治《说文》的文字学著作，其“声”指谐声，而《古音谐》则是治上古音的音韵学著作。因此，《说文声系》其书名与内容完全相符。

而陈鳣《声系》，称其为《说文解字声系》，非作者自称而均系他人称说（详后）。与姚氏《说文声系》相比，陈氏《声系》可谓治古韵之结果，此与姚氏《声系》不同者一也；其收字亦未完全取材于《说文》，其排列顺序亦与《说文》大异，相反，却与《广韵》十分相近，此与姚氏《说文声系》不同者二也。我们再来看陈氏《声系》所分第二部的书影：

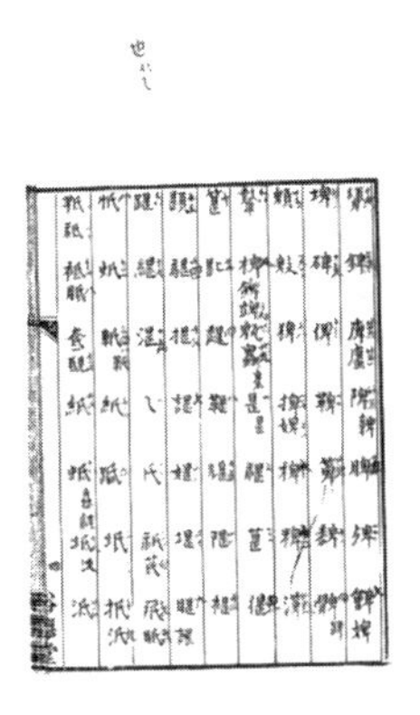

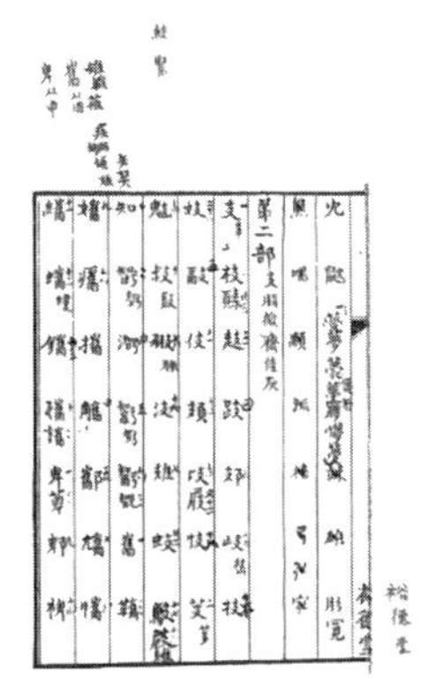
第二部

陈氏《声系》对古韵分部共有三处，此为第一处，陈氏并未把支、脂分开。第二处分部，不但支、脂未分开，还加入了咍韵。第三处分部才把支、脂、之三分。

由书影可见，陈氏此著以“声”相系，但陈氏此“声”为韵部而非声母，亦非谐声偏旁，此与姚氏《说文声系》不同者三也。综上，陈氏《声系》，为其治古音之果，把汉字按其古韵分部而类别之，每部之内所收之字，则以谐声系之，收字亦未悉依《说文》。

二、《声系》与严可均《说文声类》之比较

《说文声类》[①]是严可均利用谐声研究古韵的专书，严氏在《叙》中说：“以声为经，以形为纬。为检字者之不易，辄借《广韵》二百六部建立标题，分为十六类，合为八类，又大合为四类。众类联比，各循其次，上下关通，阴阳混一，顺逆互转，首尾循环。其合也一统无外，其分也毫厘有辨。同类相授，各有建首。母子相生，母别为纽；子又生子，系缀母后，广其变通之路，审厥出入之由。夫而后群经有韵之文皆可读，古人假借之法无不包矣。”[②]严氏古韵分部有三个层级：第一级为古韵十六类，即阴声八类（之、支、脂、歌、鱼、侯、幽、宵）、阳声八类（蒸、耕、真、元、阳、东、侵、谈）；入声并入阴声。第二级按各部声近、对转与通转的关系，将十六类合为八类，即之蒸、支耕、脂真、歌元、鱼阳、侯东、幽侵、宵谈。第三级根据韵部之间来往的疏密，大合为四类，即之、支、脂、歌、蒸、耕、真、元为一类；阳、东、侵、谈、鱼、侯、幽、宵为一类；侵、谈、蒸、幽、宵、之为一类；歌、鱼、侯、元、阳、东为一类。

---

① 严可均《说文声类》，严式诲编《音韵学丛书》本第十二册，国家图书馆出版社，2011年。

② 严可均《说文声类》，严式诲编《音韵学丛书》本第十二册，国家图书馆出版社，2011年，5—6页。

在第一级分部里，严氏于每一声类下先注明离析《广韵》的结果，如于“之类第一”下注：“广韵平声之咍，上声止海，去声志代，入声职德，古音合为一类，与蒸类对转。”次以《说文》谐声偏旁声符为目，依次列出从此声符得声之字，每一声符及得声之字，以“○”隔开，《说文》未收之字，则在其外加“□”表示，并于字下注明来源。下面是严可均《说文声类》上篇“之类第一”的书影：

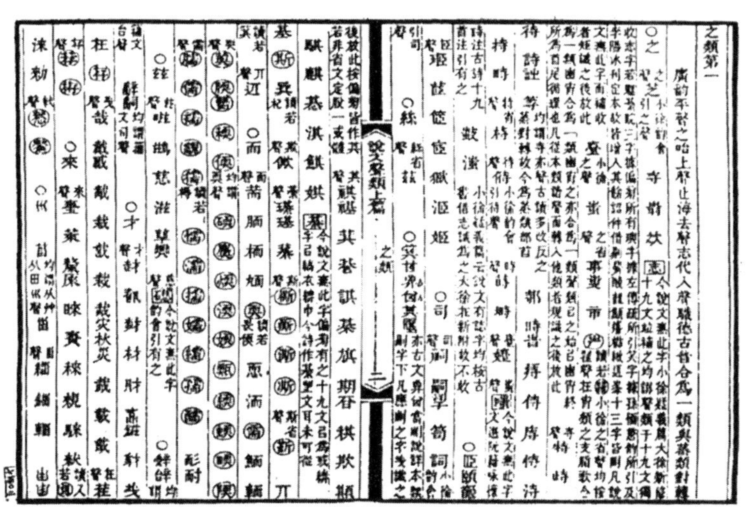

之類第一

廣韵平聲之咍上聲止海去聲志代入聲職德古音合爲一類與蒸類對轉

說文聲類上篇　之類　二

續修四庫全書　經部　小學類

由上可见，《说文声类》也是以《说文》为依归，以治古韵为目的而成的古音学著作。从上一节对陈鳣《声系》的介绍来看，《声系》与《说文声类》亦不相类。

三、《声系》与《广韵声系》之比较

陈氏《声系》分古韵二十一部，其第一部东冬钟江所收之字如下①：

东、涷、冻、蝀、栋、重、緟、⿰忄重、锺、種、腫、⿰山重、⿰彳重、踵、動、湩、童、僮、潼、橦、撞、鐘、衝、⿰車童、罿、穜、蕫、⿸疒童、曈、龙、珑、茏、咙、聋、栊、⿰石龙、庞、泷、⿰彳龙、⿱龙虫、龚、笼、⿰衤龙、⿰角龙、宠、垄、陇、同、桐、侗、恫、铜、迵、⿰讠同、姛、筒、衕、眮、⿰马同、洞、鲖、挏、公、伀、衮、忪、瓮、颂、讼、松、舩、蜙、翁、⿱竹翁、⿰鱼翁、螉、滃、工、功、攻、玒、仜、⿰工隹、⿰米工、红、虹、杠、⿰钅工、矼、缸、贡、江、鸿、项、澒、卭、⿰木邛、巩、蛩、銎、恐、⿱巩手、筑、鞏、⿱巩石、空、倥、悾、椌、涳、控、躳、竆、藭、⿱穴⿰身龟、宫、营、⿰宫殳、弓、穹、中、⿱艹中、衷、忠、忡、盅、冲、仲、用、甬、筩、俑、涌、蛹、⿺走甬、通、踊、勈、桶、痛、诵、庸、鄘、傭、⿰豸庸、鳙、镛、墉、⿰骨庸、容、傛、溶、⿰容瓦、镕、⿰谷容、搈、邕、雝、癰、⿱雝言、廱、灉、⿱雝言、虫、融、⿰赤虫、⿰钅虫、冬、苳、终、螽、鼕、⿰冬黾、夅、⿱竹夅、绛、⿰木夅、洚、降、隆、癃、⿱隆鼓、丰、玤、奉、捧、琫、菶、唪、夆、⿰扌夆、⿰彳夆、逢、缝、熢、蠭、⿰钅逢、从、從、蹤、縱、纵、瘲、鏦、⿰車從、樅、慫、聳、豵、⿰虫從、囱、悤、璁、⿱穴悤、聰、⿸疒悤、驄、⿰钅悤、⿰火蔥、總、蔥、凶、匈、詾（訩）、恟、洶、兇、⿱宀㚇、葼、鬷、椶、艐、緵、堫、⿱宀㚇、宗、琮、⿱宗贝、悰、淙、综、崇、⿱宗豆、⿱宗皿、杪、兆、碂、窿、漾、戎、娀、风、枫、⿱艹风、凤、芃、豐、麷、酆、寷、封、葑、⿰纟封、充、珫、统、叢、藂、眾、潨、⿱覀眾、冢、⿰巾冢、⿰马冢、⿰酉冢、蒙、矇、⿰饣蒙、濛、⿰蒙鸟、蠓、⿹勹冡②、共、供、洪、烘、⿰忄共、恭、拲、拱、廾、弄、梇、⿰骨巴、巷、鬨、穉、尨、哤、牻、⿰马尨、⿰氵尨、⿱尨土、厖、雙、愯、

① 关于陈氏之古韵分部，详前文。陈氏《声系》于古韵分部的划分共有三处，三处分部不同，有十三部、十二部、十一部又各分上下（第十一部仅有下）。陈氏与钱大昕、翁方纲、段玉裁游，亦详拙文。兹不赘。此为其第一处分部，即分为十三部，故其分部仍不及其第三处分部成熟。为突出其同谐声，部分字采用繁体。

② 查《广韵》东冬钟江无此字，钟上声有“冢”。《说文》：“冢，高坟也。从勹，豖声。”《字汇・勹部》：“⿹勹冡，同冢。”疑陈氏此字当为“⿹勹冡”，即“冢”。

茸、髶、醋、揖、春、惷、赣、囊、靨、送、冗、甋、瞢、夢、甍、竦、雄、熊、喁、颙、鲕、棓、弓[①]、弘、玹。

《声系》第一部东冬钟江所收之字均出《广韵》，基本按东冬钟江四声排列。每韵先列小韵首字，再列本小韵所辖之字（并非全收本小韵之字），基本按谐声偏旁排列。加多数本于《说文》，但未见于《说文》者有硿、爞（《说文》有“熜”字）、瘛三字。

第二部所收主谐偏旁有：支、知、巂、卑、是、乁（也从乁）、氏、氐、卮、产、为、兒、奇、奚、圭、只、示、尔、丽、规、衰、义、宜、兮、离、彖、彑、豕、矢、丌、其、利、隹、齐、妻、次、厶、匕、旨、比、此、夷、弟、米、几、非。本部所收主谐字，主要以支部（支、知、巂、卑、是、乁、氏、卮、产、兒、奚、圭、只、丽、规、兮、此）脂部（氐、示、尔、矢、齐、妻、次、厶、匕、旨、比、夷、弟、米、几）为主，杂有歌、月、微、之部。本部共收字 704 个（包括陈氏在部分字下注出的异体字、古文、籀文，如芰下注蔓，呧下注诋，垝下注陒，雞下注鶏，岐下注嶅、陴下注䡟等），多数出自《说文》，但有个别字不见于《说文》，如“鵜”，见于《正字通》，《说文》作“鶙”，是“鶙”的讹字。“呢”见于《广韵》而不见于《说文》。也有个别字错误，如“弟”声下有“梯”“䅵”，“䅵”疑为“䅵”之误。罙（陈氏“罙”下注“粟”，）误作眯。

第六部所收主谐声符有：丌、元、泉、爰、林、釆、夗、軓、冤、緐、门、进、𡿺、贲、昏、昷、昆、罘、鲧、尊、卷、存、孙、豚、殿、吅、单、雚、萑等。属元部者有元、泉、爰、林、夗、軓、冤、緐、吅、单、雚、萑，属文部者有门、贲、昏、昷、昆、鲧、尊、存、孙、豚、殿。其余“丌、𡿺”属物部、“进”属真部、“釆”属之部、“罘”属缉部。

① 此字前面已收，重复。

以上所举第一、第二、第六部，是陈氏划分古韵分部的第一处，即分为十三部，可以看出，这第一处分部很不成功。以第二部为例，支脂不分，杂有之部字，显然其支脂之并未三分。但陈氏在第三处分部时，支脂之三分。

陈氏每部所收之字，有部分重复，字下间有小注，多数是注明异体或古文的，如第二部“梅”下注“楳”，“睹”下注“覩”，“侮”下注“㑄”。笔者一一与《广韵》核对，发现这些字按谐声排列，顺序与《广韵》非常接近，且先列谐声偏旁，后列所谐之字。陈氏显然是在离析《广韵》的基础上划分上古韵部。惜其入声韵部未全部独立。

陈氏其书既名为《声系》，收字排列亦依《广韵》，故可与沈兼士《广韵声系》[1]略作比较。沈氏之著“初以广韵之字分韵排比，凡同从一声者皆依次系联之，然后综合参校，并其所同，以声为纲，而依四十一声类之次第叙列之……今即据此书，取其形声字之主谐字为纲。凡各韵中属于某主谐字之诸被谐字，均类聚系属于同一主谐字下。各主谐字之排列，依四十一声类，始‘见’终‘日’之次序为先后……本书取广韵之字依其谐声之系统编纂而成，体例有如清人之说文谐声谱，而清人之书，皆以古韵部分为统领，是书则以四十一声类为纲纪。”[2]所以，陈氏第一部之字，沈氏《广韵声系》分属于见类（公、工、弓、船、容、共、廾、弘）、疑类（喁[3]）、端类（东、重、童、龙、冬）、知类（中）、澄类（虫）、明类（冡、蒙、龙、瞢）、非类（封、棓[4]）、

① 沈兼士《广韵声系》，中华书局，1985 年，2 页。

② 陈垣《广韵声系序》，沈兼士《广韵声系》，中华书局，1985 年，1 页。

③ 沈氏疑类第一主谐字“禺”下收“喁”。沈兼士《广韵声系》，中华书局，1985 年，213 页。

④ 沈氏非类第三主谐字“音”下收有三个“棓”。沈兼士《广韵声系》，中华书局，1985 年，464—465 页。

敷类（丰、豐）、奉类（风）、精类（宗、崇）、清类（囱、叢[①]）、从类（从、從）、心类（嵕）、审类（舂）、影类（邕）、喻类（用、甬、涌、庸、冗）、于类（熊[②]）、晓类（凶、匈、兇）、匣类（夅）、日类（戎、茸、充）。陈氏《声系》收字虽本《广韵》，但其排列则以谐声为依归，此与沈兼士《广韵声系》相仿佛，不同者一是沈氏之著体例完备，收字排列谨严、系统，谐声的层次非常清晰，而陈氏所收之字少于沈氏；二是陈氏是按自己所分古韵十二（十三或二十一）部排列，而沈氏则以四十一声系排列尔。究其实，陈氏《声系》与沈兼士《广韵声系》、何琳仪《战国文字声系》相类，是依"声"（声纽或韵部）纳字，是治上古音之果。

陈氏《声系》被谢启昆、阮元误为《说文解字声系》。谢启昆《小学考》卷十云："《说文解字》之学，今日为盛，就所知者有三人焉：一为金坛段玉裁若膺，著《说文解字读》三十卷；一为嘉定钱大昭晦之，著《说文统释》六十卷；一为海宁陈鳣仲鱼，著《说文解字正义》三十卷、《说文解字声系》十五卷，皆积数十年之精力为之。"[③] 此处谢氏把段氏《说文解字读》五百四十卷误为三十卷。段氏《说文解字注》卷十五下自述云："始为《说文解字读》五百四十卷，既乃櫽栝之成此注，发轫于乾隆丙申（四十一年），落成于嘉庆丁卯（十二年）。"[④] 据此，谢氏所谓段氏的《说文解字读》，乃段氏在为注《说文解字》而做的前期准备，非三十卷，实为五百四十卷。阮元于嘉庆元年正月上元日为陈氏《论语古训》所作的序云："陈君精于六书，尝著《说文解字正义》；又以《说文》九千言，以声为经，偏旁为纬，辑成一书，有功学

① "叢"，沈氏为"取"谐声，但陈氏第一部中无"取"字。

② 沈氏于类有第一主谐字"炎"下收"熊"。沈兼士《广韵声系》，中华书局，1985 年，947 页。

③ 谢启昆《小学考》，载《续修四库全书》本第 922 册，上海古籍出版社，2002 年，20—21 页。

④ 段玉裁《说文解字注》，上海古籍出版社，1988 年，784 页。

者益甚。元乐其古训之既版行，尤望其以《说文》付梓，庶几为声音训故之学者，事半而得功倍也。”[①] 陈鸿森根据谢启昆、阮元序，谓“北京国家图书馆藏仲鱼稿本《声系》三卷，当即其书，盖后来卷帙删并与”。[②] 据笔者所见国家图书馆所藏《声系》原本及研究，其收字俱从《广韵》而与《说文》无涉，编排与《广韵声系》相类;《清史列传·儒林传》亦云:“鳣学宗许郑，尝继其父志，取《说文》九千言声为经，偏旁为纬，竭数十年之心力，成《说文正义》一书。”[③] 可见，阮氏所谓“以《说文》九千言”云云当即《说文正义》。前述谢启昆误《说文解字读》五百四十卷为三十卷，那么也大可推测其误陈鳣《声系》为《说文解字声系》。最重要的是，陈氏自己的《简庄经籍目》中有《声系》《说文正义》而并未提《说文解字声系》，谢、阮二氏是否亲见他们自己所称作的《说文解字声系》殊未可知，谢氏有画蛇添足之嫌，阮氏则有张冠李戴之疑。所以，我们认为陈氏《声系》是以《广韵》为基础研究上古韵部的著作，谢启昆所云《说文解字声系》系误解，阮氏所谓“以《说文》九千言”云云，当即《清史列传·儒林传》所载的《说文正义》，与此《声系》非同一书也。

综上，陈氏之《声系》与清代治《说文》谐声之主流著作如《说文声系》绝不类，与《说文声类》亦不相似，倒是与《广韵声系》相似但略显粗糙。当奉行“名从主人”原则，仍称为《声系》，而不应改称为《说文解字声系》。是书为陈氏治古韵之作，此亦与姚氏《说文声系》、严氏《说文声类》不同。

---

① 陈鳣《论语古训》，载《续修四库全书》第154册，上海古籍出版社，2002年，299页。

② 陈鸿森《陈鳣事迹辨正》，载《传统中国研究集刊》(第一辑)，上海人民出版社，2006年，324—333页。

③ 王钟翰点校《清史列传》，中华书局，1987年，5557页。

第三章 《声均表》古韵研究

《声均表》，写本，不著撰者姓氏，该著收入长城（香港）文化出版公司所编的《罕见韵书丛编》下册（长城文化出版公司，1995年）。《丛编》据清光绪十九年（1893）张预序写本影印，原书半叶高十九厘米，宽十二厘米。据张预序知，该著是研究上古韵部的。张序云："古今代嬗，音读至歧，南北畺分，方言易羼，欲揭千古之舌，同八方之文而歙以一律，诚哉其难之。然群籍具在，是可董而理也。鄦[①]书从读，半主象声，傥以字之躲定一声，以经之均定众声，以通转之理定正声变声，庶其布指可以知寸。国朝自顾亭林、江慎修、戴东原、段楙堂、孔羿轩、江艮庭、张皋文、王怀祖诸先生，言六书音均之学极备。此作续综其学，择精而语详，则非宷乎六经诸子秦汉有均之文而究其分合之指，与通转远近之情，无以别部居而得条理，然则古今胡嬗，南北胡分，盖俛视切字叶均，不识躲要之言相去远矣。预未尝学问，又牵于事，愧无裨于作者，它日任校雠之役则可耳。癸巳七月既望同学友生张预序于长沙莭院。"

张预，字子虞，号虞庐，室名崇兰堂，浙江钱塘人。光绪九年（1883）进士。工诗，善书。历任编修、松江知府候补、会试同考官、湖南学政等。著有《北行纪程》《赵津日识》《崇兰堂诗存》等。张序于光绪癸巳年，即光绪十九年（1893）。张序自称"同学友生"，则作者年龄当与张预相当或略长。由张序可知，该著是在顾江戴段孔江张王之后，旨在"续综其学"，特点是"择精而语详"。综览全书，该书在部分韵部声符的归纳上确实较顾

① 古国名、地名或姓氏，即许。

江戴段高明，有的韵部声符已非常接近于王力，把质部独立、东冬分立、侯部配有入声、从脂微部中独立出月物部，还采用顾氏离析唐韵之法以求古韵。这些都是值得称道的。在清代古音学中，佚名某些细节可取，但整体不是很成功。在清代学术史中，佚名做出了应有的贡献。

第一节 《声均表》结构体例

《声均表》分古韵十九部，每部下分“谐声”与“均征”两部分，未列韵部名称，仅以第一、第二……序之。每部开始均列“声均表”名。其整体格式如下[①]：

声均表

第一

子经典相承作子𢀈古文子[illegible]籀文子芓孜李杍古文李秄仔字

……

第一均征

书

喜起熙皋陶谟　事纪极德疑福极　侧直极极洪范

……

右本均

……

右第一第三通均

“谐声”部分，首列谐声声符，有的声符首列小篆字形。若该声符还有古文、籀文，则依次列出，并以双行小字注明经典相承之字形，最后列出从该声符得声的谐声字。在以该声符得声的谐声字中，若有古文，则列出并用双行小字加以说明。若有二级声符，则

① 原著竖排，今横排。双行小注今亦改为单行，以右下角小号字显示。

以低一字的格式书写。这一部分与段玉裁《六书音均表》中的《古十七部谐声表》相类，不过比段氏多了从该声符得声的谐声字。

在声符及从其得声的谐声字列完后，是“均征”，即以先秦经史诸子秦汉有韵之文作押韵例证，是其古韵分十九部的证明。例证引用典籍计有《书》《易》《诗》《仪礼》《礼记》《大戴礼记》《论语》《孟子》《考工记》《左传》《国语》《战国策》《逸周书》《穆天子传》《管子》《荀子》《老子》《文子》《庄子》《列子》《墨子》《山海经》《六韬》《孙子》《韩非子》《尸子》《尹文子》《鹖冠子》《吴子》《晏子春秋》《燕丹子》《楚辞》《宋赋》《吕氏春秋》。每部典籍的“均征”为一段，并列有篇名。下一部典籍的“均征”另起一段。这部分类似于段玉裁《六书音均表》中的《诗经韵分十七部表》与《群经韵分十七部表》及王念孙《古韵谱》。段氏之《诗经韵分十七部表》《群经韵分十七部表》所引用之书有《诗经》《周易》《尚书》《仪礼》《大戴礼记》《小戴礼记》《考工记》《礼记》《左传》《国语》《论语》《孟子》《楚辞》，在书名下列出篇名，每书之押韵以“○”隔开，显然，佚名《声均表》“群经”比段氏更丰富。佚名说：“均书以声为主，同声相应，同气相求，取三代有韵之文证诸谐声，自然名正言顺”，“故论声均本原当以先秦为断，苟无证佐，宁盖阙如。”[①] 显然，佚名之“群经”已不限于“三代”“先秦”，他也未做到“苟无证佐，宁盖阙如”，因此，丰富的“群经”并未给其带来缜密的古韵分部，相反，却使其古韵的通转有些杂乱。

“均征”分“本均”与“通均”。在“本均”押韵例证之后，列“通均”例证并指出某部与某部通。其通韵计有：

第一：与第二通均，与第三通均，与第四通均，与第五通均。

第二：与第三通均，与第四通均，与第五通均。

---

① 佚名《声均表》，清光绪十九年张预序写本，收入《罕见韵书丛编》，长城（香港）文化出版公司，1995 年，1479、1480 页。

第三：与第四通均，与第五通均。

第四：与第五通均。

第五：与第六通均，与第七通均。

第六：与第七通均，与第八通均。

第七：与第八通均，与第九通均，与第十通均，与第十一通均。

第八：与第九通均，与第十通均，与第十一通均。

第九：与第十通均，与第十一通均。

第十：与第十一通均。

第十一：与第十二通均，与第十三通均，与第十四通均，与第十五通均。

第十二：与第十三通均，与第十四通均，与第十五通均。

第十三：与第十四通均，与第十五通均。

第十四：与第十五通均，与第十六通均。

第十五：与第十六通均，与第十七通均，与第十九通均。

第十六：与第十七通均，与第十八通均，与第十九通均。

第十七：与第十八通均，与第十九通均。

第十八：与第十九通均。

第十九：与第一通均，与第二通均。

第二节 《声均表》谐声表

这部分不但列出谐声声符，还列出所谐之字。兹录其谐声声符如下[①]：

第一部　子之母箕其丝以巳已匠喜采牛牧来麦啚才士里囟宰龜未斄又右友某久矢亥止畐不音戠甾司词耳异亟意直㥁弋则或国

① 声符中繁简字共存的如第三部号与號、第四部后与後及斗与鬥、第五部与与與、第十六部丰与豐等，原著即如此。为避免隶楷转写错误，有些声符直接捕捉原著图片显示。

自力棘若黑叟寔仄矢艮克导伏鄄北亼葡革求佩丘史负戒妇等态色皕辞辥畐臼再朿灰圣医朕

按：大致对应段玉裁第一部。本部声符主要属于中古之、职、咍、德、尤韵，杂有一两个侯、屋、麦、真、微、豪、脂、侵、缉、麻、灰、皆、烛、清韵。平上去入俱全。

第二部　丑卯酉刘道首悳六九州求各由酋休周雔句予臼舟丂流汓囚孚禾畴䨓丩曹告肃臼畜报帚阜老艸甫秀𦰩土杻守肘膇翏目手早缶簋安叉枣鸟臭夼祝爊夙复𠬤戊尗肉牢毒韭丝㝖就逐夒兽夲羣匊𠆢乍好竹攸

按：大致对应段氏第三部。本部声符主要属于中古尤、豪、屋韵，间或杂有一两个肴、铎、侯、鱼、虞、幽、模、脂、萧、佳、麻、职、咍韵。平上去入俱全。

第三部　高乔夭毛乐虐丵小暴㬥盗交卓教爵翟尞刀兆劳苗器號勺敖巢弱票舟尧龠肉翏弔少敫隺喿鱻号

按：大致对应段氏第二部。本部声符主要属于中古豪、宵、药韵，杂有一到三个铎、觉、肴、锡、陌、尤、萧、屋、灰、合韵。平上去入俱全。

第四部　角木王娄口勹朱而区取後每侯几俞臾付睦谷屋族狱足束辱曲壳蜀录収豕卜局鹿禺刍后厚走斗奏丶封冓豆具扇冠昼粟铏鬥戍异

按：大致对应段氏第三部一部分与第四部，此部有入声屋部。本部声符主要属于中古侯、虞、屋、烛韵，间有一两个觉、阳、肴、之、脂、尤、桓、麻韵。平上去入俱全。

第五部　且俎父旅五夫于华古祜居图舍叚车巴吴虞处虍虎各瓜乌与與舁夾鉃亚鱼鲁素两眀㸚庶兔牙夕下巨奴乎乍土厶壶无石疋马吕予午御户禹鼓宁圉女如武羽雨鼠夏舄蒦寡盅戟尺屰斝若豦睪谷享乇昔霍白百赤赫叡㝖步矍索竝炙岂

按：大致对应段氏第五部。本部声符主要属于中古鱼、麻、模、虞、昔、陌、铎、药韵，杂有一两个唐、脂、阳、麦、微韵声符。平上去入俱全。

第六部　多义我哥可奇差𠂇左佐𢀩加它冎为离乀麻罗罢七瓦吹沙坐禾虍羸𠂹止丽规糸詈

按：大致对应段氏第十七部。本部声符主要属于中古歌、支、麻韵，杂有一两个佳、皆、戈、之、齐、锡韵。平上去入俱全，若无“糸”声符，则无入声。

第七部　支知是卑其乁厂兒解役益朿亦辟脊狊画毄圭易秝此析知冋𢍰

按：大致对应段氏第十六部。本部声符主要属于中古支、昔、锡韵，杂有一两个之、齐、佳、麦、庚、山韵。平上去入俱全。

第八部　皆匕齐飞自厶衣鬼贵靁畾枚妥几夷尾辛眉畏希氏师癸比辠罪禾尸利毇入豊丿稊朩美火水矢兕二囗敳伊非示幾死隹崔中米市眔戍肥危衰厽耳妃辜

按：大致对应段氏第十五部的阴声韵部即脂、微部。本部声符主要属于中古脂、微、灰韵，杂有一两个皆、麻、齐、戈、真、质、支、薛、物、合、术、之韵。平上去入俱全。脂微分立直到王力才完成。

第九部　一七至必日乙实桼吉栗血逸卩抑毕八致矢闭白设

王念孙	佚名	王力
一七至必日乙实桼吉栗血逸卪抑毕壹疾穴致铚质颉壹悉鄰失宓密监瑟八侑即节御设别	一七至必日乙实桼吉栗血逸卩[1]抑毕八致矢闭白设	一七至必日乙实桼吉栗血逸卪抑毕壹疾匹穴季隶弃替惠戾肆畀四兕利

① 卩、卪实一字。卩，佚名作篆形“[illegible]”，注云：“经典相承偏旁作‘卩’。”《说文·卪部》中“卪”即作“[illegible]”。

按：质部独立。从段氏第十二部中独立出质部。本部声符主要属于中古质、脂韵，杂有一两个屑、黠、齐、职、薛韵。有上去入声而无平声。

从上表的比较可知，佚名在21个声符中，有15个与王力相同。佚名声符“八”下谐“匹”，还有“肙穴”两个二级声符。王念孙37个声符中，有18个与王力相同，不到一半。显然佚名更接近于王力。

第十部　大旡肴弃合胃四家稚吠惠爪卒醉未八退出隶尉犮对外伐内孛乂败贝匃頪一丰离萬萬瘷祭卢癹㇄叕昏桀疐雀夺聿弗叏秫制末竄夬勿臾卫戾矢捧带威月卅冸中埶蓺筮会杀介剌蔑骨由突乙折绝鬱自鼻毳丿罚器自质譥彻干卂妾瀍业縣及邑㠭十入甲涉幸合咠立配彖砅馭凷

按：大致对应段氏第十五部的入声月、物部和部分质部字。本部声符属月部并与王力声符相同的有：大吠犮外伐乂贝匃丰万祭叕昏桀夺末卫带月会介折。佚名“彖”，王力作喙声；佚名“干”声符，王力作“舌”，不过佚名“舌”从“干”得声；佚名无“戉”而有“㇄”，“戉”从其得声，无“癶”而有“癹”，无“欮”而有“瘷”，“设”声符佚名入了第九部。另有“败頪离制夬中埶蓺筮剌蔑由绝毳罚器彻卂砅”也属月部。本部属物部并与王力声符相同的有：旡胃卒未退出尉对内孛聿弗叏勿鬱，王力没有但佚名有的“醉秫臾戾骨突譥配”亦属此部。属质部并与王力声符相同的有：弃四惠隶疐乙质，王力没有但佚名有的“一自鼻”亦属本部。其他属缉部的有：卅及邑㠭十入合咠立。属叶部：妾瀍业甲。属脂部的有：豕稚矢。属微部的有：威自凷。属元部的有：竄縣。属药部的有：雀。看来，本部主要是入声。也就是说，佚名努力地把段氏未独立出的入声独立出来了，不足的是月、物仍然混在一起没有分开。

第十一部　泉兀旦屮釆番巽半䜌厂[①]干辛卝㫃𠕁冒[②]柬吅夐鬳兊贯乱闲𢉖丹焉肰口戋衍𦾔安官反闲亘见连萈爰山囟夗𤔔害㭴𣏟厂虍每耑燕丸文寒奸面般赞珏删全𥸨善县断宦旋辡班𠷎便建幵羡弜

按：大致对应段氏第十四部。主体是元部。本部声符主要属于中古仙、寒、山、桓、元、先、删韵，各杂有一两个戈、庚、号、清、侯、登、没、屋、泰、灰、文、盐韵。平上去入俱全。若无“兀萈害”，则无入声。段玉裁第十四部共有声符138个，佚名只有77个，比段氏少了一半。这77个声符中，与王力相同者有30多个（王力元部共56个声符）。另有如王力“攀犬鬳曼”，佚名作“𣏟肰虍冒”，佚名“曼幔”等从“冒”得声。

第十二部　先厂[③]囷屯门殷分焚艮西免孙昏卉君员昆享川云存巾仑堇文军斤刃昷𦬼熏豚眔飧尘本盾尊困𦋹人

按：大致对应段氏第十三部，对应王力文部。本部声符主要属于中古谆、魂、欣、文、痕韵。“先殷西免卉员川巾堇刃尘”属文部。“厂”属寒韵，但从其得声之“辰裖唇宸振娠”属文部。平上去入俱全。段氏第十三部共有声符69个，佚名仅42个，王力37个，显然佚名比段氏更接近于王力。

第十三部　人仁天信频丏渊旬辛令命肩田甸因真匀㒳申丿扁臣玄民秦舛聿丨壶矜𦘔

按：大致对应段氏第十二部。本部声符主要属于中古真、先韵，杂有一两个泰、谆、青、清、庚、仙、魂、曷、术韵。“壶”当入第五部即鱼部。平上去入俱全。

第十四部　丁正生盈赏名磬青鸣壬敬平寍婴甹冖争顷幵贞霝井冂幸嬴

按：大致对应段氏第十一部。本部声符主要属于中古青、

① 与第十二部“厂”不同，原作“𠂆”，从其得声之字有“斥雁鴈”，均属元部。

② 幽部号韵，从冒得声的曼为元部愿韵。

③ 原文作“厂”，与第十一部“𠂆”不同。

耕、清韵，“生鸣敬平”属庚韵，“幵”属先韵。有平上去声，无入声。与王力耕部谐声声符相比，只多出了“婴宀幵井冂幸”。王力“咖”声，佚名作“霝”，王力“嬴”声，佚名作“羸”，王力“殸”声，佚名作“磬”。本部声符的分部比段氏明确。

第十五部 光囧昌昜王皇往网兄上兵爿方京羊襄庚皀畺弘央永仓象血卬向亢丙亡望章㗊叒办相两匠丈亯庆鬺競香行珩秉彡竞

按：大致对应段氏第十部。本部声符主要属于中古阳、庚、唐韵，杂有登（弘）、屑（血）、药（叒）、衔（彡）韵。平上去入俱全。本部与王力阳部声符（44个）相同的有光昌昜网兄兵爿方京羊襄庚皀畺央永象卬向亢丙亡章办相网庆香行，共29个。王力有“量商长尚黄羹明亨竞”而佚名没有，但佚名有“匠亯競竞”，只有“弘血叒彡”4个声符不属本部。比段氏之第十部更接近于王力。

第十六部 东同丰用庸从囱㐫戎谷工共巷冢凶豐双龙封送孔育周束禺

按：从段氏第九部中分出东部，即东冬分立。本部声符主要属于中古东韵一等平上去声、三等平声、钟三等平去声，江韵二等平去声，杂有一两个真、屋、尤、烛、虞韵。平上去入俱全。

段玉裁	江有诰	佚名	王力
中躳宫东重童龙公虫冬夅降隆丰奉夆逢用甬庸从辵囱悤同农邕雝宋戎封容工巩空送充共双冢蒙凶匈兇嵏宗崇嵩豐众龙庬竦冢茸	东同丰从囱凶封送共充双冢知陇切邕孔廾公豐茸嵩丛容舂龙竦弄冢莫红切宂	东同丰用从囱工凶封送双共冢庸㐫戎谷巷豐龙孔育周束禺	东同丰用从囱工凶封送双共冢龙容邕充庞

段氏东冬合一。在佚名东部的25个声符中，与江有诰相同者14个，与王力相同者12个，江有诰与王力相同者12个。

第十七部　冬众宗中虫船夅木品

按：从段氏第九部中独立出冬部，即东冬分立。东冬分立是孔广森的创见。孔氏认为冬部字的古音与“东钟”大不一样，故另立冬部，使东部与冬部分立。孔氏此分，亦与《诗经》押韵相符，弥补了顾、江、戴、段分部之不足，博得大家赞赏与采纳。本部声符主要属于中古东韵三等、冬、江韵，各杂有一个屋、侵韵。平上去入四声俱全。从佚名第十六、第十七部看，虽然他想把东部与冬部分立，但做得并不完美，一是两部中均杂有一些不相关的韵，二是第十六部中仍有本当分出的冬部字。

段玉裁	孔广森	江有诰	佚名	王力
中躬宫东重童龙公虫冬夅降隆丰奉夆逢用甬庸从逊囱悤同农邕雝宋戎封容工巩空送充共双冢蒙凶匈兇嵏宗崇嵩豐众龙厖竦冢茸	冬众宗中虫夅戎宫农宋	中冬夅众宋戎农船宗夂古文终赗蟲彤	冬众宗中虫夅船木品	冬众宗中虫夅戎宫农宋

段氏东冬合一。孔氏把冬部独立出来。在佚名这9个声符中，与孔氏冬部10个声符、王力冬部10个声符相比，有6个全同，王力作“宫”佚名作“船”，少了“戎农宋”，多了不相关的“木品”。江有诰13个声符中仅7个与王力同。“冬众宗中虫戎宫农夅宋”这10个声符顾炎武、江永、戴震、王念孙归东部，孔广森、江有诰、章炳麟、黄侃入冬部，由此我们可以看出，在冬部声符的归纳上，佚名要比顾炎武、江永、戴震、王念孙高明，已接近于孔广森、江有诰、章炳麟、黄侃、王力了。佚名冬部独立，极有见地，有较高的学术史价值。

第十八部　林心凡南三今金咸甚音既侵罙壬冘圣乏男琴参占古詹欠斩巳㲋甘奄臽佥炎

按：大致对应段氏第七部。本部声符主要属于中古侵、盐韵，“咸斩毚臽”属咸韵，其中“咸斩”当属谈部，“毚臽”当属侵部。另杂有一两个青、乏、模、严韵。平上去入俱全。盐韵声符不当在本部，本部亦不当有入声。

第十九部 丞升瞢蝇朋囬弓𠂆朕兴夌恒厷仌冰登癹承音再徵而乃孕

按：大致对应段氏第六部。本部声符主要属于中古蒸、登韵，杂有一两个东、侵、之、咍韵。有平上去声，无入声。

与段氏十七部对比如下：

《声均表》	《六书音均表》	说明
一	一	
二	三	
三	二	
四	三、四	侯屋部，使段氏独立的侯部有入声相配
五	五	
六	十七	
七	十六	
八	十五	阴声
九	十二部	质部独立
十	十五	入声
十一	十四	
十二	十三	
十三	十二	
十四	十一	分部比段氏明确

续表

《声均表》	《六书音均表》	说明
十五	十	
十六	九	东部
十七	九	冬部
十八	七	
十九	六	

独立出质部，把段氏第九部分为第十六、第十七两部，即东部与冬部分立，第四部相当于段氏第三、第四部，使段氏独立的侯部有入声屋部相配，把段氏第十五部一分为二，即把入声独立出来形成其第十部，仍留阴声作其第八部，故得十九部。其中质部独立、东冬分立、入声月物部从脂微部独立出，这是其创见。但其分部并不利索，有些韵部虽然分开了，如第十六、十七部，但仍藕断丝连，这使得其古韵的通转变得漫无边际。不过，从与中古音的对应关系看，佚名亦采顾炎武之离析唐韵之法，如尤韵分属第一、第二部，豪韵分属第二、第三部，看来此法在有清一代已为学人所接受。

第三节 《声均表》声符研究

综观《声均表》所列声符，主要有声符重复、声符误认、单独声符等情况。

一、声符重复

（一）同部中声符重复

臼，在第二部中出现两次。知，在第七部中出现两次，均单独声符。

（二）不同部中声符重复

此类最多，如：耳，第一部以小篆列出作“耳”，注云“经典相承作耳”，谐珥饵佴恥娸；第八部列出“耳”谐弭。音，第一部列出，谐意；第十八部列出，谐喑谙暗窨罯歆猎黯湆闇；第十九部列出，谐瘖。京，第二部作“京”，谐虩螥，第五部作“亰”，谐虩螥隙，两部中“虩螥”全同。享，第八部作亯，谐焞敦；第十二部作亯，注云“经典偏旁相承作享”，写法与第八部全同，谐犉哼谆睲雜焞竴惇淳弴埻錞醇。自，第一部列出，谐息；第十部以小篆列出作“自”，注云“经典相承作自”，谐诣郎眉洎垍臬。辛，第八部列出作“辛”，谐犀；第十三部列出作“䇂”，谐㾕亲。𠂤，第八部列出作“𠂤”，谐歸追；第十部列出作“𠂤”，谐帅䏁。爪，第二部列出作“爪”，谐采；第十部列出作“爪”，谐采。又如第五部虍，注云“经典相承作虍”，谐處；第六部虍谐虘虧；第十一部虍谐膚甗。其他如第一部、第二部“求、臼、畗”，第一部、第四部“朿”，第一部、第五部“若”，第二部、第三部“舟、肉”，第二部、第五部“各、土”，第四部、第八部“几”，第五部、第八部“厶”，第六部、第十四部“羸”，第八部、第十部“屮”，第九部、第十部“乙”，第十部、第十一部“卣、㬎”，第十一部、第十二部“文”。

（三）不同部不同声符但所谐之字相同

第十二部亼谐今珍趁诊胗疹袗殄驂沴紾畛轸殄畛，第十三部人，注云“经典相承作人”，其下二级声符“㐱”谐珍趁诊眕胗疹袗殄驂沴紾畛轸殄畛。除“眕”外，其余“珍趁诊胗疹袗殄驂沴紾畛轸殄飻”十四字全同，而第十八部又有“彡”，谐㐱。

二、误判声符

第九部“𦣹”，注云“经典相承作白”，从其得声之字有“習㬬”。其实“𦣹”当是“自”而非“白”。第十一部“辛”，谐言，即言。段氏第十四部有“辛言”声，江有诰亦有“辛”声，并注云“言从此”。言，甲骨文作言合 440 正宾组言合 26752 出组，篆文作言，从舌，舌上加一横表示言语产生于舌，是指事字，段氏另立“言”为声符是合适的，王力元部有声符“言”而未立“辛”是对的。

三、单独声符

即只有声符而没有从该声符得声的谐声字，计有：第一部“矢”，第二部“报、艸、杻、枣”，第四部“斗、戍、𢀜”，第七部“知、知（重出）、冏”，第八部“枚、妃”，第十部“吠、𡘲、配”，第十一部“闲、宦”，第十二部“巿”，第十三部“命、壶”，第十四部“名”，第十五部“庆”，第十六部“孔”，第十八部“男”。

此外，还有以古文声符入一部，隶楷后的声符入另一部，如第十九部“囟”（古文“囱”），“囱”在第十六部中已出现。

佚名对于声符重出或易混淆声符的处理，远不及段氏严谨。段氏每遇易混淆的声符，必加以注明，如：第一部“畀”（与第十五部“畀”别）、“苟”（与第四部“苟”别），第二部“孚”（与第三部“孝”别），第五部“谷”（与第三部“谷”不同），第十四部“釆”（与第一部“采”别），第十五部“禾”（与第十七部“禾”别）、“市”（与第一部“市”有别），第十六部“彖”（与第十四部“彖”别）。

但佚名在篇末有一类似于现在的后记的文章，曰“均书以声为主，同声相应，同气相求，取三代有均之文证诸谐声，自然名正言顺”，“故论声均本原当以先秦为断，苟无证佐，宁盖阙如”。由此可见该氏理念是严谨正确的，然其实际所做却不然。又说：“段氏所谓一声可谐万字，万字必归一部，其理固不可易，而数声共讬一文，一文重出数部，亦势所然也。”所以有“同字同部而不同声”，他说：“文既不尽相因，声亦间随有变，如包声之饱，古文作餜采声，又作餥卯声；也声之地，籀文作墬彖声，九声之厹，篆文作蹂从足柔声，才声之鼒，俗体作镃，从金兹声，伏声之絥，或体作鞴，从革葡声，此同字同部而不同声者也。”也有“同字不同声并不同部”的，他说：“古文裘作求，诗大东裘与来服试均，礼记学记裘与箕均，诗关雎求与流均，逑与洲鸠州均，凤从凡声，古文作朋，诗菁菁者莪朋与陵均，荀子解敝引诗凤与心均，采从爪声，诗羔裘褎（采声）与究好均，俗采从惠声作穗，诗黍离与醉均，此同字不同声并不同部者也。”佚名之“同字同部而不同声”，实为一字之异体、俗体或古文，即声符不同的异体谐声字，这可能有“方音造字”的原因，即有方音因素在内，也可能是谐声的时代性使然。“同字不同声并不同部”，主要依据的是押韵，也是同一字的古体、俗体的韵部与押韵不一致，王力说：“有少数谐声字，由于阴阳对转的关系，已与它们的声符不同韵部”，“声符不一定与其所谐的字完全同音，‘同声必同部’的原则不能绝对化……这些都是合韵和对转的道理。”[①] 看来，佚名已经注意到谐声与押韵的不一致，只是没有进一步认识到这种不同的原因。最后，佚名认为“或据诸体偏旁之殊为古均通转之证，是知其一不知其二，非碻论也”。由此观之，其声符重出的原因或可理解，同时佚名也认为段氏据谐声偏旁之殊定古韵通转，是知其一而不知其二。

在韵部次第的安排上，佚名如是说：“至于部居之次第，则

---

① 王力《清代古音学》，中华书局，1992 年，245—246 页。

亦视通均之多寡为定，斯为瑀当。盖形有可类，声由渐转，举其远者而猝合之，必格乎不入，因其近者而绪引之，自怡然顺理。”看来，他的古韵不列名称而以序号依次安排，是以“通均之多寡为定”的，并非如段氏以元音远近排列。

综观佚名之古韵分部，我们可以看到，质部独立，东部与冬部分立，并使段氏的侯部有入声相配，从脂微部独立出月物部，这些都是佚名的亮点。质部独立是万光泰（1712—1750）[①]、王念孙（1744—1832）的创见。夏炘（1789—1871）《诗古韵表廿二部集说》撰于癸巳年即清道光十三年（1833）[②]，是集顾炎武、江永、段玉裁、王念孙、江有诰五家之说，而以王念孙、江有诰两家之说为主，定为二十二部，“窃意增之无可复增，减之亦不能复减”。根据佚名《声均表》前张预于清光绪癸巳年的序推算，当是公元1893年。佚名晚于万光泰的十九部分韵、至部即质部独立109年，晚于王念孙61年，晚于夏炘60年，基本与章太炎（1868—1936）同时。佚名在某些韵部声符的处理上优于段氏、江氏，已非常接近王力，如第九部质部、第十一部元部、第十二部文部、第十四部耕部、第十五部阳部、第十六部东部、第十七部冬部。其次，在韵部的排列上，段氏的顺序是有讲究的，根据主元音的远近，比较而言，佚名的排列稍显混乱。最后，由于其古韵分部仍不严密，使其十九部几乎变得无所不通。不过，在清代古音学的发展过程中，佚名还是做出了应有的贡献。

① 万氏分古韵十九部，至部即质部独立，完成于乾隆十三年（1784）。

② 据《诗古韵表廿二部集说》夏炘自序说“癸巳孟春”推算，当是清咸丰五年，为1833年，非王力《清代古音学》中所说的1855年。

第四章　丁履恒《形声类篇》研究

《形声类篇》，写本，清代丁履恒著，收入《续修四库全书》经部小学类。[①]

丁履恒（1770—1832），字若士，一字道久，晚年自号东心，一作冬心，江苏武进人。

丁氏于十八岁师从卢文弨[②]学习音韵，后又与段玉裁、庄述祖[③]、张惠言[④]为师友，其关于音韵学的著作主要有《说文谐声类编》《形声类篇》。

《形声类篇》共三卷，正文共分三部分：部分篇、通合篇、余论。卷末有庞大堃“校勘”。

部分篇。丁氏将古韵分为十九部，统之以十干，并在各部下用小体字标明该部包含《广韵》中的哪些韵。之后对每部进行详细阐述，首先，说明该部包含了《广韵》中的哪些韵；其次，列举其他学者如郑庠、顾炎武、江永、段玉裁、孔广森、张惠言等人的古韵分部；再次，以《诗经》韵偏旁为依据进行分类，将韵相近的谐声偏旁以及部分字罗列出来，归入该韵部；最后，列举《诗经》《易经》《楚辞》《论语》中该部用韵情况，进一步说明其分部的合理性。在该篇的篇末，丁氏附郑庠、顾炎武、江永、段玉裁、孔广森、张惠言的古韵分部表，对其进行简单的分析，进一步阐明其分部依据。

---

①《续修四库全书》第 247 册，上海古籍出版社，2013 年。

② 卢文弨（1717—1795），字召弓，一作绍弓，号矶渔，又号檠斋、抱经，晚年更号弓父，人称抱经先生，清代浙江仁和人。

③ 庄述祖（1750—1816），字葆琛，号珍艺，晚号檗斋，清代江苏武进人。

④ 张惠言（1761—1802），字皋文，一作皋闻，号茗柯，清代江苏武进人。

通合篇。首先为“通论”，概述了丁氏通合理论的主旨，集众家之说，得出通合四大条例：比类通合、同入通合、同列通合、从类旁合。接着简单分析段玉裁古韵十七部分六类表以及十七部异平同入表、孔广森诗声类部目、张惠言合韵表，将古韵十九部分为五类，按段玉裁“同类为近，异类为远，非同类而次第相附为近，次第相隔为远，近则相合，远则不合”的要旨，将古韵十九部按读音远近分为左右两列，列图加以说明，并将十九部的通合情况根据四大条例细分为十五条：东冬比类通合一、东侯同入通合二、东谈阳元同列通合三、冬侵蒸比类通合四、侵蒸耕真幽同列通合五、蒸之同入通合六、阳鱼同入通合七、阳元耕真比类通合八、真文元比类通合九、耕真脂支同入通合十、元祭同入通合十一、元祭歌宵鱼同列通合十二、脂祭支歌之比类通合十三、之幽侯比类通合十四、幽宵侯鱼比类通合十五。最后对每一条通合关系进行详细阐述，说明其通合依据，主要依据有说文谐声、汉儒音读、诗经韵、群经韵等。

余论。丁氏阐述了其对形声字归部的认识，分七点加以说明：（一）同得声字分收各部者；（二）有与所从得声字不同部者；（三）有字可两读应兼收二部者；（四）有字可两读应专收一部者；（五）有从偏旁省声形近而讹者；（六）有得声之字形近相讹应改正者；（七）有得声字应从古文偏旁补入者。该篇主要是对一些谐声字特例进行归纳，纠正错误的认识，补充缺失的谐声字。

第一节 《形声类篇》古韵研究

一、《形声类篇》古韵分部

（一）丁氏古韵十九部

丁履恒《形声类篇》分古韵为十九部，以十干统之，主要是在顾炎武的十部、江永的十三部、段玉裁的十七部基础上得出的。

具体分部如下表：

十干	分部	《广韵》韵目
甲	甲部上（东）	东董送之半，钟肿用，江讲降
	甲部下（冬）	冬宋，东送江降之半
乙	乙部上（侵）	侵寝沁缉，覃感勘合，添忝㮇帖，咸豏陷洽，凡范梵乏
	乙部下（谈）	谈敢阚盍，盐琰艳叶，衔槛鉴狎，严酽业
丙	丙部（蒸）	蒸拯证登等嶝
丁	丁部上（阳）	阳养漾，唐荡宕，庚梗映之半
	丁部下（耕）	耕耿诤，庚梗映之半，清静劲，青迥径
戊	戊部上（真）	真轸震，臻先铣霰
	戊部中（文）	谆准稕，欣隐焮，文吻问，魂混慁，痕很恨
	戊部下（元）	元阮愿，寒旱翰，桓缓换，删潸谏，仙狝线
巳	巳部上（脂）	脂旨至质栉术，微尾未物迄，齐荠霁屑之半，皆骇怪黠，灰贿队没
	巳部下（祭）	祭，霁之半，月薛，屑之半，泰夬废未曷辖
庚	庚部上（支）	支纸寘之半，齐荠霁之半，佳蟹卦，麦锡之半，陌昔之半
	庚部下（歌）	歌哿箇，戈果过，麻马祃之半，支纸寘之半
辛	辛部（之）	之止志职，咍海代德，麦之半，尤有宥屋之半

续表

十干	分部	《广韵》韵目
壬	壬部上（幽）	幽黝幼，尤有宥屋之半，萧筱啸锡之半，宵小笑之半，肴巧效觉之半，豪皓号沃之半
	壬部下（宵）	宵小笑药之半，萧筱啸锡之半，肴巧效觉之半，豪皓号沃之半，铎之半
癸	癸部上（侯）	侯厚候，屋之半，觉之半，虞麌遇之半，烛
	癸部下（鱼）	鱼语御，虞麌遇药之半，模姥暮铎，觉之半，麻马祃之半，陌昔，麦昔之半

丁氏在具体阐述"部分篇"的每一部时，都是先说明几位学者的研究成果（主要有郑庠、顾炎武、江永、段玉裁、孔广森、张惠言），并在这些学者韵部研究的基础上，阐述自己的韵部分合情况。与这些学者相比，丁氏古韵分部的主要特点有：

1. 东、冬分部。郑庠、顾炎武、江永、段玉裁等一些清代学者并没有将冬部自东部分出来，当时对于东冬分部古音学家多持保留态度，因此，丁氏将东冬分部有着一定的进步性。

2. 孔广森侵、合分部，而丁氏并之，且丁氏从段玉裁将真、谆分部，而顾炎武、江永、孔广森等人并之。

3. 丁氏将真、文、元三部统为戊部上、中、下三部，明确三部的语音相近关系，同时也将三者分立，而郑庠、顾炎武、江永等人并没有将其分立。

4. 丁氏祭部独立，郑庠、顾炎武、江永、段玉裁、孔广森、张惠言等人皆未独立。

（二）丁氏古韵分部的材料

丁氏在进行古韵分部时，研究的主要材料和方法有：谐声、古代韵文（诗经韵、群经韵）、经籍异文等。在此之前，段玉裁系统用过谐声，段之前的学者更多的是用诗经韵与群经韵，对谐声在上古音中的价值认识不够，故只是零星利用。丁氏谐声、诗韵、异文共享，在材料上显然丰富于前代。

1. 谐声声符

丁氏在详细阐述每一分部时都会先列出属于该部的谐声声符，如：丙部的一级谐声声符有丞声、粢声、升声、征声、爯声、兴声、蝇声、倴声、夌声、仌声（冰）、鹰声、乃声、登声、恒声、厷声、瞢声、朋声、曾声、弓声。再根据所列的谐声声符参照古代韵文，对古韵的分部进行具体的说明。同时，丁氏在具体阐述分部依据时亦参照了《说文》的谐声情况。如：巳部，《说文》害从丯声，丯读若介，则介害同在一部，即巳部。

2. 古代韵文

丁氏在进行分部时用到最多的材料和依据便是古代韵文，古代韵文主要包括诗经韵和群经韵。如：

甲部，《诗经》用中、宫、虫、螽、忡、降、仲、宋、冬、穷、躬、融、终、潨、宗、崇为韵；《易经》用中、穷、众、终、躬为韵；《楚辞》用降、中、穷、㦀、宫、躬、忠、众为韵。还有《老子》《论语》《庄子》《管子》《淮南子》《长门赋》等典籍里的韵文。其中出现的韵字皆属于甲部。

乙部，《诗经》用槛、菼、敢、岩、瞻、惔、谈、斩、监、甘、餤、蓝、襜、詹、严、滥、叶、涉、韘、甲、业、捷为韵；《楚辞》用敢、憺、接、涉、甲为韵。

《诗经》协心、林、钦、南；《楚辞》协林、心；《管子》协心、任；《孙子》协林；《庄子》协心；《韩非子》协心、唫；《淮南子》协林；《文子》协心；《盐铁论》协今；《韩诗外传》协心、音；《列女传》协南、湥、淫；《易传》协潜、枫从风声；《楚辞·招魂》协心、南。其中出现的韵字皆属于乙部。

每一部皆如此，列举众多古代韵文，从而归纳出同属该部的一些韵字，进一步证明分部的合理性。

3. 经籍异文

丁氏在进行分部阐述时，引用了一些古籍异文，将其列出，作为分部依据之一。如：

乙部，《诗经·陈风·泽陂》“硕大且俨”的“俨”与萏、枕相协，而“俨”，《说文》《韩诗外传》皆作“嬐”，故嬐与萏、枕亦为韵，因此，俨、嬐、萏、枕同属乙部。

戊部，《史记》（赵世家注）“先俞”作“西俞”，《文选》（七发注）“西施”作“先施”，《晋书》“先零”作“西零”，故先与西古音同，先与西同属戊部。

辛部，《诗经·卫风·竹竿》“远父母兄弟”，弟协右，不合古韵，《唐石经》《宋本集传》《明国子监本注疏》皆作“远兄弟父母”，母协右，同属辛部，坊本作“远父母兄弟”乃传刻之讹。

我们以丁氏所列的每部谐声声符为对象，通过对其谐声声调的归纳分析，对丁氏的古韵分部做合理的评述。

（三）丁氏归部分析

丁履恒十九部与段玉裁十七部、王力三十部对比如下：

丁履恒	段玉裁	王力
甲部上（东）	第九部	东部
甲部下（冬）	第九部	冬部
乙部上（侵）	第七部	侵、缉部
乙部下（谈）	第八部	谈、叶部
丙部（蒸）	第六部	蒸部
丁部上（阳）	第十部	阳部
丁部下（耕）	第十一部	耕部

续表

丁履恒	段玉裁	王力
戊部上（真）	第十二部	真部
戊部中（文）	第十三部	文部
戊部下（元）	第十四部	元部
巳部上（脂）	第十五部（亦有不少第十二部声符）	脂、微、质、物部
巳部下（祭）	第十五部	月部
庚部上（支）	第十六部	支、锡部
庚部下（歌）	第十七部	歌部
辛部（之）	第一部	之、职部
壬部上（幽）	第三部	幽、觉部
壬部下（宵）	第二部	宵、药部
癸部上（侯）	第三、四部	屋、侯部
癸部下（鱼）	第五部	鱼、铎部

1. 与段玉裁相比，丁氏主要有以下特点：

（1）丁氏将段氏第九部（东）分为甲部上和甲部下两部，即东、冬两部分立。

东、冬分部始于孔广森，自其提出东冬分部以来，不少古音学家依然持观望保留的态度，如王念孙直到晚年才认可东、冬分部。而丁氏能根据对诗韵、谐声以及韵谱分析归纳，坚持将东、冬分部，可见其古音学观念的进步，也说明了丁氏的可贵之处及其古韵分部的价值。

（2）丁氏将段氏第十二部（真）的一部分谐声声符归入巳部上（脂）。

丁氏巳部上（脂）谐声声符冗杂，计有114个。主要对应于段氏第十五部，同时也有不少第十二部声符。查丁氏谐声声符，该部对应于段氏第十二部的主要为至、质韵声符，王力将其归入质部。即丁氏将段氏第十二部（真）中属入声质部的谐声声符归入脂部，而其戊部上（真）则对应段氏第十二部中阳声韵部，无入声。如此分部，较段氏明晰，然比起王力的阴阳入三声分配甚明亦有其不足之处。

（3）丁氏从段氏第十五部（脂）中独立出祭部归入巳部下。

段氏第十五部声符计有251个，丁氏将段氏该部分为两部（即巳部上下），从中将祭部独立出来，这是其较段氏的进步之处。

把祭部从脂部独立出来，是戴震在古音学上的一大创见。如今学界多赞成祭部从脂部独立，然关于祭月、祭废的分和问题，仍有较大争议。刘冠才在《论祭部》中对其做了详细的阐述和分析，认为《诗经》中次入韵祭部，有8个相关韵段中具有中古去入两读字，如何判定这些字成了祭部独立与否的关键。[①] 祭废分合问题，刘冠才根据学者的研究成果以及对《诗经》、群经的研究，主张祭废合。

丁氏祭部主要对应于段氏第十五部中祭、泰、月韵声符，对应于王力的月部。

然而，丁氏虽将祭部独立，但并未将祭部作为入声韵部，而是阴声韵部，并认为巳部下祭之入在月薛，泰夬废之入在曷末辖，形成阴入相配格局。

（4）丁氏将段氏第三部（幽）的一部分谐声声符归入癸部上（侯）。

查丁氏谐声声符，癸部上（侯）对应于段氏第三部的谐声声

① 刘冠才《论祭部》，《古汉语研究》2004年第2期，12—17页。

符主要为屋、烛韵声符，对应王力的屋部，为入声韵部。即丁氏将段氏第三部中入声韵声符归入侯部，在入声分部上较段氏有很大的进步。

2. 与王力相比，丁氏主要有以下特点：

（1）丁氏与王力同，皆将东冬分部。

（2）乙部上（侵），王力从中分出缉部；乙部下（谈），王力从中分出叶部。

丁氏侵部缉韵声符，王力皆将其归为缉部。即将入声韵缉部从侵部独立出来，并与阳声韵侵部相配。

丁氏谈部叶、业、盐韵声符，王力皆将其归为叶部。即将入声韵叶部从谈部独立出来，并与阳声韵谈部相配。

乙部，丁氏称为“有入之部”。即乙部之入声在乙部，无需与其他部入声韵相配。这点与段氏同，但较王力，其对入声的认识仍有所欠缺。

（3）巳部上（脂），王力分出微、质、物部。

王力将巳部上分为脂、微、质、物四部，将巳部上入声韵部独立出来，同时从阴声韵部脂部中分立出微部。

脂微分部，是王力古音学研究的一大创见。王力将微部从脂部分离出来，形成了脂—质—真，微—物—文，阴阳入相配的格局，促进古音分部更加成熟。

丁氏巳部上谐声声符冗杂，与段氏第十五部相比，其分部更加明晰合理，而较王力则显出其对入声认识的不足。

（4）巳部下（祭），王力作月部。

该部主要包括祭、泰等韵声符，除去王力所缺声符，皆归入月部。然而，王力月部乃入声韵部，而丁氏祭部为阴声韵部，此其对祭部声符认识的不足。

（5）庚部上（歌），丁氏沿袭顾炎武之误，认为歌部无入声，并将歌部入声与祭、泰等韵并为祭部，且认为祭部为阴声韵部。

（6）阴声韵部庚部上、辛部、壬部上下、癸部上下六部，王力皆从中分出入声韵部。

庚部上（支），王力主要将锡、昔韵声符独立为锡部；辛部（之），王力主要将职、德韵声符独立为职部；壬部上（幽），王力主要将屋韵声符独立为觉部；壬部下（宵），王力主要将觉、药韵声符独立为药部；癸部上（侯），王力主要将屋、烛韵声符独立为屋部；癸部下（鱼），王力主要将铎、陌、昔韵声符独立为铎部。

如此，阴声韵部支、之、幽、宵、侯、鱼皆有相应的入声韵部锡、职、觉、药、屋、铎相配。

根据以上的比较分析，丁氏在古韵分部上最为不足的便是没有将入声韵部独立出来，且沿袭顾氏之误，认为歌部无入声；沿袭戴震之误，将祭部作为阴声韵部。但其东冬分部、祭部独立，虽非首创，仍不失为其古音学观念进步之处。

二、谐声声符归部比较研究

（一）丁氏十九部谐声声符研究

丁氏分古韵为十九部，统之以十干，分十部分阐述其具体分部。每部分不仅列出属于该部的一级声符，还列出二级声符，兹以其一级声符研究如下：

1. 甲部

（1）甲部上（东）[①]

东同公工冢豐戎丛充囱弄农舂容用庸邕凶共从丰封双龙

该部共有声符 24 个，将其与段玉裁、王力进行比较，列表

① 丁氏在目录处将该部注为东部，其每一韵部皆标明相应韵字，以下皆同。

如下：

段玉裁		王力	
第九部 21/55(38%)[①]	东同公工冢豐戎充囱农容用庸邕凶共从丰封双龙	东部 17/19(89%)	东同公工豐充囱容用邕凶共从丰封双龙
		冬部 2/10	戎农
缺 3	从弄舂	缺 5	冢从弄舂庸[②]

按：该部主要包括中古的东、钟韵，杂有一两个冬、江、用、送韵声符，包括平上去声，无入声。

该部大致对应于段玉裁的第九部、王力的东部。据表可知：

第一，丁氏与王力皆将东冬分部，而段氏未分。本部丁氏分部较段氏明确。

第二，丁氏根据《诗经》韵偏旁将戎、农声归入东部，认为《诗经》中戎作韵字，从农得声的浓、襛作韵字：《诗经·小雅·蓼萧》，浓自协雝、同；《何彼襛矣》，襛自协雍；《旄丘》，戎协东、同；《常棣》，戎协墙、务；即戎及从农得声字多与东部字相协，故丁氏将戎、农声归入东部。然王力将其归入《诗经》韵的侵部，古韵三十部的冬部。

首先，丁氏对韵脚字的判定不甚准确。《何彼襛矣》，襛、雍皆不作韵脚字。

其次，丁氏不明《诗经》韵字相协情况。《蓼萧》，浓协冲，雝、

---

① “/”前表示丁氏与段氏相同的声符，“/”后表示段氏该部的声符总数，括号的百分数是两者相同的声符占段氏该部声符总数的百分比，在此只列每部对应韵部的百分比，以下皆同。

② 王力不作一级声符。

同相协，浓与冲同部，如此便不会有合韵现象出现，亦更合理。

最后，关于戎字，丁氏对《诗经》韵考证不够全面客观。《诗经》戎作韵脚字共计三次，分别在《旄丘》《常棣》《出车》。《旄丘》，王力根据《左传》将戎改作茸，丁氏依旧作“戎”，认为与东、同皆为东部；《常棣》，戎与幽部字通合；《出车》，戎协冬部字虫、螽、冲、降。

戎、浓属王力《诗经》韵的侵部，属于其古韵三十部的冬部，但丁氏仍有一些东、冬部声符混在一起。

第三，该部丁氏 24 个声符，与王力 19 个声符相比，相同的声符有 17 个，多了王力不作一级声符的“庸”声，及王力缺少的“冢丛弄舂”声，少了王力的送、庞声。东部声符已经非常接近王力，有着很大的进步性。

（2）甲部下（冬）

宗宄中众虫船夅

该部共有声符 7 个，将其与段玉裁、王力进行比较，列表如下：

段玉裁		王力	
第九部 6/55（11%）	宗中众虫船[1]（躳）夅	冬部 6/10（60%）	宗中众虫船[2]（躳）夅
缺 1	宄	缺 1	宄

按：该部主要包括中古的东韵，杂有个别冬韵与江韵声符，皆为平声，无上去入声。

该部大致对应于段玉裁的第九部、王力的冬部。据表可知：

① 文中出现判定为“不同写法”的声符，皆以《汉语大字典》（第二版）为据。
② 同“躳”，《汉语大字典》（第二版），4062 页。

第一，宂声段、王皆缺，然两者皆有冬声，丁氏则将冬声归入宂声的二级声符。

第二，一些声符在写法上不同。躳，段氏、王力皆写作“躬”。

第三，该部7个声符，与王力10个声符相比有6个同，相比段氏，丁氏分部更为明确。

甲部，丁氏共有31个声符，与段氏第九部55个声符相比，少了近一半，而与王力29个声符相近，且丁氏将东冬分部。显然，丁氏较段氏进步。

2. 乙部

（1）乙部上（侵）

侵心垩冘音㐺壬羊甚林㐭品今先兓突审参覃马弇竷甛兼占咸臽毚彡凡欠咠习集入十翌邑立及皀㚔合㬎纳沓眔龖臿夹劦燮乏

该部共有声符53个，将其与段玉裁、王力进行比较，列表如下：

段玉裁		王力	
第七部 42/82（51%）	侵心垩音㐺壬羊甚林㐭品今先兓突审参覃马弇竷甛（甜）兼占咸彡凡咠习集入十邑立及㚔合㬎龖劦燮乏	侵部 16/21（76%）	心冘音壬甚林品今先参覃占臽毚彡凡
		缉部 7/9（78%）	咠集入邑立及合
第八部 7/38	冘臽毚欠沓臿夹	谈部 1/8	兼
第十部 1/87	皀	阳部 1/44	皀
第十五部 1/251	眔		

续表

段玉裁		王力	
		文部 1/37	罙
缺 2	蹻轫	缺 27	㑴巠仦羊亩殀宊 审马弇韄晤咸欠 习十蹻夲㬎轫[1] 沓龖臿夹劦燮乏

按：该部主要包括中古的侵、寝、添、缉、合韵，间有几个覃、感、盐、咸、凡、釅、洽、乏韵，平上去入俱全。另外，夲声，王力收其二级声符执声入缉部。

该部大致对应于段玉裁的第七部、王力的侵部和缉部。据表可知：

第一，该部与段氏第七部相同的声符有 42 个，只占段氏该部声符的一半；与王力 21 个侵部声符相同的有 16 个，且王力 9 个缉部声符中，丁氏收录 7 个。丁氏与王力更接近。

第二，丁氏该部声符大致对应于王力侵部、缉部，即王力将入声韵部缉部从中分出，丁氏与段氏皆未分出。

第三，该部杂有段氏第八部、第十部、第十五部声符，王力谈、阳、文部声符。丁氏仍有一些声符归部不甚准确。

第四，该部 53 个声符，段氏未收的有 2 个，而王力达 27 个，超过了一半。

（2）乙部下（谈）

甘敢詹夹染冄炎猒奄佥党监斩盍㚘帀耴聂疌妾𪖈业劫甲

该部共有声符 24 个，将其与段玉裁、王力进行比较，列表

① 王力并不将其作为谐声声符，而是列为散字。

如下：

<table>
<tr><th colspan="2">段玉裁</th><th colspan="2">王力</th></tr>
<tr><td rowspan="2">第八部
16/38（42%）</td><td rowspan="2">甘敢詹夹炎奄监斩盍𦐇耴疌妾巤业甲</td><td>谈部
7/8（88%）</td><td>甘敢詹炎佥监斩</td></tr>
<tr><td>叶部
4/6（67%）</td><td>猒疌业甲</td></tr>
<tr><td>第七部
6/82</td><td>冄猒佥𢦏卋聂</td><td></td><td></td></tr>
<tr><td>缺
2</td><td>染劫</td><td>缺
13</td><td>夹染冄奄𢦏盍𦐇卋耴聂妾巤劫</td></tr>
</table>

按：该部主要包括中古的盐、叶韵，间有几个谈、敢、洽、琰、衔、豏、盍、质、业、狎韵声符，包括平上入声，无去声。

卋声，王力收其二级声符枼声入叶部，夹声同属乙部上下（侵谈），为两收声符。

该部大致对应于段玉裁第八部、王力的谈部和叶部。据表可知：

第一，该部16个声符与段氏第八部同，不到段氏该部声符的一半，且杂有几个第七部声符；王力8个谈部声符，丁氏皆收，6个叶部声符，丁氏收录4个，无其他韵部声符。故丁氏分部较段氏整齐，与王力接近。

第二，该部大致对应于王力谈部、叶部。即王氏将入声韵部叶部从中分出，而段氏、丁氏皆未分出。王力是阴阳入三声相配，入声独立，是审音派；丁、段入声皆不独立，为考古派。

第三，该部段氏缺少的声符为2个，而王力有12个，占该部总数的一半。

乙部，与段氏相比，丁氏分部更整齐，与王力相比，其乙部上下（侵谈）亦存有声符相混的现象。值得注意的是，王氏将两部的入声韵部独立出来，而丁氏并未独立。

3. 丙部

丙部（蒸）独用。声符有：

丞㚘升征爯兴蝇㑥夌夂㾜乃登恒厷瞢朋曾弓

该部共有声符 19 个，将其与段玉裁、王力进行比较，列表如下：

段玉裁		王力	
第六部 17/30（57%）	丞㚘升征爯兴蝇夌夂㾜登恒厷瞢朋曾弓	蒸部 14/18（78%）	丞㚘升征兴夌夂登恒厷瞢朋曾弓
第一部 1/118	乃		
缺 1	㑥	缺 5	爯蝇㑥㾜乃

按：该部主要包括中古的蒸韵，间有几个登、证、海、东、送韵声符，包括平上去声，无入声。

该部大致对应于段玉裁的第六部、王力的蒸部。据表可知：

该部 19 个声符，17 个与段氏第六部相同，然只占段氏该部声符的一半多；与王力 18 个蒸部声符有 14 个相同。故该部声符丁氏较段氏明晰。

丁氏在丙部声符归部上与王力接近，比段氏整齐。

4. 丁部

（1）丁部上（阳）

昜羊央皀向相象匠从畕丈章刅爽床方亾网朢王皇㞷光畺卬亢桑仓庚行杏䀠京竟詰兄永囧皿秉丙彭

该部共有声符 42 个，将其与段玉裁、王力进行比较，列表

如下：

段玉裁		王力	
第十部 35/87（40%）	昜羊央皀向相象畕章办爽方亾网王皇㞷光弜卬亢桑仓庚行䍜京誩兄永囧皿秉丙彭	阳部 29/44（66%）	昜羊央皀向相象畕章办爽方亾网王㞷光卬亢桑仓庚行京竟誩兄永丙
缺 7	匠从丈床朢杏竟	缺 13	匠从丈床朢皇弜杏䍜囧皿秉彭

按：该部主要包括中古阳、漾、唐、宕、庚、梗韵，间有几个缉、职、养、映、勘韵声符。其中入声韵声符只皀声一个，为职、缉、阳韵声符，段氏将其归为第十部，王力归为阳部，故该部的皀声当属阳韵声符，因此，该部有平上去声，无入声。

从声，段氏收其二级声符两入第十部，王力则收其二级声符入阳部。爿声，王力收其二级声符床入阳部。皀声，乙部也有此声符，即皀声同属侵部和阳部。

该部大致对应于段玉裁的第十部、王力的阳部。据表可知：

第一，一些声符写法上不同。“畕、亾”声，段、王皆分别写作“畺、亡”声。

第二，该部42个声符，与段氏第十部相同的有35个，而该部段氏总共有87个声符，丁氏不到一半；王力阳部有44个声符，丁氏只有29个同。丁氏有很多声符未收入，其对声符判断考虑不周全。

第三，该部声符与段氏、王力对应整齐，无其他韵部声符收入。

（2）丁部下（耕）

争甹黾平生省敬井觪盈賏顷正筓嬴青丁鼎壬霝寍甹荧冂磬冥并

该部共有声符27个，将其与段玉裁、王力进行比较，列表

如下：

段玉裁		王力	
第十一部 19/41（46%）	争muted平生省敬井盈顷正青丁鼎壬霝寍甹荧冥	耕部 14/21（67%）	争平生敬盈顷正青丁壬寍甹冂冥
第十部 2/87	黾并		
		蒸部 1/18	黾
缺 6	觲賏笄嬴冂殸	缺 12	甹省井觲賏笄嬴鼎霝荧殸并

按：该部主要包括青、清韵，间有耕、耿、轸、狝、仙、庚、映、梗、静、劲、迥、尤、锡、霰、径韵声符。平上去入俱全。

另外，段氏收賏声的二级声符婴声入第十一部，收冂声的二级声符同、耿声入第十一部；王力收嬴声的二级声符嬴声入耕部。

该部大致对应于段玉裁的第十一部、王力的耕部。据表可知：

第一，一些声符写法上不同。“甹”声，段氏写作“幸”声。

第二，该部共27个声符，与段氏第十一部相同的有19个，占段氏该部声符一半不到；与王力耕部相同的有14个，占王力该部声符的67%，且有很多声符王力未收，而段氏收，亦有几个声符段、王皆未收。该部丁氏精简了段氏的声符，与王力声符较为接近，并增加了两者皆未收的声符。

第三，杂有几个别的韵部的声符，如段氏第十部黾声、并声，王力蒸部黾声。

丁部，总体上丁氏分部较段氏整齐。然其有很多声符在判断上有欠考虑，导致不少声符未收抑或不应收。

5. 戊部

（1）戊部上（真）

真㐱㒼臣辰人刃身申寅因引粦民频秦𦘔晋辛卂匀旬先𦍍天田典荐幵兰㬎弦县渊犬丏扁

该部共有声符 37 个，将其与段玉裁、王力进行比较，列表如下：

段玉裁		王力	
第十二部 19/89(21%)	真㒼臣人身申寅因引粦民秦卂匀旬天田弦扁	真部 17/25(68%)	真㐱臣人身申因引粦民频卂匀旬天田扁
第七部 1/82	㬎		
第十一部 1/41	幵		
第十三部 5/69	㐱辰刃先典	文部 4/37	辰刃先典
第十四部 3/138	兰县犬	元部 1/56	犬
缺 8	频𦘔晋辛𦍍荐渊丏	缺 15	㒼寅秦𦘔晋辛𦍍荐幵兰㬎弦县渊丏

按：该部主要包括中古真、先韵，间有几个铣、轸、震、脂、桓、谆、霰、寒、狝韵声符。有平上去声，无入声。

该部大致对应于段玉裁的第十二部、王力的真部。据表可知：

第一，该部有 19 个声符与段氏第十二部同，但只占段氏该部声符的 21%；有 17 个声符与王力真部同，占王力该部声符的 68%。丁氏该部与王力较为接近。

第二，该部与对应韵部相同的声符，段氏 19 个，只占该部总声符数的一半；王力 17 个，不到该部总声符数的一半。其余声符分布在不同韵部抑或缺少。丁氏对该部声符归部不甚明晰，间有真、文、元三部相混的现象出现。

（2）戊部中（文）

辜盾闰唇屯舛睿尹允仑奞困䋣川斤堇肙𢀖艮文贲分员云熏君军豩昆䍜困圂昏昷存尊孙遯屍寸本门菵

该部共有声符 43 个，将其与段玉裁、王力进行比较，列表如下：

段玉裁		王力	
第十三部 30/69(43%)	辜盾唇屯舛仑川斤堇𢀖艮文贲分员云熏君军豩昆䍜困圂昏昷存孙寸门	文部 22/37(59%)	辜屯尹允困川斤堇文分员云熏君军昆䍜昏昷存孙门
第十四部 2/138	允菵	元 1/56	菵
第十五部 1/251	奞		
缺 10	闰睿尹困䋣肙尊遯屍本	缺 20	盾闰唇舛睿仑奞䋣肙𢀖艮贲豩困圂尊遯屍寸本

按：该部主要包括中古的谆、文、魂韵，间有几个混、狝、稕、震、仙、焮、欣、真、隐、微、很、寘、问、恨、慁、桓韵声符。有平上去声，无入声。

该部大致对应于段玉裁的第十三部、王力的文部。据表可知：

第一，该部有 30 个声符与段氏第十三部同，22 个声符与王力文部同。然而有很多段、王有的声符，丁氏未收，亦有不少声符，段、王未收的丁氏收，如王力未收声符将近该部总声符数的一半。丁氏在声符归部上不够严谨。

第二，声符归部，有文、元相混的现象出现。㒼声，段氏、王力皆归为元部，而丁氏归为文部。

（3）戊部下（元）

元原爰冤夗吅番楙緐反万曼㫃㡿宪建寒厂安侃干难奴戋赞散丹旦丸萑莧奂官毌𤔔䜌𥘅算爨彖断端般半扶馭删奸䂓山闲柬虦釆泉全旋亘㗊廛叀茧𤣩耎㞋善肰羴扇㒸隽孨奔次延延焉㕣衍阅辛書联连面辡便弁虔肩见肙燕

该部共有声符93个，将其与段玉裁、王力进行比较，列表如下：

段玉裁		王力	
第十四部 68/138(49%)	元原爰夗吅番楙緐反曼㫃㡿宪建寒厂安干难奴戋赞散丹旦丸奂官毌𤔔䜌𥘅算爨彖断端般半扶删奸䂓山闲柬釆泉亘廛叀𤣩肰羴隽次延焉㕣衍连面弁虔肩见肙燕	元部 41/56(73%)	元原爰夗吅緐反曼㡿宪厂安干难奴散丹丸奂官毌𤔔半山闲柬釆泉亘廛叀延焉衍连弁虔肩见肙燕
第十二部 1	辡		
第十七部 1	萑		
		月部 1	万
缺 23	冤万侃莧馭虦全旋㗊茧耎㞋善扇㒸孨奔延阅辛書联便	缺 51	冤番楙㫃建寒侃戋赞旦萑莧䜌𥘅算爨彖断端般扶馭删奸䂓虦全旋㗊茧𤣩耎㞋善肰羴扇㒸隽孨奔次延㕣阅辛書联面辡便

按：该部主要包括元、寒、桓、换、仙、狝韵，间有几个产、潸、翰、旱、删、缓、裥、末、谏、阮、山、铣、线、霰、愿、月韵声符。平上去入俱全。

弁声，段氏收其二级声符㝘声入第十四部，王力收㝘声入元部。辛声，段氏收其二级声符言声入第十四部，王力收言声入元部。番声，王力收入元部釆声下，不作声符。端声，王力收其二级声符段声入元部。

该部大致对应于段玉裁的第十四部、王力的元部。据表可知：

第一，该部有 68 个声符与段氏同，占段氏该部声符的 49%；有 41 个声符与王力同，占王力该部声符的 73%。与王力较为接近。

第二，该部共有声符 93 个，然段氏缺少的占该部声符的 25%，王力缺少的占该部声符的 55%，超过一半。丁氏在判定声符时收入了许多为段、王所缺少的，其中有一些声符判定欠妥。

第三，该部间有几个其他韵部声符。

戊部，丁氏所收声符较段氏少，比王力多。然丁氏更接近王力。戊部上、中，亦出现一些真、文、元部相混的现象。值得注意的是，戊部收录声符有许多为王力所缺，超过总声符数的半数之多。

6. 巳部

（1）巳部上（脂）

厶死尸矢四示白自㡀至挚疐二夷伊希隶利几匕比美眉绥衰夊水隹㚔臾朿豕尔毇火㪔肥尾未飞非囗胃威畏㕔卉鬼衣几旡气齐妻犀氐弟米启豊戾惠兮旦西褢灰甶回靁頪耒𠂤对内㚖叀质日一乙七㓞吉㯻毕必悉帅率秫出卒矞勿乁弗由兀曶圣骨八杀戛卩戜血苜设彻

该部共有声符 111 个，将其与段玉裁、王力进行比较，列表如下：

<table>
<tr><th colspan="2">段玉裁</th><th colspan="2">王力</th></tr>
<tr><td rowspan="5">第十五部
78/251(31%)</td><td rowspan="5">厶死尸矢四示白自嵩挚二夷伊隶利几匕比美眉绥衰夂水隹夅屰豕尔毅火敳肥尾未飞非口胃威畏叞鬼衣几旡气齐妻犀氏弟米豊戾惠褱甶回頪𠂤对内辠帅率秫出卒喬勿弗由兀曶骨杀苜</td><td>脂部
23/27(85%)</td><td>厶死尸矢示二夷伊匕美眉夅屰尔齐妻犀氏弟米豊回靁</td></tr>
<tr><td>质部
17/30(57%)</td><td>四至疐隶利戾惠日一乙七吉㮚毕必𠄎血</td></tr>
<tr><td>微部
17/24(71%)</td><td>自几水隹火敳尾飞非威畏鬼衣几褱𠂤辠</td></tr>
<tr><td>物部
12/20(60%)</td><td>未胃叞旡气頪对内出卒勿弗</td></tr>
<tr><td>月部
2</td><td>设彻</td></tr>
<tr><td>第十二部
14/89(16%)</td><td>至疐质日一乙七吉㮚毕必𠄎血彻</td><td></td><td></td></tr>
<tr><td>第一部
1</td><td>圣</td><td></td><td></td></tr>
<tr><td>第四部
1</td><td>臾</td><td>侯部
1</td><td>臾</td></tr>
<tr><td>第七部
1</td><td>西</td><td></td><td></td></tr>
<tr><td>第十四部
1</td><td>旦</td><td></td><td></td></tr>
<tr><td>第十六部
2</td><td>兮乁</td><td></td><td></td></tr>
<tr><td></td><td></td><td>文部
1</td><td>卉</td></tr>
</table>

续表

段玉裁		王力	
缺 13	希卉启灰靁耒叀㓞悉八戛戜设	缺 38	白㴴挚希比绥衰夊豖毇肥囗启兮旦丙灰甶耒叀质㓞悉帅率秫矞乁由兀曶圣骨八杀戛戜苜

按：该部主要包括中古脂、旨、至、质、微、未、齐、霁、术等韵，间有几个支、祃、虞、止、纸、果、尾、物、侵、志、屑、翰、㮇、皆、灰、队、泰、贿、夬、代、没、辖、怪、末、屋、薛韵声符。平上去入俱全。

另外，在王力所缺声符中，比声，王力收入脂部匕声下；绥声，王力收入微部妥声下；灰声，王力收入之部又声下；雷（即靁）声，王力收入微部畾声下；其余声符，王力分别归入脂微质物部。

该部大致对应于段玉裁的第十五部，亦杂有不少第十二部的声符；对应于王力的脂部。据表可知：

第一，该部有 78 个声符与段氏第十五部同，然只占段氏第十五部声符的 31%，有 14 个声符与段氏第十二部同，即丁氏将段氏第十二部声符一小部分归入了脂部，且这些皆为第十二部的入声韵声符，对应于王力的质部。

丁氏戊部上（真）无入声韵声符，由此可知，丁氏将真部的入声韵部质部分出，并于脂部。其将真部入声韵部分出有一定的进步性，但不足的是又并入脂部而入声仍没有独立。

第二，丁氏将质部、物部归入脂部，作为脂部的入声韵部，这是欠妥当的，质、物应当分立。该部还杂有两个月部声符，故丁氏虽将月部分立，但并不彻底。

第三，王力将丁氏的脂部分为两个阴声韵部脂部和微部，以及两个与之相应的入声韵部质部和物部。脂微分部是王力在古音学上的一大创见。

该部丁氏在归部上有些杂乱，阴声韵部和入声韵部混在一起，还间有几个其他韵部的声符。但在归部上，丁氏较段氏进步。

（2）巳部下（祭）

祭制筮世曳埶㫐毳彗卫大带兑匃最会贝夬萬丰介乂月乚㕟瘢伐剌癶友末离中折舌桀㕯彡㕞绝叕威戌寽截刿

该部共有声符 46 个，将其与段玉裁、王力进行比较，列表如下：

段玉裁		王力	
第十五部 39/251（16%）	祭制世曳埶㫐毳彗大带兑匃[1]最会贝夬丰介乂月乚㕟伐剌癶友末离中折舌桀㕯彡叕威戌寽截	月部 26/43(60%)	祭世彗卫大带兑匃最会贝丰介乂月伐癶友末折舌桀叕戌寽截
缺 7	筮卫萬瘢㕞绝刿	缺 20	制筮曳埶㫐毳夬萬乚㕟瘢剌离中㕯彡㕞绝威刿

按：该部主要包括中古祭、泰、月、薛韵，间有几个至、个、夬、怪、废、未、齐、黠、没、辖、质、术、屑韵声符。折声在此当为入声声符，故该部有去声和入声，无平声和上声。

薛声，王力收入月部㞑声。威声，王力收入月部戌声。

① 同“匄”（丐），《汉语大字典》（第二版），284 页。

该部大致对应于段玉裁的第十五部、王力的月部。据表可知：

第一，该部主要对应于段氏第十五部，而巳部上（脂）亦对应于段氏第十五部，故丁氏将段氏第十五部分为两部，即脂部和祭部，较段氏进步。

第二，该部未间杂其他韵部，归部较整齐。

巳部，大致对应于段氏的第十五部，王力的脂、微、质、物、月部。如下表：

巳部上下	段玉裁	王力
对应韵部	第十五部 （117/251[①]）47% 占该部声符 （117/157）[②]75%	脂微质物月 （97/144）67% 占该部声符 （97/157）62%
其他韵部声符（占该部声符总数百分比）	一、四、七、十二、十四、十六（20/157）13%	侯、文 （2/157）1.3%
缺少的声符（占该部声符总数百分比）	（20/157）13%	（58/157）37%

巳部对应的第十五部声符只占段氏该部声符的47%，即丁氏较段氏减少了很多声符；对应的王力脂微质物月部声符占王力这些部声符的67%，说明王力很多声符丁氏未收录，王力缺少的声符占该部总数的37%，还间有一些其他韵部的声符。

故该部声符分部较杂乱，混有不少其他韵部声符，且收录很多不应作一级声符的谐声声符，亦未收很多应当归入该部的声符。

① 117/251，即和段氏第十五部同的声符数与段氏第十五部声符总数的比率，后同。
② 117/157，即与段氏相同的声符数与丁氏巳部声符总数的比率，后同。

7. 庚部

（1）庚部上（支）

支只知此朿是斯徙豸弭乀厂儿卑产巂圭丽继叉解买画𠂢益易役脊辟册㢴析嗀狊鬲秝狄系冖

该部共有声符 39 个，将其与段玉裁、王力进行比较，列表如下：

段玉裁		王力	
第十六部 33/70（47%）	支只知此朿是斯徙豸乀厂儿卑巂圭丽解买画𠂢益易役脊辟册㢴析嗀狊鬲秝狄	支部 7/10（70%）	支只此是斯巂圭
		锡部 10/12（83%）	朿解益易脊辟析狊鬲狄
第十一部 1	冖		
第十五部 2	继系		
		幽部 1	叉
缺 3	弭产叉	缺 21	知徙豸弭乀厂儿卑产丽继买画𠂢役册㢴嗀秝系冖

按：该部主要包括中古支、纸、锡韵，间有几个寘、换、缉、祭、齐、盐、猕、霁、仙、佳、麻、蟹、卦、麦韵声符。平上去入俱全。

另外，段氏收产声的二级声符危声入第十六部；王力收乀声的二级声符氏声入支部，收厂声的二级声符虒声入支部。

该部大致对应于段玉裁的第十六部、王力的支部和锡部。据表可知：

第一，该部有33个声符与段氏第十六部同，但只占段氏该部声符的47%；有7个声符与王力支部同，占王力支部声符的70%，10个声符与王力锡部同，占王力锡部声符的83%。丁氏较段氏更加接近王力。

第二，该部对应王力的支、锡部，即王力将支部入声韵部独立出来，丁氏入声未独立。

第三，该部间有一些其他韵部声符，且王力未收的声符较多，占该部声符总数的一半之多。有几个声符，段氏、王力缺失，但收录了其二级声符。丁氏对有些声符的判定与归部有失偏颇。

（2）庚部下（歌）

为委厽规吹奇离义虘罢哥㔾我罗它多𠂇果禾戹坐朵麻加沙差冎𠂰七也

该部共有声符30个，将其与段玉裁、王力进行比较，列表如下：

段玉裁		王力	
第十七部 22/65（34%）	吹奇离义罢哥㔾我罗它多𠂇果禾坐朵麻加沙冎𠂰也	歌部 12/20（60%）	为吹离罢我罗它多禾加沙也
第十二部 1	七	质部 1	七
第十五部 1	委	微部 1	委
第十六部 3	为厽规		
缺 3	虘戹差	缺 16	厽规奇义虘哥㔾𠂇果戹坐朵麻差冎𠂰

按：该部主要包括支、歌韵，间有几个寘、纸、哿、果、戈、麻、马、祃、质韵声符。平上去入俱全。

该部大致对应于段玉裁的第十七部、王力的歌部。据表可知：

第一，丁氏较段氏收录声符少，其对应的第十七部声符只占段氏该声符的34%，与王力较接近，但仍有很多声符未收，亦有很多声符为王力所缺。这说明丁氏在庚部下声符的收录上有失偏颇。

第二，间有一些其他韵部的声符，声符归部不甚整齐。

8. 辛部

辛部（之）独用，声符有：

屮止菑兹丝子司史士巳而耳疑里𠩺喜𦣞异意㠯巳丌箕畀龟畐囟葡才巛再宰采来亥某又丘久不负母戠矢仄陟直啬畟息啻弋匿亟棘或皕亼㝵则黑克北革畐㞋伏

该部共有声符67个，将其与段玉裁、王力进行比较，列表如下：

段玉裁		王力	
第一部 61/118（52%）	止兹丝子司史士巳而耳疑里𠩺喜𦣞异意㠯巳丌畀龟畐葡才巛再宰采来亥某又丘久不负母戠矢仄直啬畟息啻弋匿亟棘或皕㝵则黑克北革畐㞋伏	之部 29/40(73%)	止兹丝子司史士巳而耳疑里喜𦣞㠯巳丌龟才宰采来某又丘久不负母
		职部 19/29(66%)	异意葡戠直畟息弋匿亟棘或则黑克北革畐伏
第七部 1	亼		
缺 5	屮菑箕囟陟	缺 19	屮菑𠩺箕畀畐囟巛再亥矢仄陟啬啻皕亼㝵㞋

按：该部主要包括中古之、止、志、职韵，间有几个咍、锡、脂、尤、模、旨、震、至、代、海、厚、宥、有、物、德、缉、麦、屋韵声符。平上去入俱全。

另外，菑声，段氏收其二级声符甾声入第一部。𠬝声，王力收其二级声符服声入职部。

该部大致对应于段玉裁的第一部、王力的之部和职部。据表可知：

丁氏收录声符有一些不妥的地方，即有些不该收的声符收录，该收的却未收。丁氏入声未独立。

9. 壬部

（1）壬部上（幽）

粤汓舀攸悬麀丣酉休臭罶求臼咎九殷流翏囚就秀卥雔周州舟帚肘守手百丑缶牟矛叜戊孚丝幼丩彪蟲肉鸟巳畬轟彡颢好奥夰告丂夓𡿺叏夲道𣦼早冃冃𢀖勹包丣叉孝充肉祝竹㚇肃未畜匊臼目㬎复毒

该部共有声符 84 个，将其与段玉裁、王力进行比较，列表如下：

段玉裁		王力	
第三部 64/151（42%）	汓舀攸悬丣酉休臭罶求臼咎九流翏囚秀卥雔周州舟帚肘守手百丑缶矛叜戊孚丝丩鸟彡好奥夰告丂夓夲道冃冃𢀖包丣孝肉祝竹㚇肃未畜匊臼目㬎复毒	幽部 41/60（72%）	舀攸悬丣酉休臭求臼咎九流翏囚秀卥雔周州舟帚守手丑缶牟矛叜戊孚鸟好丂𣦼早冃𢀖包丣叉㚇
		觉部 12/18（67%）	就奥告肉祝竹肃未畜匊复毒
第二部 1	巳		
第七部 1	轟		

续表

段玉裁		王力	
		宵部 2	丩道
缺 18	粤麀殷就牟幼彪𣎆卣畜顥巛叟棘早勹叉尢	缺 29	粤汓麀畕殷肘百幺幼彪𣎆卣𠤎畜𩇯髟顥夰夒巛叟夲冃勹孝尢臼目臱

按：该部主要包括中古尤、有、宥、屋、皓韵，间有几个虞、豪、号、萧、厚、候、幽、幼、效、佳、巧、肴、宵、筱、合、衔、沃、脂韵声符。平上去入俱全。

另外，棘声，段氏收其二级声符曹声入第三部。幺声，王力无，幽部有幽声。幺，丁氏作散字。

该部大致对应于段玉裁的第三部、王力的幽部和觉部。据表可知：

第一，该部与前几部一样皆有声符归部缺少与冗杂不当的问题，在此不复赘述。

第二，王力将该部入声韵部觉部独立出来。

第三，该部丁氏仍有一些声符归部不清，间有几个其他韵部的声符。

（2）壬部下（宵）

夭丿小嚣尞乔庫兆苗票猋垚吊梟䍃爻交巢号高敖劳刀喿毛暴隺芈卓乐龠敫虐弱勺爵翟

该部共有声符 37 个，将其与段玉裁、王力进行比较，列表如下：

<table>
<tr><th colspan="2">段玉裁</th><th colspan="2">王力</th></tr>
<tr><td rowspan="2">第二部
32/53（60%）</td><td rowspan="2">夭丿小嚣尞乔苗票吊梟䍃爻交巢号高敖劳刀喿毛暴隺丵卓乐龠虐弱勺爵翟</td><td>宵部
15/27（56%）</td><td>夭小尞苗票䍃爻交巢号高敖劳刀毛</td></tr>
<tr><td>药部
9/11（82%）</td><td>暴丵卓乐龠虐弱勺翟</td></tr>
<tr><td>第三部
1</td><td>猋</td><td></td><td></td></tr>
<tr><td>缺
4</td><td>庳𠂭垚敫</td><td>缺
13</td><td>丿嚣乔庳𠂭猋垚吊梟喿隺敫爵</td></tr>
</table>

按：该部主要包括中古宵、号、豪、药韵，间有几个小、皓、祭、屑、笑、筱、萧、啸、锡、尤、肴、效、屋、沃、觉、铎、陌韵声符。平上去入俱全。

另外，段氏收𠂭声的二级声符兆声入第二部；乔声，王力宵部高声收乔；𠂭声，王力收其二级声符兆声入宵部。

该部大致对应于段玉裁的第二部、王力的宵部和药部。据表可知：

第一，对应宵部的声符只占王力该部的56%，故丁氏有很多宵部声符未收，而药部则相对合理。

第二，该部王力将宵部入声韵部药部独立出来，丁氏未独立。

10. 癸部

（1）癸部上（侯）

矦厚后後冓句口寇娄扇匽兜斗豆昼俞臾㼌禺区具付几壴乳朱丶需须取刍屋谷鹿录族豖卜木蜀辱足束狱玉局艸角青

该部共有声符49个，将其与段玉裁、王力进行比较，列表如下：

段玉裁		王力	
第四部 26/42（62%）	厚后後冓句口寇娄屚斗豆昼俞臾禺区具付几壴朱丶需须取刍	侯 20/27（74%）	厚后後句口娄屚斗豆俞臾禺区具付壴朱需取刍
第三部 18/151（12%）	屋谷鹿录族豖卜木蜀辱足束狱玉局艸角青	屋部 17/19（89%）	屋谷鹿族豖卜木蜀辱足束狱玉局艸角青
缺 5	矦匧兜𠂢乳	缺 12	矦冓寇匧兜昼𠂢几乳丶须录

按：该部主要包括中古侯、厚、候、虞、遇、屋、烛韵，间有几个宥、至、麌韵声符。平上去入俱全。

另外，殳声，王力收其二级声符殳声于侯部；丶声，王力收其二级声符主声于侯部。

该部大致对应于段玉裁的第三部和第四部、王力的侯部和屋部。据表可知：

第一，该部声符归部整齐，未杂有其他韵部，且与王力对应的声符数亦比较合理。

第二，段氏第三部亦对应于壬部上（幽），即段氏有小部分的宵部声符归入了侯部，且这些声符多为屋、烛韵，对应王力的屋部。故丁氏将段氏第三部的入声韵部屋部分出并为侯部，有一定的进步性，然不足的是丁氏并未将入声韵部独立出来。

（2）癸部下（鱼）

鱼舁与予女吕旅居豦巨凵宁庶如疋且于羽雨禹巫夫无武父䀠吴五午互乎户虍乌奴古鼓卤鲁芔步鱻土兔瓜马巴牙下襾亚叚鯠乍舍卸谷若昆舄各霍𦎧蒦宲屰乇白百索夕亦睪赤炙石

该部共有声符76个，将其与段玉裁、王力进行比较，列表如下：

<table>
<tr><th colspan="2">段玉裁</th><th colspan="2">王力</th></tr>
<tr><td rowspan="2">第五部
67/142(47%)</td><td rowspan="2">鱼舁与予女吕旅居豦巨凵宁庶且于羽雨禹巫夫武父䀠吴五午乎户虍乌奴古鼓卤鲁鱻土兔瓜马巴牙下襾亚叚䠶乍舍卸𧮫若各靃𩫖蒦宗屰乇白百夕亦睪赤炙石</td><td>鱼部
37/51(73%)</td><td>鱼与女吕旅巨宁疋且于羽雨禹无武父䀠吴五午乎户虍乌古鼓土兔瓜马巴牙下亚叚卸百</td></tr>
<tr><td>铎部
15/25(60%)</td><td>庶䠶乍若各𩫖蒦屰乇白夕亦睪赤石</td></tr>
<tr><td>缺
9</td><td>如疋无互井步皀舄索</td><td>缺
24</td><td>舁予居豦凵如巫夫互奴卤鲁井步鱻襾舍𧮫皀舄靃宗索炙</td></tr>
</table>

按：该部主要包括中古鱼、语、马、虞、模、姥、陌、昔、祃韵，间有几个麻、遇、之、御、梵、青、麌、暮、纸、麦、药、屋、烛、铎韵声符。平上去入俱全。

另外，凵声，王力收其二级声符去声于鱼部；井声，王力鱼部与声收举，举同井[1]；舍声，王力鱼部余声收舍。

该部大致对应于段玉裁的第五部、王力的鱼部和铎部。据表可知：

与前几部同，丁氏比段氏少了很多声符；与王力相比，声符有些未收，有些多收，尤其是王力铎部，丁氏只收录一半声符。由此可知，丁氏在声符归部和判定上还存在很多不足。

① 同"举"，《汉语大字典》(第二版)，557页。

（二）段玉裁、王力皆缺声符分析

黄德宽等《古文字谱系疏证》[①]对大量先秦及秦汉文字资料做了全面的梳理，构建出古代汉字沿革发展谱系，“以声符为核心构建形声谱系，再以‘音’系连将形声谱系按古韵部和声纽编列构建广义谱系”[②]，《疏证》收字早且更加严谨，故本书以《疏证》来认定丁氏一级谐声声符。由上文可看出，丁氏有很多声符为段玉裁、王力所缺，现以《疏证》为主，结合《说文解字》[③]《说文新证》[④]，将两者皆缺声符与《疏证》进行比较。兹列两者皆缺声符如下（共 116 个）：

1. 甲部

（1）甲部上（东）：丛弄舂

①丛声，《说文·丵部》：“丛，聚也，从丵，取声。”《疏证》取声亦未收该声符，丁氏未将该字进一步拆分而直接作一级声符是不妥的。

②弄、舂声，《疏证》皆归为东部収声。

弄，《说文·廾部》：“弄，玩也。从廾持玉。”廾即収。“弄”甲骨文或作（合 18189）、（合 22072）。像两手持玉形，象形字。《疏证》认为収亦声。本书从《疏证》。

舂，《说文·臼部》：“舂，擣粟也。从廾，持杵临臼上。”该字甲骨文作（合 9336）、（合补 62）、（合 26898），像持杵临臼上，象形字。《疏证》认为该字从臼从䢅，䢅亦声。䢅，从午从収，収亦声[⑤]。故“舂”之一级声符为収声。本书从此说。

① 以下简称《疏证》。
② 黄德宽等《古文字谱系疏证·前言》，商务印书馆，2007 年，4 页。
③ 以下简称《说文》。
④ 以下简称《新证》。
⑤ 黄德宽等《古文字谱系疏证》，商务印书馆，2007 年，1148 页。

（2）甲部下（冬）：宍

宍声，《疏证》归入东部冬声。该字有人认为是终，《说文》“宍”为终的古文，其字形演变如下：

甲骨文[①]：

（合 10656 正）、（合 14209 正）、（合 36775）、（合 21897）

金文[②]：

（亡终鼎·商·03·1450）、（亡终觚·商·12·7023）

（来方尊·西周早期·11·6015）、（追簋·西周中期·08·4219）、

（小克鼎·西周晚期·05·2796）、（颂鼎盖·西周晚期·08·4336）、

（黄子鼎·春秋早期·05·2566）、（曾侯乙钟·战国早期·02·303·7）

甲骨文中，该字叶玉森释为“冬”，郭沫若释为“终牛棘”之“终”的本字，即榛，姚孝遂谓字象绒丝之器，高鸿缙谓字象绳端终结之形。诸说纷纷，虽皆言之有据，然确证不足。[③]

今从《说文》，为“终”之古文。

2. 乙部

（1）乙部上（侵）：翜軜

翜、軜声，《疏证》未收。

（2）乙部下（谈）：染劫

染、劫声，《疏证》未收。

3. 丙部（蒸）：倴

倴声，《疏证》未收。

---

① 刘钊等《新甲骨文编》（增订本），福建人民出版社，2014 年，743 页。
② 董莲池《新金文编》，作家出版社，2011 年，1796—1798 页。
③ 季旭昇《说文新证》，福建人民出版社，2010 年，845 页。

4. 丁部

（1）丁部上（阳）：匠从丈床朢杏

①匠声，《疏证》归为阳部匚声。《说文 · 匚部》："匠，木工也。从匚，从斤。斤，所以作器也。"该字甲骨文、金文未见，战国文字作（A 陶汇 5 · 321）、（玺汇 0234）、（玺汇 3180）[1]，"匚"像方形器具的侧面，"斤"则为斧子，"匠"形如用斧做器具，义为木工，该字当为会意字；不过，《疏证》认为该字亦为形声字，从斤从匚，匚为声符，斤为意符。本文从此说。

②从声，《疏证》无，有"两"声，为阳部一级声符，段氏、王力皆收两声，未收从声。

两，《说文 · 㒳部》："两，二十四铢为一两。从一；㒳，平分，亦声。"许说非是，该字当为象形字。《疏证》认为两、㒳二字实同，"像车衡缚双轨之形，引申成双之义，截取车之部分形体即是㒳"[2]。后战国文字加上饰笔变异为两。其说可从。

故丁氏将从声作一级声符，并将"两"作其二级声符，不妥。

③丈、杏声，《疏证》为阳部一级声符，与丁氏同。

④床声，《疏证》归为阳部爿声，段氏、王力皆将床归入爿声。

床，《说文 · 木部》："床，安身之座者。从木，爿声。"该字甲骨文多写作（合 32982）、（屯 294），后战国文字加义符"木"，多写作（玺汇 3277）。该字当为形声字，从爿声。丁氏对该声符判断不合理。

⑤朢声，《疏证》归为阳部𦣠声。《说文 · 壬部》："朢，月满与日相望，以朝君也。从月，从臣，从壬。壬，朝廷也。𦣠，古文朢省。"其古文字字形如下表[3]：

① 汤余惠《战国文字编》，福建人民出版社，2001 年，827 页。
② 黄德宽等《古文字谱系疏证》，商务印书馆，2007 年，1885 页。
③ 字形取自季旭昇《说文新证》，福建人民出版社，2010 年。下同。

1 商·前 7.38.1《甲》	2 商·後 2.18.10《甲》	3 商·林 1.24.14《甲》	4 商·粹 1108《甲》
5 周早·保卣《金》	6 周早·臣辰盉《金》	7 周中·師望鼎《金》	8 周中·休盤《金》
9 周晚·無叀鼎《金》	10 戰·燕·璽彙 198	11 戰·晉·九年 戈 丘 令 癰 戈《集成》	12 戰·楚·包 145《楚》
13 戰·楚·郭·語二 33《張》	14 戰·楚·郭·窮 4《張》	15 戰·楚·郭·緇 3《張》	16 西漢·縱橫家書 189《篆》

《疏证》认为“𡈼”为“望”之初文，会意字，人举目望远之义。朢，多为月象之名。

黄德宽《古文字发展论》[7] 中认为“朢”“望”实为一字，“月”为形符，“𡈼”为声符，该字所从之“臣”后逐渐讹变为“耳”，继而讹变为“亡”。①

本书认为该字当为形声字，声符为𡈼，意符为月。丁氏未将其进一步拆分而作一级声符。

（2）丁部下（耕）：鮮賏笄嬴罄

①鮮、罄声，《疏证》未收。

②賏声，《疏证》归为耕部一级声符，其二级声符为嬰，丁氏亦收为二级声符，而段氏则未收賏声，收嬰声。

① 刘钊《古文字构形学》（修订本），福建人民出版社，2011 年，112—113 页。黄德宽《古汉字发展论》，中华书局，2014 年，205 页。

《说文·贝部》:“賏,颈饰也。从二贝。”古文字形作[古文字]（子賏戈），会意。“婴”从賏声。丁氏判断合理。

③笄声,《疏证》归入元部幵声。

《说文》:“笄（旧字形作笄），簪也。从竹，幵声。”该字当为形声字，丁氏未对其做进一步的拆分而作一级声符。

④羸声,《疏证》归为歌部羸声，段氏、王力皆未收，而其二级声符嬴声，段、王皆作一级声符归入耕部。

羸，或认为甲骨文作[甲骨文]（合 31084），如蜗牛之触角，为嬴之初文。嬴，金文作[金文]（嬴霝德鼎·西周早期·04·2171）、[金文]（嬴季卣·西周中期·10·5240·1）、[金文]（楚嬴盘·西周晚期·16·10148）、[金文]（铸弔作嬴氏匿·春秋·09·4560·1）、[金文]（鄦伯受匿·春秋·09·45991·1）、[金文]（子季嬴青匿·春秋晚期·09·4594·1）。[①]“嬴”当为从女羸声的形声字。

赢,《说文·贝部》:“赢，有余贾利也。从贝，羸声。”该字与“嬴”同，从羸声。[②]

5. 戌部

（1）戌部上（真）：聿晉荐荐渊丏

①聿声,《疏证》归为真部一级声符，与丁氏同。

②晉声，同晋,《疏证》收晋声入真部平声。

《说文》:“晉，进也。日出万物进。从日，从臸。”

该字甲骨文作[甲骨文]（合 19568），甲骨文从日，从二倒矢形。《疏证》认为[字]亦声。该字从甲骨文到隶书，字形如下：

---

① 董莲池《新金文编》，作家出版社，2011 年，1636—1638 页。

② 李守奎认为“嬴、赢”与“羸、蠃、嬴”两组字都是形声字，其音符都是“羸”，但“羸”来源不明，他怀疑“羸”是一个同形字，是两种不同的动物，古音分别在耕部和歌部。详李守奎、王永昌《段玉裁“古谐声偏旁分部互用说”的文字学观察——兼论汉字中的“假形声字”》,“出土文献与传世典籍的诠释”国际学术研讨会论文，复旦大学出土文献与古文字研究中心主办，2017 年 10 月 14—15 日。

1 商 · 拾 13.1《甲》	2 周中 · 格伯作晉姬簋《金》	3 周中 · 晉人簋《金》	4 春 · 晉公車軎《金》
5 戰 · 齊 · 陶彙 3.295	6 戰 · 齊 · 陶彙 3.698	7 戰 · 晉 · 𫑡羌鐘《金》	8 戰 · 晉 · 古幣 155
9 戰 · 晉 · 古幣 155	10 戰 · 晉 · 古幣 156	11 戰 · 晉 · 古幣 157	12 戰 · 楚 · 朝野𣄃篙鐘《金》
13 戰 · 楚 · 大𢊁鎬《金》	14 戰 · 楚 · 鄂君啟舟節《金》	15 戰 · 楚 · 包 174《楚》	16 戰 · 楚 · 望 2 策《楚》
17 戰 · 楚 · 曾侯乙鐘《金》	18 戰 · 楚 · 曾 30《楚》	19 戰·楚·郭·緇 10《張》	20 秦陶 1229《秦》
21 西漢 · 春秋事語 34《篆》			

季旭昇认为从“矢”声。秦文字讹为“臸”，应仍有声符的功能。① 丁氏作一级声符不妥。

③寿声，《疏证》归为元部一级谐声声符，丁氏则为真部，二者皆将其作为一级声符，只在声符归部上不同。

④荐声，《疏证》归为元部一级谐声声符，而丁氏归为真部，此乃二者归部不同。

① 季旭昇《说文新证》，福建人民出版社，2010 年，549—550 页。

⑤渊声，《疏证》归入真部𣶒声，段氏、王力皆收𣶒声，不收渊声。

《说文·水部》："渊，回水也。从水，象形，左右，岸也，中象水儿。𣶒，渊或省水。囦，古文从口、水。"

渊，甲骨文作（合 294010、（屯 722）、（屯 722）[1]。

季旭昇谓"𣶒"为象形，"渊"为从水𣶒声的形声字。[2]丁氏以该字为一级声符不妥。

⑥丏声，《疏证》未收。

（2）戉部中（文）：闰容欳肙尊遯屍本

①闰声，《疏证》归入文部门声，段、王皆收门声，未收闰声。

闰，《广韵·稕韵》从玉作"閏"，释作"余也"。二者实为一字。在金文中，"玉"与"王"形极近，易混。其字形如下表：

玉	王
合 11364 合 16089 合 7053 正 英 1610 正	合 20015 合 367 正 合 38836 合 36645
西𪓐作且丁簋·商·07·3940 毛公鼎·西周晚期·05·2841A 洹子孟姜壶·春秋·15·97300	小臣缶方鼎·商·05·2653 天亡簋·西周早期·08·4261 颂鼎·西周中期·05·2827 虎簋盖·西周中期·考古与文物 97·3 新郪虎符·战国晚期·18·12108B

所以在秦、楚系文字中，逐渐在"玉"上加点以示区别。如：（楚·包山 3）、（楚·望 1）、（秦·咸阳盆）、

① 刘钊等《新甲骨文编》（增订本），福建人民出版社，2014 年，626 页。
② 季旭昇《说文新证》，福建人民出版社，2010 年，829 页。

（汉·西陲简），故“閛”讹作“闰”。我们认为该字是从玉门声的形声字。

②睿、㐆、遯声，《疏证》未收。

③䊵、尊、本声，《疏证》皆归为文部一级谐声声符。

④屍声，《疏证》归为脂部[illegible]声。

《说文·尸部》：“屍，髀也。”甲骨文中该字作（合 21803）、（合 9947）、（花东 487）[①]，金文作（史密簋）、（永盂）、（师寰簋）[②]，甲骨文为指事字，刘钊《读史密簋铭文中的“眉”字》认为，史密簋中的该字是“脽（屍）”，永盂中字形与史密簋相同。师寰簋讹作从“爪”。《说文·肉部》“脽，屍也。”《疏证》认为该字从[illegible]，[illegible]亦声，虽据讹形立说，但以其为声符不误。

（3）戊部下（元）：冤侃莧䀬虦全旋𠷎茧耎𠬝善扇䪻𢍏弁延阌辛𦐇联便

①冤、䀬、茧、䪻、联声，《疏证》未收。

②侃、莧、全、𠷎、耎、𠬝、扇、𢍏、弁、延、阌、辛、𦐇、便声，《疏证》归为元部一级声符。

③虦声，《疏证》归为真部一级声符，与丁氏归部不同。

④善声，《疏证》归为元部言声。

善，《说文·誩部》：“譱，吉也。从誩，从羊。此与义、美同意。”形声字，从誩声，“誩”为“言”之繁文，非读若“竞”之“誩”。

⑤旋声，《疏证》归入元部㫃声，不作一级声符。

旋，《说文·㫃部》：“旋，周旋。旌旗之指麾也。从㫃，从

---

① 刘钊等《新甲骨文编》（增订本），福建人民出版社，2014 年，503 页。此字形季旭昇认为当释为“髀”，旧释为“屍”，《甲骨文字诂林》按语以为当释为“尻”。季氏以为释“屍”、释“髀”，恐俱非。详季旭昇《说文新证》，福建人民出版社，2010 年，698 页。

② 董莲池《新金文编》，作家出版社，2011 年，1200 页。季旭昇《说文新证》，福建人民出版社，2010 年，698—699 页。

疋。”甲骨文作（合 27747）。

㫃，《说文·㫃部》：“㫃，旌旗之游，㫃蹇之儿。”甲骨文作（合 6948 正）、（合 27352）、（合 31136），为象形字。从字形上看，“旋”甲骨文字形由“㫃”与“足”或“止”构成，表在旌旗下周旋之义，旋从㫃声。

6. 巳部

（1）巳部上（脂）：希启灰耒叡厀悉八戛戜

①希、耒声，《疏证》归为脂部一级声符，与丁氏同。

②启声，《疏证》归为支部𢼄声。

《说文》：“启，开也。从户，从口。”“啟，教也。从支，启声。”《广雅·释诂三》：“啟，开也。”《六书故·人八》：“𢼄，开户也。”甲骨文中，三形同时存在，如：（合 9339）、（合 4113）、（合 33994）、（合 21022）、（合 30196）、（合 36518），“𢼄”为开启之本字，加“口”成“啟”则成形声字，“𢼄”声，“启”为“啟”之省体。

③灰声，《疏证》归为之部一级声符，与丁氏归部不同。

④叡、戛声，《疏证》未收。

⑤厀声，《疏证》归入脂部桼声。

《说文·卩部》：“厀，胫头卩也。从卩，桼声。”不析为桼声。

⑥悉、八声，《疏证》归为质部一级声符，因丁氏并未将质部从脂部独立出来，故将其归为脂部。

⑦戜声，《疏证》归为质部一级声符。

（2）巳部下（祭）：筮卫董瘚厥绝刿

①筮、卫声，《疏证》归为月部一级声符，丁氏声符判断合理。

②董、瘚、厥、绝、刿声，《疏证》皆未收。

7. 庚部

（1）庚部上（支）：弭产

①弭声，《疏证》归为支部一级声符，与丁氏同。

②产声，《疏证》归为脂部一级声符，丁氏在归部上有出入。

（2）庚部下（歌）：虘戹差

①虘声，《疏证》归入鱼部虎声。

《说文·虍部》："虘，古陶器也。从豆，虍声。""虍"乃"虎"之省文。

②戹、差声，《疏证》未收。

8. 辛部（之）：㞢菑箕囟陟

①㞢声，《疏证》未收。

②菑声，《疏证》归入之部甾声。

《说文》："菑，不耕田也。从艹、甾。"即从艹，甾声。故该字当进一步析为甾声。

③箕声，《疏证》归入之部其声。

"其"，甲骨文作（合20070）、（合20408）、（合35981），像簸箕形，为"箕"之初文。后加"竹"以表义，"其"乃声符。

④囟声，《疏证》归入真部一级声符，丁氏归部与之有出入。

⑤陟声，《疏证》归为之部一级声符，与丁氏同。

9. 壬部

（1）壬部上（幽）：甹麀𣪘牟幼彪翏卣畜颢𡿺叜勹尣

①甹、畜、颢声，《疏证》未收。

②麀、𣪘、牟、彪、翏、卣、勹声，《疏证》归为幽部一级声符，与丁氏同。

③幼声，《疏证》归入幽部幺声。

《说文·幺部》："幼，小也。从幺，从力。"即从力幺声。丁氏未进一步分析该字而误将其作一级声符。

④𡿺声，《疏证》归为宵部一级声符，丁氏归部不同。

《说文·匕部》："𡿺，头髗也。从匕；匕，相匕着也。巛像发，囟像𡿺形。"该字今作"脑"。该字在《睡虎地秦墓竹简》上作“[illegible]”，构形不明。季旭昇认为其为合体象形，汉代始加“刀”声。[①]

⑤岦声，《疏证》页852归为宵部一级声符，与丁氏在归部上不同；

⑥尭声，《汉语大字典》（第二版）尭同宍。《疏证》幽部六声收有宍，宍声为六声的二级声符，而尭同宍，因此“尭”亦为“六”声的二级声符。因此，六是一级声符，尭为二级声符。丁氏对该声符判断不妥。

（2）壬部下（宵）：肁兆垚敫

①肁声，《疏证》归为宵部戍声。

《说文·户部》：“肁，始开也。从户，从聿。”该字为“肈”之省文，戍声。

②兆声，《疏证》未收。

③垚声，“尧”与“垚”为古今字。《疏证》将尧声作为宵部一级声符，丁氏将垚声作一级声符有一定合理性。

④敫声，《疏证》归为宵部皃声。

《说文·放部》：“敫，光景流也。从白，从放。”《新证》列出其字形演变如下[②]：

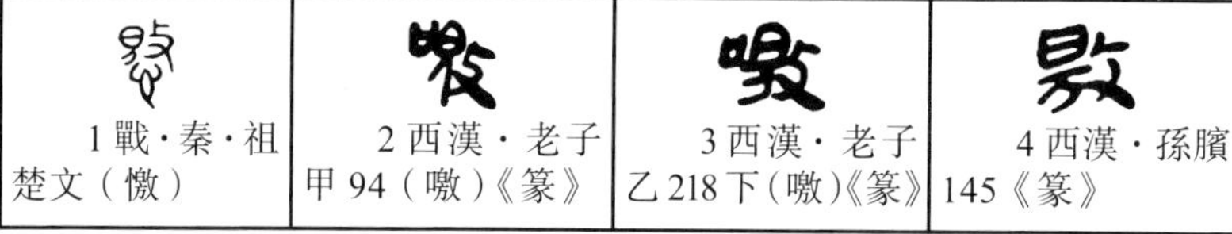

1 戰·秦·祖楚文（㵿）	2 西漢·老子甲94（噭）《篆》	3 西漢·老子乙218下（噭）《篆》	4 西漢·孫臏145《篆》

该字释作旁击，“擊”之初文。《说文》所释乃引申义，“旁击”当为本义。

由上字形表可得，皃旁下部后讹从方，且“攴”后渐讹为

① 季旭昇《说文新证》，福建人民出版社，2010年，668页。
② 季旭昇《说文新证》，福建人民出版社，2010年，332页。

“文”，故《说文》“从白从放”实不可从，应为从攴从皃，何琳仪《战国古文字典》认为皃为声符。但季旭昇认为该字是会意字。

10. 癸部

（1）癸部上（侯）：矦匧兜𤓰乳

①矦声，《疏证》归入侯部𥎦声。

𥎦，甲骨文作（合 20063）、（合 6820），从矢从厂，像张布射靶侧面之形，释作射箭的靶子。后加“人”形，隶定为“矦”，成为从人𥎦声的形声字。

②匧、𤓰、乳声，《疏证》归为侯部一级声符，与丁氏同。

③兜声，《疏证》未收。

（2）癸部下（鱼）：如互幵步㲋舄索

①如声，《疏证》归为鱼部女声。

《说文·女部》：“如，从随也。从女，从口。”“如”是“女”的分化字，“口”为分化符号，“女”亦声。故该字当析为“女”声。

②互、幵、索声，《疏证》未收。

③步、舄声，《疏证》归为鱼部一级声符，与丁氏同。

④㲋声，《疏证》与兔同作鱼部一级声符，与丁氏同。

现将以上结果总结如下：

段、王皆缺声符与《疏证》进行比较主要可分为以下三种类型：

第一，《疏证》亦未收（35/116，30%[①]）

翜軜染劫倂从鮮磬丏容肙遯冤叚茧䪼联叡戛菫瘚馭绝剉戹差屮甹夅颢㸚兜互幵索

第二，《疏证》做一级谐声声符（54/116，47%）

（1）归部不同（8/116，7%）：

荐𢦏䖏灰产囟巛𡚁

① 即该类型声符数与皆缺声符总数之比。

（2）归部同（46/116，40%）：

丈杏竟朖聿𣪠困尊本侃莧全𠱠㝁反扇弄弇延阏辛㕣便𢂽耒悉八𢦒𥰭卫弜陟麀𣪘牟彪𢒈卣勹𡋲臣𠂢乳步𦐇皀

第三，《疏证》不作一级谐声声符（27/116，23%）

（1）归部不同（5/116，4%）：

笄嬴屍启虘

（2）归部同（22/116，19%）：

丛弄舂穽匠床㙮𦥑渊闰善旋霝㓞菑箕幼㫃厍敫矦如

第一类《疏证》亦未收声符，本书不做探讨。

本书将二、三类《疏证》收录声符与丁氏进行比较分析得出，丁氏这些声符大部分是比较合理的，有一些虽与《疏证》归部不同，然丁氏对一级声符的判断合理。

故虽然丁氏有不少归部和判断不甚合理的一级声符，但其亦列出许多为段玉裁、王力所缺且较为合理的声符，且合理的声符占其中的多数，因此，我们认为丁氏对一级声符的判断与归部有着一定的进步性。

（三）丁氏与段玉裁、王力分部不对应声符分析

丁氏各部谐声声符虽与段玉裁、王力有大致对应的韵部，然亦有不少特例，即不属于对应韵部的声符。针对这些特例，本书以《疏证》与《古韵通晓》[①] 为准，将丁、段、王三者归部进行综合比较分析。

1. 甲部

（1）甲部上（东）

戎、农声，王力归入冬部，而丁氏则归入东部。本书从王力，认为丁氏虽将冬部于东部分出，但仍有一些东冬相混的情况出现。

① 陈复华、何九盈《古韵通晓》，中国社会科学出版社，1987 年。

（2）甲部下（冬），无与对应分部不同的特殊声符。

2. 乙部

（1）乙部上（侵）

①兼声，王力归入谈部。《疏证》将兼声作为谈部一级谐声声符，《古韵通晓》亦将其归为谈部[①]，我们认为丁氏对该声符归部有失偏颇。

②皀声，段氏归入第十部，王力归入阳部。《疏证》归为阳部。[②] 丁氏与三者皆不同，我们认为丁氏对该声符归部不妥。

③眔声，段氏归入第十五部，王力归入文部。《疏证》归为缉部。[③] 王力眔声收有鳏。鳏，《疏证》收入文部[④]，《古韵通晓》亦收入文部[⑤]。鳏与眔，《疏证》皆作一级声符，与王力有很大的不同，与丁氏较为接近。

④冘、臽、毚声，段氏归入第八部，王力与丁氏同，归入侵部。冘声，《疏证》《古韵通晓》均归为侵部。[⑥] 臽声，《疏证》归为谈部，《古韵通晓》归为侵部，[⑦] 与王力同，丁氏相对较合理。毚声，《疏证》归为侵部。[⑧] 丁氏较段氏合理。

⑤欠、沓、臿、夹声，段氏收入第八部，王力缺。欠声，《疏证》归为谈部；沓声，《疏证》《古韵通晓》均归为缉部；臿声，《疏证》归为盍部；夹声，《疏证》《古韵通晓》均归为谈部。[⑨]

---

① 陈复华、何九盈《古韵通晓》，中国社会科学出版社，1987 年，325 页。

② 黄德宽等《古文字谱系疏证》，商务印书馆，2007 年，1713 页。

③ 黄德宽等《古文字谱系疏证》，商务印书馆，2007 年，3838 页。

④ 黄德宽等《古文字谱系疏证》，商务印书馆，2007 年，3631 页。

⑤ 陈复华、何九盈《古韵通晓》，中国社会科学出版社，1987 年，311 页。

⑥ 黄德宽等《古文字谱系疏证》，商务印书馆，2007 年，3924 页。陈复华、何九盈《古韵通晓》，中国社会科学出版社，1987 年，316 页。

⑦ 黄德宽等《古文字谱系疏证》，商务印书馆，2007 年，4022 页。陈复华、何九盈《古韵通晓》，中国社会科学出版社，1987 年，320 页。

⑧ 黄德宽等《古文字谱系疏证》，商务印书馆，2007 年，3961 页。

⑨ 欠、沓、臿、夹声，《古文字谱系疏证》分别在 4040、3842、4006、4049 页。沓、夹声，《古韵通晓》分别在 252、324 页。

盍为与谈相配的入声韵部。段氏并未从谈部分出入声韵部，故舌声为第八部。缉为与侵相配的入声韵部，丁氏并未从侵部分出入声韵部，故沓声为侵部。因此，欠、舌、夹声在归部上，段氏较丁氏合理；沓声，丁氏较合理。

（2）乙部下（谈）

①冄、𢦏、韦、聂声，段氏归为第七部，王力缺。

冄同冉，𢦏声，《疏证》《古韵通晓》均归为谈部；韦声，《疏证》未收，《古韵通晓》归为缉部；聂声，《疏证》归为盍部。[①]

故冄、𢦏、聂声，丁氏归部较段氏合理；韦声，段氏较合理。

②猒、佥声，段氏归为第七部，王力分别归为叶部和谈部，《疏证》《古韵通晓》皆归为谈部。因此，这两个声符归部，丁氏较段氏合理。

3. 丙部（蒸）

乃声，段氏归为第一部，王力缺。《疏证》《古韵通晓》均归为之部[②]，与段氏同。丁氏归部有失偏颇。

4. 丁部

（1）丁部上（阳），无与对应分部不同的特殊声符。

（2）丁部下（耕）

①黾声，段氏归为第十部，王力归为蒸部，《疏证》归为阳部[③]。

②并声，段氏归为第十部，王力缺，《疏证》归为阳部[④]，丁氏归部不妥。

---

① 冄、𢦏、聂声，《古文字谱系疏证》分别在 4050、4054、3997 页。冄、𢦏、韦声，《古韵通晓》分别在 324、323、253 页。

② 黄德宽等《古文字谱系疏证》，商务印书馆，2007 年，181 页。陈复华、何九盈《古韵通晓》，中国社会科学出版社，1987 年，134 页。

③ 黄德宽等《古文字谱系疏证》，商务印书馆，2007 年，1985 页。

④ 黄德宽等《古文字谱系疏证》，商务印书馆，2007 年，1958 页。

5. 戊部

（1）戊部上（真）

①辰、刃、先、典声，段氏归为第十三部，王力归为文部，即段、王归部相同。《疏证》亦皆归为文部。丁氏归部不妥。

②參声，段氏归为十三部，王力与丁氏同，归为真部。《疏证》收入真部入声。[①] 丁氏归部合理。

③幵声，段氏归为第十一部，王力缺。《疏证》《古韵通晓》均归元部[②]，丁、段皆不妥。

④㬎声，段氏归为第七部，段氏入声韵未独立，缉部为侵部之入声。王力缺。段氏归部较丁氏合理。

⑤兰、县、犬声，段氏归为第十四部，王力犬声归为元部，兰县声缺。《疏证》《古韵通晓》皆归为元部，与段、王同。丁氏归部不妥。

（2）戊部中（文）

①允声，段氏归为第十四部，王力与丁氏同，归为文部。《疏证》《古韵通晓》均归文部。[③] 段氏归部不妥。

②奞声，段氏归为第十五部，王力缺。《古韵通晓》归为微部[④]，然段氏并未将脂微分部，故相对而言，段氏归部较合理。

③㒼声，段氏归为第十四部，王力归为元部。《疏证》《古韵通晓》均归为元部[⑤]，与段氏同。丁氏归部不妥。

（3）戊部下（元）

① 黄德宽等《古文字谱系疏证》，商务印书馆，2007 年，3525 页。

② 黄德宽等《古文字谱系疏证》，商务印书馆，2007 年，2620 页。陈复华、何九盈《古韵通晓》，中国社会科学出版社，1987 年，296 页。

③ 黄德宽等《古文字谱系疏证》，商务印书馆，2007 年，3709 页。陈复华、何九盈《古韵通晓》，中国社会科学出版社，1987 年，308 页。

④ 陈复华、何九盈《古韵通晓》，中国社会科学出版社，1987 年，197 页。

⑤ 黄德宽等《古文字谱系疏证》，商务印书馆，2007 年，2835 页。陈复华、何九盈《古韵通晓》，中国社会科学出版社，1987 年，289 页。

①万声，段氏缺，王力归为月部。《疏证》亦归为月部。[①]丁氏十九部虽无月部，然其巳部下（祭）对应于王力月部。此处将万声归于元部有失偏颇。

②萑声，段氏归为第十七部，王力缺。《疏证》《古韵通晓》均未收。

③辩声，段氏归为第十二部，王力缺。《疏证》《古韵通晓》均归为元部[②]，与丁氏同。段氏归部不妥。

6. 巳部

（1）巳部上（脂）

①至疐质日一乙七吉枭毕必卩血声，段氏归为第十二部，王力归为质部。《古韵通晓》与王力同。这些声符本为入声，但丁氏入声未独立，故丁氏把它们归入巳部上。

②臾声，段氏归为第四部，王力归为侯部，段与王同。《疏证》归为侯部。[③]丁氏归部有所不妥。

③卉声，段氏缺，王力归为文部。《疏证》《古韵通晓》均归为微部。[④]丁氏巳部上（脂）对应于王力脂、微、质、物部。

④兮声，段氏归为第十六部，王力缺。《疏证》《古韵通晓》归为歌部。[⑤]丁氏归部不妥。

⑤旦声，段氏归为第十四部，王力缺。《疏证》《古韵通晓》归为元部。[⑥]丁氏归部不妥。

---

① 黄德宽等《古文字谱系疏证》，商务印书馆，2007年，2527页。

② 黄德宽等《古文字谱系疏证》，商务印书馆，2007年，2800页。陈复华、何九盈《古韵通晓》，中国社会科学出版社，1987年，288页。

③ 黄德宽等《古文字谱系疏证》，商务印书馆，2007年，1022页。

④ 黄德宽等《古文字谱系疏证》，商务印书馆，2007年，3203页。陈复华、何九盈《古韵通晓》，中国社会科学出版社，1987年，199页。

⑤ 黄德宽等《古文字谱系疏证》，商务印书馆，2007年，2238页。陈复华、何九盈《古韵通晓》，中国社会科学出版社，1987年，188页。

⑥ 黄德宽等《古文字谱系疏证》，商务印书馆，2007年，2682页。陈复华、何九盈《古韵通晓》，中国社会科学出版社，1987年，289页。

⑥丙声，段氏归为第七部，王力缺。《古韵通晓》归为侵部。[①]丁氏将其归为脂部不甚合理。

⑦圣声，段氏归为第一部，王力缺。《疏证》归为文部[②],《古韵通晓》归为物部[③]。

⑧乁声，段氏归为第十六部，王力缺。《古韵通晓》归为物部。[④]故相对来说，丁氏较合理。

⑨设声，段氏缺，王力、《古韵通晓》归为月部[⑤]。丁氏归部不妥。

⑩彻声，段氏归为第十二部，王力归为月部。《疏证》《古韵通晓》归为月部。[⑥]丁氏归部不妥。

（2）巳部下（祭），无与对应分部不同的特殊声符。

7. 庚部

（1）庚部上（支）

①继声，段氏归为第十五部，王力缺。《古韵通晓》归为锡部。[⑦]锡为与支相配的入声韵部，而丁氏入声未独立，故在此将其归入支部相对较合理。

②叉声，段氏缺，王力归为幽部。《疏证》归为幽部。[⑧]丁氏归部不妥。

③系声，段氏归为第十五部，王力缺。《疏证》归为支部纟声[⑨]，与丁氏归部同。

① 陈复华、何九盈《古韵通晓》，中国社会科学出版社，1987 年，316 页。

② 黄德宽等《古文字谱系疏证》，商务印书馆，2007 年，3663 页。

③ 陈复华、何九盈《古韵通晓》，中国社会科学出版社，1987 年，249 页。

④ 陈复华、何九盈《古韵通晓》，中国社会科学出版社，1987 年，246 页。

⑤ 陈复华、何九盈《古韵通晓》，中国社会科学出版社，1987 年，236 页。

⑥ 黄德宽等《古文字谱系疏证》，商务印书馆，2007 年，2434 页。陈复华、何九盈《古韵通晓》，中国社会科学出版社，1987 年，233 页。

⑦ 陈复华、何九盈《古韵通晓》，中国社会科学出版社，1987 年，229 页。

⑧ 黄德宽等《古文字谱系疏证》，商务印书馆，2007 年，643 页。

⑨ 黄德宽等《古文字谱系疏证》，商务印书馆，2007 年，2096 页。

④冖声，段氏归为第十一部，王力缺。《古韵通晓》归为锡部。[①] 该字当入锡部。

（2）庚部下（歌）

①为声，段氏归为第十六部，王力归为歌部，与丁氏同。《疏证》《古韵通晓》归为歌部。[②] 丁氏归部合理。

②委声，段氏归为第十五部，王力归为微部。《疏证》归为脂部。[③] 丁氏归部不妥。

③厽、规声，段氏归为第十六部，王力缺。厽声，《疏证》归为侵部[④],《古韵通晓》归为微部[⑤]。规声,《疏证》《古韵通晓》均归为支部。[⑥] 丁氏归部不妥。

④七声，段氏归为第十二部，王力归为质部。《疏证》《古韵通晓》均归为质部。[⑦] 丁氏归部不妥。

8. 辛部（之）

亼声，段氏归为第七部，王力缺。《疏证》《古韵通晓》均未见。

9. 壬部

（1）壬部上（幽）

①巳声，段氏归为第二部，王力缺。《古韵通晓》归为宵部。[⑧] 丁氏归部不甚合理。

②鼺声，段氏归为第七部，王力缺。《疏证》《古韵通晓》归

① 陈复华、何九盈《古韵通晓》，中国社会科学出版社，1987 年，226 页。

② 黄德宽等《古文字谱系疏证》，商务印书馆，2007 年，2227 页。陈复华、何九盈《古韵通晓》，中国社会科学出版社，1987 年，188 页。

③ 黄德宽等《古文字谱系疏证》，商务印书馆，2007 年，2850 页。

④ 黄德宽等《古文字谱系疏证》，商务印书馆，2007 年，3965 页。

⑤ 陈复华、何九盈《古韵通晓》，中国社会科学出版社，1987 年，196 页。

⑥ 黄德宽等《古文字谱系疏证》，商务印书馆，2007 年，2003 页。陈复华、何九盈《古韵通晓》，中国社会科学出版社，1987 年，178 页。

⑦ 黄德宽等《古文字谱系疏证》，商务印书馆，2007 年，3380 页。陈复华、何九盈《古韵通晓》，中国社会科学出版社，1987 年，242 页。

⑧ 陈复华、何九盈《古韵通晓》，中国社会科学出版社，1987 年，155 页。

为缉部。[1] 缉部为与侵部相配的入声韵部，段氏并未从中分出入声韵部，故将其归为第七部，较丁氏合理。

③丩、道声，段与丁同，王力与《古韵通晓》归为霄部。

（2）壬部下（宵）

㷋声，段氏归为第三部，王力缺。《古韵通晓》归为宵部。[2] 丁氏相对较合理。

10．癸部（侯鱼）

癸部无与对应分部不同的特殊声符。

将丁氏这些声符与段玉裁、王力以及《疏证》《古韵通晓》综合比较，总结以上结果可得：

第一，丁氏归部合理的声符有：

冘臽㲋沓冄𢦔聂猒佥參允辡乁继系宀为㷋

第二，丁氏归部不合理的声符有：

戎农兼㿟欠臿夹巿乃并辰刃先典県县犬奞㒼万臾卉兮旦西设

彻叉委规七亼㔾𩇔

第三，存有异议的声符有（即归部各不相同）：

罘黽幵萑圣厶

由此看出，这些归部不同的声符，丁氏归部不合理的占多数。丁氏在声符归部上虽仍有很多不合理的地方，抑或归部错误，抑或声符误判，声符归部不及王力整齐，但较段氏有所进步。

（四）不同部重复声符分析

丁氏谐声声符中有很多同归两部的声符，将其与《疏证》进行比较，兹列表如下：

---

① 黄德宽等《古文字谱系疏证》，商务印书馆，2007 年，3897 页。陈复华、何九盈《古韵通晓》，中国社会科学出版社，1987 年，253 页。

② 陈复华、何九盈《古韵通晓》，中国社会科学出版社，1987 年，148 页。

同归两部声符	丁氏	段玉裁	王力	《疏证》
㿟	乙上、丁上	第十部	阳部	阳部
夹	乙上、乙下	第八部	缺	缉部、盍部
㇂	巳上、庚上	第十六部	缺	缺
丒	庚上、壬上	缺	幽部	幽部

㿟声，丁氏归为乙部上（侵）和丁部上（阳），然而段玉裁、王力以及《疏证》皆归为阳部，未归入其他韵部。丁氏对㿟声的归部有误。

夹声，丁氏归为乙部上（侵）和乙部下（谈），段玉裁归为第八部，王力缺。今“夹”对应古字形有二,一作“夾”，为盍部；一作“夾”，为谈部。非同一字，丁氏合二为一，未加区分，误。

㇂声，丁氏归为巳部上（脂）和庚部上（支），段玉裁归为第十六部，王力缺,《疏证》缺。丁氏在庚部上（支）的㇂声下标有其二级声符“氏”声,《疏证》将氏声归为支部一级声符[①]。㇂声当属支部，丁氏将其同归脂、支是不合理的。

丒声，丁氏归为庚部上（支）和壬部上（幽），段玉裁缺，王力和《疏证》皆归为幽部。丁氏归部有误。

故丁氏这 4 个声符皆为不同部声符重复，归部不合理。

（五）不加说明的易混淆声符

丁氏对易混淆声符的处理远不及段氏严谨，段氏凡遇易混淆声符必加说明，如，第五部谷（与第三部谷不同），段氏注出的易混声符共有 42 处。然丁氏并未说明，兹统计如下：

① 黄德宽等《古文字谱系疏证》，商务印书馆，2007 年，2038 页。

丁氏易混而未说明的声符	丁氏	段氏	王力
壬	乙上	七	侵
王	丁下	十一	耕
彖	庚上	十六	缺
象	戊下	十四	缺
匕	巳上	十五	质
匕	庚下	十六	缺
白	癸下	五	铎
白[①]	巳上	十五	缺
谷	癸上	三	屋
谷	癸下	五	缺
几	巳上	十五	微
几	癸上	四	缺
釆	戊下	十四	元
采	辛部	一	之
丰	甲上	九	东
豊	巳上	十五	支

这些声符大多与段氏列出的易混淆声符同，段氏均予以说明其区别。

彖、象本不同，丁氏虽然分别归为庚上、戊下，但字形并未

① 段玉裁小注曰："亦自字，与五部白别。"详段玉裁《六书音均表》"诗经韵分十七部表"，音韵学丛书本，中华书局，1983年，28页。

加以区分，均作“豖”。

丁氏分古韵为十九部，每部列出其一级谐声声符，将其一级声符与段玉裁、王力的一级声符相比较，并将其中段、王皆缺声符以及归部有异议声符列出，与《古文字谱系疏证》《古韵通晓》等进行比较，得出以下结论：

1. 丁氏虽将东、冬分部，有一定的进步性，然亦有东、冬相混的现象出现，东冬分部不够彻底。

2. 丁氏质、物合并，归入脂部，避免了旧的月、物合并之误，但又陷入新的错误。质、物、月三部应当分开。

3. 丁氏将祭部独立出来，然不足的是其将祭部作阴声韵部，沿戴震之误。

4. 在声符归部上，丁氏最大的不足便是未将入声独立，然归部较段氏整齐。

5. 丁氏每部所列声符，较段氏精简，与王力接近。然有很多声符王力未收，亦有不少声符王力收录，而丁氏未收，显示出丁氏在声符的划分上有所欠缺。

6. 我们将段、王皆缺声符与《疏证》比较，发现皆缺声符中很大一部分《疏证》未收或不作一级声符。在这些声符中，有丁氏误判为一级谐声声符的，占皆缺声符总数的 60%，但丁氏判断合理的声符占 40%。因此，丁氏虽有很多声符误判，然亦有不少为段、王所缺且应该收录的一级声符，有一定的进步性。

7. 我们将归部有异议的声符与《疏证》《古韵通晓》进行比较，发现这其中大部分声符丁氏归部不合理。

8. 丁氏有不同部声符重复的错误，也未将易混淆声符加以说明，在这方面不及段氏严谨。

总之，丁氏谐声声符归部有一定的进步性，然具体到个别声符的归部时则有较多的问题，不够严谨。

第二节 《形声类篇》通合理论研究

段玉裁是最早提出“合韵”一词的学者，他在《诗经韵分十七部表·序》中说道：“凡与今韵异部者，古本音也；其与古本音有龃龉不合者，古合韵也。”[①] 即段氏所谓的“合韵”是指在分析《诗经》音系统时，与本音相对应的一个概念，是《诗经》中不同韵部之间相通押的现象，即“出韵”。段氏认为，古人用韵“至谐”，无出韵之句，凡有出韵处，皆以“异平同入”为枢纽。

在段玉裁之前也有不少学者关注合韵现象，只是说法上有所不同。

清代学者对“合韵”现象的解释，主要可分为五大派：方音派、双声派、音近通押派、否定派、对转派。

方音派以顾炎武、江永、戴震等人为代表，认为合韵是由方音造成的。

双声派以钱大昕为代表，认为一个字可以按双声相转，从而有多个读音，可不受韵部的束缚。

音近通押派以江有诰为代表，江氏重新调整韵部分合和韵脚，减少了合韵，对于不能调整韵部分合和韵脚的，则采取“叶音说”观点。

否定派以姚文田为代表，他认为合韵并不存在。

对转派以段玉裁和孔广森为代表，孔广森用“阴阳对转”解释合韵，与段氏“异平同入”相类似。清代其他学者多从此说。

近现代关于合韵的研究也有很多。

王力早年认为合韵现象不能用“对转”解释（《上古韵母系统研究》），而晚年则又提出将《诗经》中特例分通韵和合韵两类

---

① 段玉裁《六书音均表》“诗经韵分十七部表”，音韵学丛书本，中华书局，1983年，34页。

(《诗经韵读》)，通韵相当于对转，合韵相当于旁转。

还有很多研究合韵的文章，如汪启明《〈六书音均表·四〉合韵字研究》[①]，文章简单阐述了古合韵和古本音，并按段玉裁合韵的远、近标准，将其合韵字分类列举，同时参照王力《诗经韵读》《汉语音韵》《汉语语音史》，将段玉裁和王力对合韵字归部的不同之处列举出来加以分析。陈燕《试论段玉裁的合韵说》[②]一文详细分析了段氏的合韵理论。张民权《论顾炎武〈诗本音〉通韵合韵关系处理之得失》[③]一文认为顾炎武对合韵的处理，得在于坚持《诗》本音一贯的思想，失在于处理合韵的方式不当。其他还有如周华飞《古音学"合韵说"研究史》[④]、曹强《论江有诰对〈诗经〉"合韵"处理之得失》[⑤]、吕胜男《再谈〈诗经〉之耕、真合韵》[⑥]、李文《论段玉裁的"古异平同入说"》[⑦]等。

一、通合理论概述

（一）概念

通合韵，即通韵和合韵的合称，指的是不同韵部间互相押韵的情况。

何为通韵、合韵？王力在《诗经韵读·诗韵总论》中指出："按照传统音韵学的说法，韵部可以分为阴、阳、入三声，而且

---

① 汪启明《〈六书音均表·四〉合韵字研究》,《楚雄师专学报》1987年第2期，86—96页。

② 陈燕《试论段玉裁的合韵说》,《天津师大学报（社会科学版）》1992年第3期，57—64页。

③ 张民权《论顾炎武〈诗本音〉通韵合韵关系处理之得失》,《语文研究》1999年第2期，18—25页。

④ 周华飞《古音学"合韵说"研究史》，天津师范大学硕士学位论文，2013年。

⑤ 曹强《论江有诰对〈诗经〉"合韵"处理之得失》,《汉语史学报》第九辑，上海教育出版社，2010年，91—102页。

⑥ 吕胜男《再谈〈诗经〉之耕、真合韵》,《天中学刊》2009年第1期，83—85页。

⑦ 李文《论段玉裁的"古异平同入说"》,《古汉语研究》1997年第2期，20—24页。

在元音相同的情况下，可以互相对转。这就是通韵。”[①] 同时，他亦指出：“凡元音相近，或元音相同而不属于对转，或韵尾相同，叫做合韵。”[②] 本书从此说。

（二）丁氏通合理论概况

丁履恒在《形声类篇》“通合篇”中，承段玉裁“同类为近，异类为远，非同类而次第相附为近，次第相隔为远，近则相合，远则不合”之理，分古韵十九部为五类：

东、冬、侵、谈为一类；

阳、耕、真（文附于真）、元为一类；

脂、祭、支、歌为一类；

幽、宵、侯、鱼为一类；

蒸、之介于四类之中，亦自为一类。[③]

丁氏自言分古韵为五类，然在实际通合关系中当为六类。

丁氏认为“蒸、之”介于四类之中，亦自为一类。“蒸、之”性质较为特殊：“蒸可上通冬、侵，下合耕、真；之可上合脂、支，下通幽、侯。蒸亦可附东、冬、侵、谈为一类，之亦可附脂、祭、支、歌为类。”[④] 若如此，则仅为四类。我们认为将“蒸、之”各分一类，即分十九部为六类较妥，这样不仅能够彰显蒸、之二部异于他部的特殊性，还能更明确“蒸、之”与其他类韵部在实际运用中的通合情况。因此，我们视丁氏古韵十九部为六类。

此外，丁氏按音的远近排列韵部关系，分古韵十九部为左

---

① 王力《诗经韵读》，《王力文集》第六卷，山东教育出版社，1986 年，25 页。

② 王力《诗经韵读》，《王力文集》第六卷，山东教育出版社，1986 年，36 页。

③ 丁履恒《形声类篇·通合篇》，《续修四库全书》第 247 册，上海古籍出版社，2013 年，252 页。

④ 丁履恒《形声类篇·通合篇》，《续修四库全书》第 247 册，上海古籍出版社，2013 年，252 页。

右两列，以东、侯为界：右列为东、谈、阳、元、祭、歌、宵、鱼，左列为冬、侵、蒸、耕、真（文附于真）、脂、支、之、幽、侯。右列与右列多通，左列与左列多通。其通合关系列图如下：

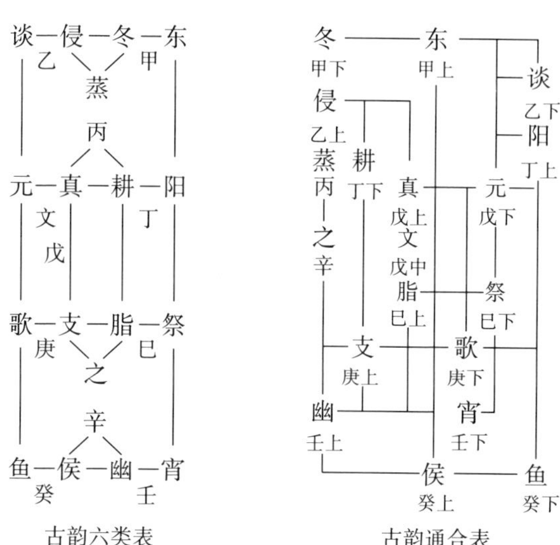

古韵六类表　　　古韵通合表

按：左图为古韵六类；右图为丁氏按音的远近所分的古韵两列。

在此基础上，丁氏综合各家所说归纳出四大通合条例：比类通合、同入通合、同列通合、从类旁合。

“比类通合”是指同一类韵部多可通合，如古韵六类表中东冬同类，东冬比类通合。

“同入通合”是指共享一个入声的韵部多可通合，如古韵通合表中东侯同入通合。

“同列通合”是指同在一列的韵部多可通合。古韵通合表中右列的韵部之间多可通合，如东谈阳元同列通合。

“从类旁合”则需要涉及三个韵部，若A韵部与B韵部以比类、同入或同列通合的条例被认定为通合，B韵部又以这三个条例之一与C韵部通合，则A与C亦通合，属于从类旁合。如侵从蒸合之，侵与蒸为比类通合（古韵六类表），蒸与之为同入通合，则侵与之为从类旁合。

根据这四个条例，丁氏将古韵十九部的通合关系细分为十五条，即：

东冬比类通合一、东侯同入通合二、东谈阳元同列通合三、冬侵蒸比类通合四、侵蒸耕真幽同列通合五、蒸之同入通合六、阳鱼同入通合七、阳元耕真比类通合八、真文元比类通合九、耕真脂支同入通合十、元祭同入通合十一、元祭歌宵鱼同列通合十二、脂祭支歌之比类通合十三、之幽侯比类通合十四、幽宵侯鱼比类通合十五。

丁氏在每一条通合关系下皆说明其依据，主要依据有说文谐声、汉儒音读、诗经韵、群经韵等，我们主要以《诗经》韵为主，理出其中的通合关系，分别将其与段玉裁、王力进行比较，研究其通合理论。

二、通合理论分析

（一）古韵十九部音值与通合条例

1. 古韵十九部音值

李鹃娟根据陈新雄古韵三十二部的拟音原则对丁氏古韵十九部进行拟音，其音值如下表[1]：

① 李鹃娟《丁履恒“合韵理论”与章君“成均图”比较研究》，《声韵论丛》第10期，台湾学生书局，2001年，108页。

主要元音 / 韵尾	ə		ɐ		a	
-ø	之辛部	[ə]	支庚部上	[ɐ]	鱼癸部下	[a]
-ŋ	蒸丙部	[əŋ]	耕丁部下	[ɐŋ]	阳丁部上	[aŋ]
-u	幽壬部上	[əu]	宵壬部下	[ɐu]	侯癸部上	[au]
-uŋ	冬甲部下	[əuŋ]			东甲部上	[auŋ]
-i	脂巳部上	[əi]	祭巳部下	[ɐi]	歌庚部下	[ai]
-n	文戊部中	[ən]	真戊部上	[ɐn]	元戊部下	[an]
-m	侵乙部上	[əm]			谈乙部下	[am]

我们在此基础上对丁氏的通合韵进行研究。

2. 通合条例

丁氏自创四大通合条例，分别为比类通合、同列通合、同入通合、从类旁合。在此，我们从语音的角度对其进行分析。

（1）比类通合

丁氏所列的比类通合有：

东 [auŋ]、冬 [əuŋ]

冬 [əuŋ]、侵 [əm]、蒸 [əŋ]

阳 [aŋ]、元［an］、耕 [ɐŋ]、真 [ɐn]

真 [ɐn]、文 [ən]、元［an］

脂 [əi]、祭 [ɐi]、支 [ɐ]、歌 [ai]、之 [ə]

之 [ə]、幽 [əu]、侯 [au]

幽 [əu]、宵 [ɐu]、侯 [au]、鱼 [a]

由此观之，凡属同一大部的韵部，或主要元音相同、韵尾相近，或韵尾相同、主要元音相近，或主要元音相近。如东 [auŋ]、

冬 [əuŋ] 同为甲部，其主要元音相近，韵尾相同；真 [ɐn]、文 [ən]、元 [an] 同属戊部，主要元音相近，韵尾相同。符合比类通合条例的多为主要元音相近的韵部。

（2）同入通合

丁氏所列的同入通合有：

东 [auŋ]、侯 [au]

蒸 [əŋ]、之 [ə]

阳 [aŋ]、鱼 [a]

耕 [ɐŋ]、真 [ɐn]、脂 [əi]、支 [ɐ]

元 [an]、祭 [ɐi]

我们发现，除“耕真脂支、元祭”外，其余同入通合的韵部主要元音皆相同，主要元音和韵尾的配列十分整齐，一如孔广森之阴阳对转。至于“耕真脂支、元祭”类有所疑义，其主要原因在于祭部分立未尽精当，故而造成其在古韵通合时配列不整齐。然将其与王力的古韵三十部配列情况进行比较，我们可以发现丁氏同入通合条例虽因古韵分部不精当而导致一些不足，但其总体上仍是精确的，颇具进步性。

（3）同列通合

丁氏所列的同列通合有：

东 [auŋ]、谈 [am]、阳 [aŋ]、元 [an]

侵 [əm]、蒸 [əŋ]、耕 [ɐŋ]、真 [ɐn]、幽 [əu]

元 [an]、祭 [ɐi]、歌 [ai]、宵 [ɐu]、鱼 [a]

由此观之，“同列通合”的条件为主要元音相同或相近。

（4）从类旁合

丁氏从类旁合条例是在前面三个条例的基础上产生，运用两个条例或连续运用同一个条例两次而得出的。

丁氏所列从类旁合有（表格中条例 1 指的是第一次运用到的条例，条例 2 是第二次运用到的条例。如东从侯合鱼，条例 1 指的是东侯同入通合；条例 2 则是侯鱼比类通合，最后得出东鱼从类旁合）：

<table>
<tr><th colspan="2">从类旁合</th><th>条例 1</th><th>条例 2</th></tr>
<tr><td rowspan="3">东部 [auŋ]</td><td>从冬 [əuŋ] 合侵 [əm]、蒸 [əŋ]</td><td>比类通合</td><td>比类通合</td></tr>
<tr><td>从侯 [au] 合鱼 [a]、幽 [əu]、之 [ə]</td><td>同入通合</td><td>比类通合</td></tr>
<tr><td>从阳 [aŋ] 合耕 [ɐŋ]</td><td>同列通合</td><td>比类通合</td></tr>
<tr><td rowspan="3">谈部 [am]</td><td>从阳 [aŋ] 合鱼 [a]</td><td>同列通合</td><td>同入通合</td></tr>
<tr><td>从元 [an] 合祭 [ɐi]</td><td>同列通合</td><td>同入通合</td></tr>
<tr><td>从元 [an] 合歌 [ai]</td><td>同列通合</td><td>同列通合</td></tr>
<tr><td rowspan="2">阳部 [aŋ]</td><td>从元 [an] 合真 [ɐn]、文 [ən]</td><td>比类通合</td><td>比类通合</td></tr>
<tr><td>从鱼 [a] 合侯 [au]</td><td>同入通合</td><td>比类通合</td></tr>
<tr><td rowspan="2">元部 [an]</td><td>从祭 [ɐi] 合脂 [əi]、支 [ɐ]、之 [ə]</td><td>同入通合</td><td>比类通合</td></tr>
<tr><td>从宵 [ɐu] 合幽 [əu]</td><td>同列通合</td><td>比类通合</td></tr>
<tr><td colspan="2">祭部 [ɐi]</td><td></td><td></td></tr>
<tr><td rowspan="3">歌部 [ai]</td><td>从支 [ɐ] 合脂 [əi]</td><td>比类通合</td><td>比类通合</td></tr>
<tr><td>从宵 [ɐu] 合幽 [əu]</td><td>同列通合</td><td>比类通合</td></tr>
<tr><td>从鱼 [a] 合侯 [au]</td><td>同列通合</td><td>比类通合</td></tr>
<tr><td colspan="2">宵部 [ɐu]</td><td></td><td></td></tr>
<tr><td colspan="2">鱼部 [a]</td><td></td><td></td></tr>
<tr><td rowspan="2">冬部 [əuŋ]</td><td>从东 [auŋ] 合阳 [aŋ]</td><td>比类通合</td><td>同列通合</td></tr>
<tr><td>从侵 [əm]、蒸 [əŋ] 合耕 [ɐŋ]、真 [ɐn]</td><td>比类通合</td><td>同列通合</td></tr>
</table>

续表

从类旁合		条例 1	条例 2
侵部 [əm]	从蒸 [əŋ] 合之 [ə]	比类通合	同入通合
	从耕 [ɐŋ]、真 [ɐn] 合脂 [əi]、祭 [ɐi]	同列通合	同入通合
	从幽 [əu] 合宵 [ɐu]	同列通合	比类通合
蒸部 [əŋ]	从耕 [ɐŋ] 合阳 [aŋ]	同列通合	比类通合
	从真 [ɐn] 合文 [ən]、元 [an]	同列通合	比类通合
耕部 [ɐŋ]	从真 [ɐn] 合文 [ən]、元 [an]	比类通合	比类通合
	从蒸 [əŋ] 合之 [ə]	同列通合	同入通合
真部 [ɐn]	从脂 [əi] 合之 [ə]	同入通合	比类通合
脂部 [əi]			
支部 [ɐ]	从歌 [ai] 合鱼 [a]	比类通合	同列通合
	从之 [ə] 合幽 [əu]、侯 [au]	比类通合	比类通合
之部 [ə]	从幽 [əu] 合宵 [ɐu]	比类通合	比类通合
	从侯 [au] 合鱼 [a]	比类通合	比类通合
幽部 [əu]	从侯 [au] 合鱼 [a]	比类通合	比类通合
侯部 [au]			

据表可知，丁氏所列从类旁合条例，有的先以主要元音相同或相近而通合，再以韵尾相同或相近而通合，如之 [ə] 从幽 [əu] 合宵 [ɐu]；有的先以韵尾相同或相近而通合，再以主要元音相同或相近而通合，如幽 [əu] 从侯 [au] 合鱼 [a]。因此，我们可以说丁氏从类旁合条例证明了主要元音或韵尾相同及相近为韵部通押的两个主要的条件。

另外，段玉裁提出的“异平同入”说，乃以主要元音相同或相近的阴声韵部、阳声韵部为合韵的条件。孔广森的“阴阳对转”说，虽否定入声韵部，但仍以主要元音相同或相近为韵部通押的条件。历来研究合韵理论的古音学家多是以主要元音作为合韵的条件，未重视韵尾的重要性，而丁氏“从类旁合”条例的提出不仅肯定了主要元音在押韵关系中的重要作用，还肯定了韵尾在通合关系中的作用，弥补了历来学者未重视韵尾的不足。这对通合理论的构建来说，无疑是非常重要的。

（二）通合韵字比较分析

1. 通韵

通韵即对转，对转的首要条件就是主要元音相同或相近，王力在《诗经韵读》中将通韵分为三类：阴入对转、阴阳对转、阳入对转[①]。我们对丁氏《诗经》韵的通合韵字进行整理，其中属于阴阳对转的通韵字如下：

侯部 [au] 通韵入东部 [auŋ]：颙

东部 [auŋ] 通韵入侯部 [au]：巩

蒸部 [əŋ] 通韵入之部 [ə]：膴、赠

鱼部 [a] 通韵入阳部 [aŋ]：家

“颙、巩、膴、赠”，丁氏与段玉裁通合情况同；“颙、膴”王力认为无通合关系；“家”，段玉裁、王力不作韵脚字。

另外，还有一些韵字，王力作通韵，丁氏不作通韵，即那、敦、焞。

那，丁氏作谈部，为谈元合韵；段玉裁和王力同，皆作歌部，为歌元通韵。

敦，丁氏和段玉裁同，皆作文部，为文脂合韵；王力亦作文部，为文微通韵。这与相押韵字的归部有关，丁、段脂微未分，

① 王力《诗经韵读》，《王力文集》第六卷，山东教育出版社，1986 年。

王力将微部从脂部分出，故而造成该分歧。

以上通韵关系皆呈现出主要元音相同的面貌，且与韵尾配列十分整齐。

2. 合韵

王力认为："凡元音相近，或元音相同而不属于对转，或韵尾相同，叫做合韵。"[①] 我们在此将丁氏《诗经》韵的合韵字分为元音相近而合韵、元音相同且不属于对转而合韵、韵尾相同而合韵三类。

（1）元音相近而合韵者

东部合韵入冬、鱼、幽部（auŋ/ əuŋ/a/əu）：戎

东部合韵入元部 (auŋ/an)：共

冬部合韵入东部 (əuŋ/auŋ)：冲

冬部合韵入真部 (əuŋ/ɐn)：躬

侵部合韵入冬部 (əm/əuŋ)：骖、阴、饮、谌、临

侵部合韵入真部 (əm/ɐn)：矜

侵部合韵入宵部 (əm/ɐu)：惨

蒸部合韵入真部 (əŋ/ɐn)：承

阳部合韵入真部 (aŋ/ɐn)：冈

耕部合韵入文部 (ɐŋ/ən)：倩

真部合韵入冬部 (ɐn/əuŋ)：频

元部合韵入耕部 (an/ɐŋ)：罠

元部合韵入祭部 (an/ɐi)：怛

元部合韵入脂部 (an/əi)：怨

脂部合韵入元部 (əi/an)：秩

脂部合韵入支部 (əi/ɐ)：幭

支部合韵入脂部 (ɐ/əi)：积

① 王力《诗经韵读》，《王力文集》第六卷，山东教育出版社，1986 年，36 页。

支部合韵入歌部 (ɐ/ai)：裼

支部合韵入之部 (ɐ/ə)：氏

之部合韵入侯部 (ə/au)：侮

之部合韵入鱼部 (ə/a)：母、谋、士

幽部合韵入真部 (əu/ɐn)：卣

侯部合韵入支部 (au/ɐ)：局

鱼部合韵入之部 (a/ə)：呶

（2）元音相同且不属于对转而合韵者

侵部合韵入蒸部 (əm/əŋ)：音、绬

侵部合韵入幽部 (əm/əu)：集

侵部合韵入之部 (əm/ə)：急、入

侵部合韵入脂部 (əm/əi)：答

谈部合韵入阳部 (am/aŋ)：瞻

谈部合韵入元部 (am/an)：那

谈部合韵入鱼部 (am/a)：业

蒸部合韵入侵部 (əŋ/əm)：兴

阳部合韵入谈部 (aŋ/am)：遑

阳部合韵入元部 (aŋ/an)：行

耕部合韵入真部 (ɐŋ/ɐn)：声

真部合韵入耕部 (ɐn/ɐŋ)：令、领、天、人、渊

支部合韵入真部 (ɐ/ɐn)：疷

之部合韵入脂部 (ə/əi)：疑、子、減

之部合韵入幽部 (ə/əu)：福、疚

幽部合韵入之部 (əu/ə)：裘、告、造、茂

侯部合韵入鱼部 (au/a)：奏

鱼部合韵入元部 (a/an)：盘

鱼部合韵入侯部 (a/au)：祃

（3）韵尾相同而合韵者

东部合韵入冬部(auŋ/əuŋ)：戎

东部合韵入阳部(auŋ/aŋ)：雝

阳部合韵入东部(aŋ/auŋ)：疆

真部合韵入文部(ɐn/ən)：困、麕、晨、畛、恩、邻

真部合韵入元部(ɐn/an)：见、悁

文部合韵入元部(ən/an)：孙

元部合韵入真部(an/ɐn)：宴、嫄

元部合韵入文部(an/ən)：璊、川、顺、艰、鳏、苑

脂部合韵入祭部(əi/ɐi)：结、戾、翳、旆

祭部合韵入脂部(ɐi/əi)：葛、热、嘒

幽部合韵入宵部(əu/ɐu)：滔、纠、蜩、谯、舟、朝

宵部合韵入幽部(ɐu/əu)：敖、绍、赵、髦

侯部合韵入幽部(au/əu)：揄、趣、苟

通过对丁氏所有合韵字的整理，我们发现其合韵条件与王力所说吻合。丁氏不仅注意到合韵之主要元音的关系，还注意到韵尾的关系，其所有合韵字皆能以该理论得到合理解释。在当时学者尚未注意到韵尾重要性的情况下，这无疑是极大的发现和进步。

我们知道，丁氏与段玉裁、王力有很多合韵情况不同，原因主要有三点：归部不同、韵脚字判定不同、校勘问题。在此，我们将其与段玉裁、王力的合韵字进行比较，将其中因归部不同而导致合韵情况有异的合韵字归纳出来，列举如下：

冲，丁合韵东部，本音冬，段入东，王入侵部

躬，丁合韵真部，本音冬，段入东，王入侵部

局，丁合韵支部，本音侯，段入幽，王入屋部

结，丁合韵祭部，本音脂，段入真，王入月部

呶，丁、段皆合韵之部，本音鱼，王入宵部

螣，丁、段皆合韵之部，本音蒸，王入职部

急，丁、段皆合韵之部，本音侵，王入缉部

业，丁、段皆合韵鱼部，本音谈，王入盍部
倩，丁、段皆合韵文部，本音耕，王入真部
睘，丁、段皆合韵耕部，本音元，王入耕部
颀，丁、段皆合韵脂部，本音文，王入微部
荅，丁、段皆合韵脂部，本音侵，王入缉部
傩，丁、段皆合韵歌部，本音元，王入歌部
裼，丁、段皆合韵歌部，本音支，王入锡部
怓，丁、段皆合韵幽部，本音鱼，王入宵部
告，丁、段皆合韵之部，本音幽，王入觉部
裘，丁合韵之部，本音幽，段、王皆入之部
侮，丁合韵侯部，本音之，段、王皆入侯部
朝，丁合韵宵部，本音幽，段、王皆入宵部
那，丁合韵元部，本音谈，段、王皆入歌部
矜，丁合韵真部，本音侵，段、王皆入真部
葛、热，丁合韵脂部，本音祭，段入脂部，王入月部

这些合韵字可大致分为以下几种情况：

第一，语音系统分布的差异。

“冲、躬”，丁氏归冬部，段玉裁归东部，王力归侵部[①]。丁氏东、冬分部，段玉裁将东、冬并为第九部，王力《诗经》韵将冬部并入侵部，认为在《诗经》韵中，冬部尚未从侵部独立出来。

自孔广森提出东、冬分部以来，冬部独立与否及其与东、侵部的关系一直是学界争论的焦点。顾炎武、江永、戴震、朱骏声认为东、冬合；段玉裁、王念孙早年认为东、冬合，晚年则认同东、冬分部；孔广森、江有诰、黄侃、李方桂、董同龢等人认为东、冬当分；章太炎早年认为冬部独立，晚年则将冬部归入侵部；严可均在《说文声类》下篇将冬部归入侵部；王力认为《诗经》

① 王力《诗经韵读》“冲”“躳”属侵部，郭锡良《汉字古音手册》属冬部。

中冬部归侵部，《楚辞》中东、侵、冬三分。

由于语言是不断发展变化的，非一时一地之产物，它不仅会受到时代的影响，也会受到地域的影响。因此在考察东、冬、侵三部分合问题时，应该综合考虑材料的时代性和地域性。

总之，“冲、躬”二字，丁、段、王的合韵情况不同，其主要原因就在于三者体系的不同。

“局 、结、膴、急、业、答、裼、告、葛、热”，王力归为入声韵部，与丁、段不同，其原因在于各自体系不同。王力将入声韵部独立出来，丁、段皆未独立。

“颀”，丁、段皆合韵脂，本音文，王力入微。此处为王力脂、微分部，丁、段未分。脂微分部乃王力之创见。

第二，字在转抄过程中不同。

“睘”，丁、段皆合韵耕，本音元，王入耕。

段曰：“睘，本音在第十四部，《诗 · 杕杜》合韵菁、姓字，一作茕茕，则在本韵。”①

《诗经》“杕杜”有二，分别属唐风、小雅。此处为前者。《经典释文》《毛传》皆认为“睘”本亦作“茕”，“茕”为耕部，故王说为是。此处当不作合韵。

第三，谐声声符与《诗经》韵相矛盾。

段玉裁提出“同声必同部”的理论，他认为谐声声符相同的谐声字当属同一韵部。在此基础上，他还制作了《谐声表》，将其认为音同及音近的谐声声符分别归入各部，共计声符 1521 个。段氏认为“一声可协万字，万字而必同部”，在实际研究中，这显然也是一种科学的方法。

然而，并不是所有同谐声的字归同一韵部，谐声声符有时与

---

① 段玉裁《六书音均表》“诗经韵分十七部表”，音韵学丛书本，中华书局，1983 年，50 页。

《诗经》用韵会产生矛盾。如甲字从乙声，乙为丙部，按段氏的理论甲亦归入丙部，然这与《诗经》用韵有出入，按《诗经》韵甲当归入丁部。出现这样的矛盾，究其主要原因还是时代和地域的问题。王力认为“谐声时代比《诗经》时代早得多”。[①] 由于语言非一时一地之产物，会随时代和地域的变迁而有所变化，因此有些字在造字时代，谐声声符与字音相谐合，到了《诗经》时代，语音则发生了变化。且《诗经》有十五国风，地域广阔，收录西周初年至春秋中叶的诗歌，时间跨度亦很大。故而，谐声声符与《诗经》韵产生矛盾是必然的。

然而如何解决该矛盾呢？比较通行的看法是，当谐声声符与《诗经》韵发生矛盾时，原则上应以《诗经》韵为主。[②]

以上所列合韵字，除了一、二两种情况的韵字，其余皆属该情况。

“呶、倩、傩、恢”四字，丁、段同，皆拘于“同声必同部”理论，按谐声声符归部，王力则按《诗经》韵归部。

“呶”，奴声，奴为鱼部，故丁、段将其归为鱼部。《诗经》“宾之初筵”，王力认为“号”“呶”相协，皆为宵部，无合韵。然丁、段认为“号”不入韵。我们从王说，根据诗歌前后关系，“号”当入韵，与“呶”相协。

“倩”，青声，青为耕部，故丁、段将其归为耕部。《诗经》“硕人”，倩、盼相协，盼为文部。王力根据《诗经》韵认为“倩”当入真部。我们从语音角度分析，王力拟音：耕 [eŋ]、真 [en]、文 [ən]，“耕”“真”元音相同、韵尾相近，容易相混，且相比

① 王力《诗经韵读》,《王力文集》第六卷，山东教育出版社，1986 年，20 页。本人曾对所谓的“谐声时代”提出过质疑，认为这是一个伪命题，详见下一章“利用古文研究上古音的反思”。

② 汪启明《〈六书音均表・四〉合韵字研究》,《楚雄师专学报》1987 年第 2 期，86—96 页。

“耕”“文”,“真”“文”更相近，故“倩”入真部与《诗经》韵更谐合。而丁、段拘于“同声必同部”说，将其归入耕部。

“傩”，难声，难为元部，故丁、段将其归为元部。《诗经》“竹竿”,“傩”协“左、瑳”,“左、瑳”为歌部。王力根据《诗经》韵认为“傩”既然与“左、瑳”相协，则不必再归入元部。且歌元相近，根据《诗经》韵“傩”入歌部更合适，不必拘于谐声声符之归部。

“怓”，奴声，奴为鱼部，故丁、段将其归为鱼部。《诗经》“民劳”,“怓”协幽部“休、逑、忧”，王力将其归入宵部。首先从拟音上看，宵 [ô]、幽 [u] 较鱼 [ɑ]、幽 [u][1] 读音近；其次,“呶”与“怓”皆从奴声，读音相近，“宾之初筵”篇，“呶”协“号”，入宵部。故根据《诗经》韵“怓”当入宵部。

“裘、侮、朝、那、矜”五字，丁氏拘于“同声必同部”理论，按谐声声符归部，而段、王则根据《诗经》韵归部。

“裘”，求声，求为幽部，故丁氏将其归入幽部。《诗经》“终南”,“裘”协之部“梅、哉”。故段、王根据《诗经》韵将“裘”归入之部，此处无合韵。

“侮”，每声[2]，每为之部，丁氏与侯部合韵。《诗经》“行苇”,

---

① 此处为王力古韵三十部的拟音。

② 李守奎认为“侮”不是形声字。第一，古文字中的“侮”从矛声，是侯部字，与“每”无涉。第二，古文字中“每”与“母”都是明母之部字，作音符可以互作。例如楚简之“海”即秦印之“海”。第三，至迟西汉时有些方言中“每”与“母”发生分化，“母”字已经转入侯部，“侮”可以是“侮”的异构。《汉书·五行志》“慢侮之心生”中的“侮”即“侮”。第四，根据古文中“每”与“母”互作类推，“侮”被转写作“侮”。这个时候“母”与“每”读音已经分化，“每”取代“母”只是历史上字形之间的纠葛，对于当时的文字系统而言是个假音符，“侮”是个假形声字。第五，“每”与“侮”的读音并不和谐，却能强势取代了谐声的“侮”。合音理的“侮”被不合音理的“侮”所取代，必有其他理由。“侮”在“古文”中是“姆”字的异体，中山王鼎“隹俌侮氏从”即“唯傅、姆是从”,“侮”已经占位，“侮”在区别度上就有了优势。第六，这些变化是语音变化与汉代“古文”复兴交互作用的结果。详李守奎、王永昌《段玉裁“古谐声偏旁分部互用说”的文字学观察——兼论汉字中的“假形声字”》,“出土文献与传世典籍的诠释”国际学术研讨会论文，复旦大学出土文献与古文字研究中心主办，2017 年 10 月 14—15 日。

“侮”协侯部“句、锻、树”。且《诗经》中“侮”作韵脚字共计4次，除了《行苇》,《绵》《正月》《皇矣》中“侮”皆协侯部字。因此，段、王根据《诗经》韵将侮归入侯部，此处无合韵。

“朝”，舟声，[①]舟为幽部，故丁氏将其归入幽部。《诗经》的“河广”，“朝”协刀，刀为宵部。且《诗经》中“朝”作韵脚字共计4次，除了《河广》,《硕人》《羔裘》[②]《白驹》中“朝”皆协宵部字。故段、王根据《诗经》韵将其归入宵部，此处无合韵。

“那”，冄声，冄为谈部，故丁氏将其归入谈部。《诗经》“桑扈”,“那”协元部“翰、宪、难”。从王力拟音来看，歌[ai]、元[an]、谈[am]，谈元皆为阳声韵，歌元可阴阳对转，就《诗经》韵而言，将“那”归为歌部更谐合。

“矜”，今声，今为侵部，故丁氏将其归入侵部。《诗经》中“矜”作韵脚字共计3次,《菀柳》中“矜”协真部“天、臻”;《何草不黄》中“矜”协真部“玄、民”;《桑柔》中“矜”协真部“填、天”。故段、王根据《诗经》韵将“矜”归入真部，无合韵。

因此，丁氏判定合韵字虽然合理有据，但其拘泥于“同声必同部”的理论，忽略与《诗经》韵的谐合关系，误判韵字的归部，从而导致很多不必要的合韵，这是其不足之处。

本章引用李鹃娟丁氏古韵十九部的拟音对丁氏通合理论进行分析，发现丁氏创造的四大通合条例对古韵研究有着重要的作用，这些条例不仅将主要元音相同或相近作为通合的条件，还重

① 李守奎认为“朝”不是形声字，其左旁所从是“日在艸中”，类似于“莫”，右旁则为“川”，学者多以为是“潮”之本字。讹变得与“舟”形相近的时代很晚，直到东汉用例还很少。详李守奎、王永昌《段玉裁“古谐声偏旁分部互用说”的文字学观察——兼论汉字中的“假形声字”》,“出土文献与传世典籍的诠释”国际学术研讨会论文，复旦大学出土文献与古文字研究中心主办，2017年10月14—15日。

②《诗经》的《羔裘》有三，一属《郑风》，一属《唐风》，一属《桧风》，此处为《桧风》。

视韵尾的作用，认为韵尾相同或相近亦可实现通合。然而当时古音学家多以主要元音为通合条件，未重视韵尾的作用，丁氏这一发现对古音学研究的贡献无疑是极大的，同时也彰显了其古音学观念的先进性。

丁氏通韵字呈现出主要元音相同的面貌，且与韵尾配列十分整齐，然亦有一些字与段玉裁、王力不同，主要原因在于古韵归部的不同。

丁氏合韵字与段玉裁、王力进行比较，主要有三类情况：

1. 语音系统分布的差异导致合韵情况不同。主要差异在于丁氏古韵十九部，东冬分、祭部独立、脂微不分、入声不独立；段玉裁古韵十七部，冬部并入东部，祭、微部并入脂部，入声不独立；王力《诗经》韵二十九部，冬部并入侵部、脂微分、入声独立。

2. 字转抄不同而导致合韵不同。“罠”本写作“茕”，后因转抄不同而导致归部不同，从而与《诗经》韵有矛盾，可按本字归入耕部，不作合韵。

3. 谐声声符与《诗经》韵有矛盾而导致合韵情况不同。丁氏拘泥于“同声必同部”理论，将一些韵字按谐声声符归部，从而与《诗经》韵不谐合，出现许多不必要的合韵。此为丁氏之不足。

总之，丁氏注意到元音和韵尾在通合关系中的重要作用是极有见地的，然其在具体韵字上拘泥于“同声必同部”理论，不结合《诗经》韵分析，此其不足之处。

第三节 《形声类篇》谐声理论研究

丁履恒《形声类篇》中的“余论”部分即其谐声理论。主要针对《说文解字》以及当时学者对谐声的普遍认识，提出自己对谐声的七点看法。丁氏认为“同声不一定同部”，值得肯定，然其对谐声字认识不足，导致一些象形、会意字误为谐声字；丁氏较好地对异读字进行归部，且纠正了时人一些错误的谐声认识，同时已能较好地利用古文字补正谐声声符。

丁氏对谐声提出七点看法，每个看法后均列数十例加以说明。

（1）同得声字分收各部

如前文所述，丁氏拘泥于“同声必同部”，但他也认识到，有一些谐声字是“同声不同部”的，即声符相同却各属不同韵部，并举例加以说明。如“员、肙”皆从口声，“员”在文部，“肙”在元部。

（2）与所从得声字不同部

丁氏认为有些谐声字所在的韵部与其得声字所在韵部不同，并举例说明。如“叢”从取声，“丛”在东部，“取”在侯部。

（3）字可两读应兼收二部

丁氏列举了一些多音字，认为这些字当兼属两个韵部。如“丨，引而上之读若囟，引而下之读若退”，收真、脂部。[①]

（4）字可两读应专收一部

与第三点类似，此处丁氏列举一些应该收入一个韵部的异读多音字。如“昕”有微、隐二韵两读，应专收文部。

（5）从偏旁省声形近而讹

① 关于“丨”字，裘锡圭认为“丨”为“针”之初文，《说文》“丨”字有“囟”、“退”二音。“囟”与可用“丨”、“十”为声的“慎”同属真部，其声母与可用“弄”为声的“愻（逊）”同属心母。“退”属微部，微部与“寸”、“尊”、“愻”、“训”等字所属的文部有阴阳对转关系；其声母属透母，跟“丨”、“十”、“弄”等字的声母很相近。故《说文》的“丨”应该就是“针”的初文，只不过许慎已经不知道这一点了。其“引而上行”“引而下行”之说虽难以相信，但“囟”和“退”这两个读音还是有根据的。至于按照一般古音系统属于侵、缉部的“丨”（针）、“十”、“弄”等字，为何有真、文部的音，有待进一步研究。裘先生在注中说，沈培《上博简〈缁衣〉篇“卷”字解》对此有解释。详《释郭店〈缁衣〉“出言有丨，黎民所訁”——兼说丨为“针”之初文》，原载荆门郭店楚简研究（国际）中心编《古墓新知——纪念郭店楚简出土十周年论文专辑》，国际炎黄文化出版社，2003年。裘锡圭《中国出土古文献十讲》，复旦大学出版社，2004年。又收入裘锡圭《裘锡圭学术文集》第2集“简牍帛书卷”，复旦大学出版社，2012年。

丁氏认为一些谐声字从与偏旁形近的字得声（省声）是错的，并一一改正。如“揣，从瑞省声”是错的，当从耑声。

（6）得声之字形近相讹应改正

一些形近谐声声符因讹而相同，丁氏改之。如“沥”，讹为万声，丁氏改为厉声。

（7）得声字应从古文偏旁补入

丁氏补列一些他认为当作谐声声符而未作的古文字。如“终”的古文“穼”，当补为谐声声符。

以上七点，丁氏皆举例加以说明，我们将其中的谐声字分为以下四类分别加以分析：

（1）同声不同部的谐声字

（2）异读字的归部

（3）对谐声声符的判断

（4）补作谐声声符的古文字

一、同声不同部的谐声字

段玉裁认为：“一声可谐万字，万字而必同部，同声必同部。”[①] 段氏此说是上古音研究的一大贡献。然事实上仍有相当一部分同谐声而不同部的谐声字存在，段氏提出“合韵说”“异部谐声说”试图对这“同声不同部”的现象做出解释。

丁氏充分认识到了“同声不同部”的问题，并举例说明，这证明丁氏不但注意到“同声不同部”的现象，而且认识到了谐声字的复杂性，这在当时看来，其谐声理念颇为先进。

现就丁氏所列谐声字中揭出与现代学者谐声认识有异议的数例，做相应分析，从而进一步了解丁氏的谐声理念。

① 段玉裁《六书音均表》“今韵古分十七部表·古谐声说”，音韵学丛书本，中华书局，1983年，17页。

（一）同谐声而不同分部

1. 员、肙、韦

丁氏认为“员、肙、韦同从囗声，囗、韦在脂部，员收文部，肙收元部”。

员，《说文·员部》：“员，物数也。从贝，囗声。”“员”当是“圆”的本字。列出该字的古文字字形，便一目了然。

甲骨文作（合 20592）、（合 10978）。金文作（○鼎·03·1065）、（员父尊·11·5861）、（孟狴父鼎·考古 89·6）。春秋战国作（秦·石鼓文）、（齐·陶汇 3·1061）、（晋·文字 6·26 陶汇）、（楚·郭店缁衣 45）、（楚·郭店·唐 19）、（楚·郭店缁衣 18）。汉代文字作（西汉·马·星 33）、（西汉·居延图 203）。

很明显，甲骨文、金文都从鼎从○，○亦声。林义光《文源》、孙海波《卜辞文字小记》均指出此字从鼎从○，因为鼎口是圆的。汉代文字中“鼎”讹为“贝”，《说文》遂误为“从贝囗声”。该字从“○”声而非“囗”声。“员”“○”属元部。

“肙”，《说文·肉部》：“肙，小虫也。从肉，口声。一曰空也。”林义光《文源》：“口非声，肙象头身尾之形，即蜎之古文。”《说文·虫部》：“蜎，蜎也，从虫，肙声。”段注曰：“肙也。”王筠《说文句读》：“肙，此蜎之古文也。”但古文字中未见“肙”。黄德宽等释为“口食肉饱厌之意”[①]。

刘钊认为，《说文》对“肙”字的说解令人生疑。其实“肙”字是一个省形分化字，其来源的母字是“猒”。

金文“猒”作（商猒簋 07·4111）、（沈子它簋盖 08·4330）、（毛公鼎·铭文选一 447）。

《说文·甘部》：“猒，饱也。从甘从肰。”

① 黄德宽等《古文字谱系疏证》，商务印书馆，2007 年，2562 页。

刘钊认为："《说文》对猒字的分析据晚期形体立说，不甚允当。按金文猒字、、，字皆从肙从犬，而肙字则为从口从肉，肙字早期并不从'甘'，从'甘'乃后世的变形音化……猒字从肙从犬，分析其构形有两种可能：一种可能是肙字本即猒字初文，像口啖肉形，故有'饱'义，犬字乃后来追加的意符或音符；一种可能是肙与犬组合成会意字，会犬以口啖肉之意，但犬与肙字笔划不连，似乎是一个不好解释的现象。如果是第二种可能，那么肙字就应是从猒字截取部分构形分化出的一个字，字音仍沿猒字读音，但有些变化。古音猒在影纽谈部，肙在见纽元部，声为喉牙通转，古音谈部与元部或可相通……猒字异体又作'猒'，变形音化为从'厶'得声，肙字异体也作'肙'，其演变相同，这也是二者本是一个来源的旁证。肙字在文字系统中不单独使用记录语言，只是作为一个声符，作为一个构形因素组成复合形体。"①

因此，我们认为"肙"为会意字而非形声字，从口从肉，与母字"猒"同为饱义，从"囗"声不妥，应为谐声声符，属元部。

韦，《说文·韦部》："韦，相背也，从舛，囗声。兽皮之韦，可以束枉戾、相韦背，故借以为皮韦。"丁氏据《说文》从囗声，并归入脂部。

该字古文字字形如下：

1 商·乙 2118《甲》	2 商·甲 2258《甲》	3 商·金 209《甲》	4 商·乙 248《甲》

① 刘钊《古文字构形学》（修订本），福建人民出版社，2011 年，119—120 页。

5 商·乙衙爵《金》	6 商·衙爵《金》	7 春·春韋俞父盤《金》	8 春戰·普·侯馬 16.3
9 戰·齊·璽彙 3440	10 戰·楚·包 259《楚》	11 戰·楚·包 273《楚》	12 戰·楚·曾 112《楚》
13 秦·睡 14.89《篆》	14 魏·石經·書·無逸《篆》		

李孝定《甲骨文字集释》认为甲骨文的“韦”即“围”。《说文·囗部》:“围,守也。从囗,韦声。”金文中该字像四只脚围着城邑,从四止从囗,为“围”之初文。甲骨文从三止或二止。从字形上看,“韦”当为会意字,非从“囗”声,应作谐声声符,属微部。

从以上分析可知,“员”从“○”声而非“囗”声,属元部;“肙”为会意字而非形声字,属元部;“韦”为会意字,属微部。丁氏不但对其归部判断有误,其字形分析也有误。

2. 矞、巂、商

丁氏认为“矞、巂、商同从冏声,冏、商在祭部,矞收脂部,巂收支部”。

“矞”,《说文·冏部》:“矞,以锥有所穿也。从矛从冏。一曰满有所出也。”段注:“小徐作‘冏’声,会意兼形声也。”丁氏从徐锴说,认为从“冏”声。

古文字中未见该字单独使用,只在其他古文字中作偏旁。西周金文有“遹”,写作“[illegible](盂鼎)、[illegible](𢦚钟)、[illegible](善夫克鼎)”,其所从的“矞”旁,从矛从丙,并不从“冏”,早期古文字“丙”“内”区分很严：

丙	内
（合19777） （合20463） （合17275反） （合1098）	（乙4667） （前4·28·3）
（丙爵） （父丙鼎） （重父丙觯） （何尊）	（井侯簋） （散盘）
（战国·齐·子禾子釜） （战国·晋·玺汇1164） （战国·楚·包171） （秦·石鼓文） （秦·睡·封34）	（鄂君舟节） （中山王壶）

战国楚文字（包107），其右旁之“矞”明显是上从矛下从丙。《说文》所言从矛从冏，当为丙下加饰笔“口”，非“冏”。因此，我们认为，“矞”最初当从矛从丙，“丙”为器物之底座义，那么“矞”义为“以矛刺器物之底座”，为会意字，从“冏”声不妥，属质部。

“巂”，《说文·隹部》：“巂，周燕也。从隹，屮象其冠也，冏声。”丁氏从《说文》。

该字甲骨文作（合9758正）、（合8716）、（合26842）、（英133）、（合5268）、（合5269），从隹。金文作（巂亚卣·文献集成43册172页）、（达盨盖·文物90·7）。其上有“”像其冠饰，其尾部像分叉之形，《说文》释为“周燕也”，恰似燕尾，与“丙”相似。到战国文字或于“丙”内加“口”为饰，遂与“冏”相混。因此，我们认为该字当为象形字，从冏声不妥，应作谐声声符，属支部。

裔，《说文·衣部》：“裔，衣裾也，从衣，冏声。”该字甲骨文未见，战国金文作（陈逆簋），战国玺印作（十钟印举），由字形看，可以分析为“冏”声，属月部。

从以上分析可知，“矞”为会意字，“巂”为象形字，“裔”为从“冏”声的形声字，字形分析中丁氏误二。关于归部，由丁氏系统看，无误。

3. 峕、妻、离、叀、蚩、疌

丁氏认为“峕、妻、禼、叀、蚩、疌同从屮声，屮峕在祭部，妻收支部，禼收歌部，叀蚩收元部，疌收谈部”。

峕，《说文·自部》：“峕，危高也。从自屮声。”林义光《文源》谓“屮象高出之貌”。按林说，峕为会意字。该字只作为构形部件出现，至今未见在古文字中单独使用。属月部。

妻，《说文·女部》：“妻，妇与夫齐者也。从女，从屮，从又。又，持事，妻职也。”《说文》认为该字为会意字，丁氏作形声字，从屮声。

该字甲骨文作（合691正）、（合696）、（合17382）、（合34086），西周金文作（父丁罍）、（农卣）、（吊皮父簋），战国文字作（战国·楚·包91），秦汉文字作（秦·睡·秦201）、（西汉·帛·老子乙前11上）。对甲骨文字形的解释，虽有不同意见，但均认为是“妻”字无疑，且可看出是会意字。后字形有所变化，农卣上讹为“甾”，楚文字则讹为“弁”，到西汉时变得与今相同。然字义未变，始终是男子配偶之义。该字当为会意字，丁氏作形声字从“屮”声不确。属脂部。

离，《说文·内部》：“离，山神，兽也。从禽头，从厹，从屮。”该字甲骨文作（合20726）、（合10812甲）、（合6387）、（合10811），隶作“隹”。金文及秦汉文字作（父丁簋）、（離作宝壶）、（战国·晋·玺汇3119）、（战国·晋·古幣233）、（战国·晋·古币234）、（秦·十钟3·62）、（秦·睡24·28）、（西汉·帛·老子甲143）、（西汉·帛·老子甲后334）。甲骨文从𠦒（罕）从鸟，会以有柄的罕捕鸟之意，罗振玉以为即“離”。西周文字或加廾形，上“隹”讹变为“林”。战国时“林”省为“木”，“木”再省则为“屮”，遂与“罕”合并成“离”，再加“隹”而变成“从隹离声”的形声字。本为会意，战国后因演变成“離”则为形声字。属歌部。

叀，《说文·叀部》：“叀，专小谨也。从幺省；屮，财见也；屮亦声。”丁氏从《说文》认为叀从屮声。

该字甲骨文作（合20401）、（合32192）、（怀1402）、（合16468），金文及秦汉文字作（周早·何尊）、（周晚·克鼎）、（周晚·毛公㕓鼎）、（春晚·哀成叔鼎）、（秦陶1042瓦）。该字的甲骨文字形，多数学者认为像纺砖形，但多用为“惠”。该字为象形字，丁氏认为其为屮声不确。属元部。

蚩，《说文·虫部》：“蚩，虫曳行也。从虫，屮声。”甲骨文、金文未见该字，战国云梦秦律作，睡虎地秦简作，其下为“虫”，上为“屮”，可认为是“屮”声，属元部。

疌，丁氏作㨗。《说文·止部》：“疌，疾也。从止，从又。又，手也。屮声。”徐灏《说文解字注笺·止部》：“㨗，戴氏侗曰：‘疌、㨗实一字。’”甲骨文、金文未见该字，战国文字作（十钟印举），今暂从《说文》为“屮”声，属盍部。

从以上分析可知，“省、妻、离”为会意字，“叀”为象形字，对于“蚩、疌”二字，在没有新证据的情况下，暂从《说文》为形声字。由此可知，丁氏六字中有四字误为形声，其归部尚合理。

4. 日、失、戹

丁氏认为“日、失、戹山从乙声，乙日失在脂部，戹收支部”。

日，《说文·日部》：“日，实也，太阳之精不亏。从口、一，象形。”丁氏认为该字从乙声。

该字甲骨文作（合20905）、（合27990）、（合28569）、（合36025），商周金文作（商·日癸簋）、（商·六礼𠨍其卣）、（周早·作册魖簋）、（周中·𤸫钟），春秋战国文字作[glyph]（春晚·吉日壬午剑）、[glyph]（战国·齐·陶汇3·718）、[glyph]（战国·燕·古币303）、[glyph]（战国·晋·蚉壶）、[glyph]（战国·楚·包19），秦汉时已与今字形同：[glyph]（秦峄山碑）、[glyph]（西汉·帛·老子甲138）。甲骨文像日之形，但有圆有方，金文以下渐趋凝固为方形，到秦汉文字时，与今同形，是典型的象形字。丁氏作形声字非。

失，《说文·手部》："失，纵也，从手乙声。"该字古文字字形如下[①]：

[glyph] 1 商·後 1.19.6《甲》	[glyph] 2 商·存 2225《甲》	[glyph] 3 商·珠 679《甲》	[glyph] 4 周晚·兮甲盘《金》
[glyph] 5 戰·楚·包 80《楚》	[glyph] 6 戰·秦·祖楚文	失 7 秦·睡 20.19《篆》	[glyph] 8 西漢·開威簡·服傳 31《篆》

丁山《商周史料考证》谓甲骨文该字即"失"之初文，此观点得到李家浩的肯定。[②] 季旭昇谓该字为象形，据此则丁氏析为形声有误。

戹，《说文·户部》："戹，隘也。从户，乙声。"丁氏从《说文》。

戹，金文作[glyph]（周早·录伯𢦚簋盖）、[glyph]（周晚·毛公鼎），字形像驾于牛马颈上以控制牛马的驾具。该字在战国文字中，仍与金文字形保持一致，如[glyph]（战国·楚·天策）、[glyph]（战国·楚·天策）、[glyph]（秦·睡·法179），但在西汉的流沙简中，上部讹为户

① 字形取自季旭昇《说文新证》，福建人民出版社，2010年，881页。

② 丁山《商周史料考证》，中华书局，1988年，197—198页。李家浩《读〈郭店楚墓竹简〉琐议》，《中国哲学》第20辑，辽宁教育出版社，1999年，343—344页。

形，下部讹为乙形，如（西汉·流沙简），《说文》小篆即本此。为象形字。丁氏认为其从乙声，系沿许慎之误。

从以上分析可知，“日、失、㞢”皆为象形字，丁氏皆误以为形声字从乙声不妥，归部合理。

以上丁氏列举了一些同谐声但分部不同的谐声字。他并没有完全按照段氏“同声必同部”的谐声理论，而是根据自己的研究提出不同的看法，这是其进步之处，然丁氏对于具体的谐声字并没有深入考察，太过迷信《说文》，故将不少非谐声字沿许慎之误作谐声字，以致具体汉字归部不确，从而影响其古音研究。

（二）与得声之字不同部

丁氏列举了一系列与得声之字不同部的谐声字，进一步说明“同声不同部”的观点。如“充从育省声，育在幽部，充收东部”，“叢从取声，取在侯部，叢收东部”[①]，“農从囟声，囟在之部，農收东部”，“贛从竷声，竷在侵部，贛在东部”，“熊从炎省声，炎在谈部，熊收东部”，“㶣从干声，干在元部，㶣收侵部”，“斯从其声，弭从耳声，其耳在之部，斯弭收支部”，共 54 例，此不赘述。

我们将丁氏列出的谐声字进行了分析，发现其中有些谐声字声符判断错误，因而不当归为“同声不同部”，兹举例如下：

1. 参

丁氏认为“参从㐱声，㐱在真部，参收侵部”。

《说文·晶部》：“曑，商星也。从晶，㐱声。参，曑或省。”丁氏从《说文》。

该字商代到春秋金文作（商·葡参父乙盉）、（周中·裘卫盉）、（周晚·㝬钟）、（周晚·毛公鼎）、（春秋·者減钟）。像参宿三星在人头上，光芒下射之形。从字形看，后

① 为解说方便，本章有些字采用繁体。

加“三”声或“彡”声。在战国文字中，或省人形，如（战国·晋·鱼颠匕），或“人”形与“三”全省，如（战国·楚·信1·3）与（战国·楚·包12），或“人”形与“三”或“彡”合，如（战国·晋·玺汇3773）、（战国·楚·郭店·语丛三67）。在秦汉文字中，“人”形与“三”合成“参”，如（秦·睡17·138）、（西汉·帛·老子甲431），《说文》所谓“参”声即本此。故该字从“参”声不确，此乃字形讹误，非声旁，当从“三”声。

2. 習

丁氏认为“習从白声，白在脂部，習收侵部”。

《说文·習部》：“習，数飞也。从羽，从白。”徐锴：“从羽，白声。”丁氏从徐说。

習，小篆已讹为从羽从自，许慎据讹变之形体从羽，徐锴径认为从白声，丁氏从之，不妥。習，甲骨文作（合31669）、（怀1393）、（合39441）。唐兰认为甲骨文从日，彗声。[①]甲骨文“彗”作（合33717）、（粹863）。该字金文未见，至战国时该字仍基本保持与甲骨文同形，如（战国·晋·玺汇2425）、（战国·晋·玺汇2181）、（战国·楚·郭店·语三13），但“彗”形与“羽”形已相混。战国时期，“羽”作（战国·晋·货系319）、（战国·楚·包260），故《说文》以为从“羽”。秦汉文字“日”讹为“目”，如（秦·睡54·50）、（西汉·定县竹简44），《说文》遂认为从“白（自）”，徐锴更误为从“白”声，非。

3. 兢

丁氏认为“兢从丰声，丰在祭部，兢收蒸部”。

《说文·兄部》：“兢，竞也。从二兄，二兄，竞意。从丰声。

① 唐兰《殷墟文字记》，中华书局，1981年，16页。

读若矜。一曰兢，敬也。”丁氏从此说。

该字西周晚期金文作[illegible]（尉从盨 09·4466），战国晚期金文作[illegible]（七年相邦吕不韦戟·新收 480 页），西周金文还有一[illegible]（𢼊簋·06·3630），季旭昇认为是“兢”[1]，董莲池另立“𢼊”字头[2]。林义光《文源》认为该字不能释作二兄相竞，从字形上看为两人首戴物形，戴重物于首，故常戒惕。季旭昇认为其本字当为[illegible]，从玉从兄，为会意字，人守玉戒慎之义。其后，或因用为地名的缘故，故常写成复体，后世遂习沿之，如[illegible]（西汉·老子乙 214 下），但已有二“玉”形讹为二“丰”形者，如[illegible]（西汉·苍颉篇 26），故许慎“从丰声”不妥，此为字形讹变。[3]

4. 必

丁氏认为“必从戈声，戈在之部，必收脂部”。

《说文·八部》：“必，分极也。从八、弋，弋亦声。”丁氏从《说文》。

甲骨文作[illegible]（合 14034 正）、[illegible]（合 37473）、[illegible]（怀 962），像戈柲形，本义即为戈柲，为“柲”之初文。至西周，文字左右加两点为饰，如[illegible]（走马休盘·16·10170）、[illegible]（南宫乎钟·01·181·2）、[illegible]（无叀鼎·05·2814），后来逐渐讹为“戈”形。战国楚系文字与秦系文字，把金文所加的两点饰笔逐渐拉长而成“八”，如[illegible]（楚·包 127）、[illegible]（秦·十钟 3·2），为《说文》小篆文所本。该字当为象形。

以上丁氏列举了很多他认为“与得声之字不同部”的谐声字，然亦有不少谐声字判断错误，我们选取其中的“参、習、兢、必”这四个丁氏判断不合理的谐声字，并对其进行分析，发现其中或为会意字、象形字，丁氏作形声字，或形声字丁氏声符判断错误。故

① 季旭昇《说文新证》，福建人民出版社，2010 年，714 页。
② 董莲池《新金文编》，作家出版社，2011 年，1231 页。
③ 季旭昇《说文新证》，福建人民出版社，2010 年，714—715 页。

丁氏在具体字例的分析上尚有不足，从而影响古韵归部。

二、异读字的归部

异读字，丁氏叫作“两读字”。异读字的归部问题，是学界关注的一个焦点。丁氏认为异读字归部有不同的情况，不能一概而论，有些异读字当归为一部，有些则分收多部，其判断异读的主要依据为《说文》。

丁氏所列的异读字，主要分为两类：异读分收两部、异读收一部。

（一）异读分收两部

我们选取“㐁、皀”二字为例进行分析。

1. 㐁

丁氏认为“㐁读若禫（原注:《说文》“三年导服”之“导”，即禫声之转），又读若沾，又读若誓（原注：誓在祭部，脂部茵弻字并从㐁声，禫沾并在侵），应兼收祭侵二部”。

《说文·谷部》:“㐁，舌皃。从谷省，象形。囟，古文㐁。读若三年导服之导。一曰竹上皮，读若沾。一曰读若誓，弻字从此。”许慎对该字的解释，可分为三点：一为舌皃，象形字，囟为古文㐁，其音读若导服之导，段注“三年导服之导，古语盖读如澹，故今文变为禫字，是其音不与凡导同也”；二为竹上皮之意，读若沾；三为读若誓。丁氏从《说文》的三个“读若”音入手，认为“㐁”读若“誓”在祭部，读若“禫、沾”在侵部，故“㐁”应兼收祭、侵二部。

其实，“㐁”是一个同形字：一是舌皃，象形；二是“簟”之古文。《说文》“囟，古文㐁”即误簟席之“簟”与舌皃之“㐁”为一。

㐁，甲骨文作（合 13543）、（合 9575）、（合 23715）。

唐兰《古文字学导论》认为像簟子，李孝定认为“宿”从此，会人在宀下宿于簟席之意，毛公鼎“弼”作𢐗，会以簟席包裹两弓之意，因此，该字即为簟席。[①]

张舜徽《说文解字约注》:“㐁象舌出之皃……其音为忝……㐁则簟之初文，亦省作㐁，象竹席之文理，与舌出之㐁，形音俱近，许君遂误合为一。”[②]因此，“㐁”为同形了两义两读，舌皃之“㐁”收谈部，“簟”之初文之“㐁”收侵部。

2. 皀

丁氏认为“皀（原注：侵部缉韵鵖𤆍字并从得声），又读若香（原注:《说文》谷之馨香也，阳部鄉字并从得声），应兼收侵阳二部”。

《说文・皀部》:“皀，谷之馨香也。象嘉谷在裹中之形，匕，所以扱之。或说皀，一粒也。凡皀之属皆从皀。又读若香。”《说文》“皀”有二音，其中一个又音是“读若香”。丁氏将其归入侵、阳二部。因为从“皀”得声的“鵖𤆍”属侵部，而“鄉卿”属阳部，段注“许书中鄉卿字从皀声，读若香之证也”，故丁氏认为“皀”当侵阳二部兼收。

皀，当为“簋”之初文，象形字。《说文》释为“谷之馨香”当为引申义，但文献无此用例。释为“一粒也”当为假借义。至于又音“香”，应该是把“鄉卿”的音转到“皀”上所致，据季旭昇研究，“鄉卿”并从“皀”“卯”，非“皀”声。丁氏对“鄉卿”的声符分析有误，故致其归“皀”为侵阳二部亦误。

（二）异读收一部

我们选取其中“肙、番”二字为例进行分析。

---

① 唐兰、李孝定认为该字为簟席之观点，详参季旭昇《说文新证》，福建人民出版社，2010年，147页。

② 张舜徽《说文解字约注》，中州书画社，1983年，505—506页。

1. 㐆

丁氏“㐆收微隐二韵，而殷从㐆声，古韵协文部字，㐆应专收文部”。丁氏认为其有两读，分别为微、隐韵，但古韵该字与文部字相协，故当专收文部。

《说文·㐆部》：“㐆，归也。从反身。”该字单字未见，其实与“身”同字，是从“殷”剥离出来的一个部首。“身”上古为真部字，故“㐆”亦当归真部，但丁氏真文不分，故丁氏归文部不误。

2. 番

丁氏谓“番收元戈二韵，而从番声之皤，易韵协元部字，番应专收元部”。“皤”，《说文·白部》“皤，老人白也。从白，番声。《易》曰：‘贲如皤如’”，即老人白头之义。丁氏认为，“番”中古在元、戈二韵，但《易》中“皤”与元部字相押韵，故“番”当专收元部。

《说文·釆部》：“番，兽足谓之番。从釆，田象其掌。蹞，番或从足从烦。𤰪，古文番。”番，《广韵》有五切：①附袁切，义为“兽足”，上古元部；②孚袁切，义为“更替、轮值”，《广韵·元韵》“番，递也”，上古元部；③博禾切，番番，勇武貌，《广韵·戈韵》“番，《书》曰：番番良士。《尔雅》曰：番番、矫矫，勇也”，上古歌部；④普官切，《广韵·桓韵》“番，番禺县，在广州”，上古元部；⑤补过切，《广韵·过韵》“番，兽走”，上古歌部。

皤，《广韵》有二切：①薄波切，老人白首义，上古歌部；②博禾切，此为“薄波切”之又音，义同，上古歌部。此外，尚有“蒲官切”，《集韵·桓韵》“皤，马作足横行曰皤，《易》‘贲如皤如’”，此当归元部。准此，“番”中古五切，分属元、桓、戈、过韵，上古可归为歌、元二部。《古韵通晓》亦有五读，分别将其归为歌部和元部。[①]丁氏判断合理。而“皤”在《广韵》中的两个反切是同音的，上古均归歌部而非元部。丁氏所据以归“番”专收元部的证据（“皤”在《易》中协元部）实为《集韵》的“蒲官切”。显然，丁氏不顾《广韵》五切上古兼收的事实，而据押韵来“专收”，显然不妥。

丁氏能认识到异读字的归部问题，并对异读字的归部进行了实践，这是其难能可贵之处，然而，由于其判断所据有误（有字形误析，有仅据押韵而不顾字形），故而在异读字的归部上也有诸多失误。

三、对谐声声符的判断

丁氏认为前人或时人对一些谐声字的声符判断错误，他分为“有从偏旁省声形近而讹者”“有得声之字形近相讹应改正者”“有得声字应从古文偏旁补入者”三类，兹主要论述其前两类，第三类下节专门论述。

毫无疑问，丁氏的认识颇有见地。他所纠正的谐声声符多为时人所误判，丁氏能够根据自己的研究发现其中的错误并改正之，在当时这些谐声声符为学者普遍认同的情况下是很难得的。

（一）从偏旁省声形近而讹

我们选取其中三例进行分析：耑声、去声、丙声。

1. 耑声

丁氏谓“瑞从耑非声，揣惴二字可从瑞省声，收歌部（原注：今俱作耑声，稀褍椯三字则从耑声，转读丁果切。鍴从之耎切转读之纍切，皆可入歌部）”。这里共有“瑞揣惴稀褍椯鍴”七个字，丁氏认为“瑞从耑非声”，“揣惴”是从瑞省声，但时人认为“瑞

① 陈复华、何九盈《古韵通晓》，中国社会科学出版社，1987年，181、288、289页。

揣惴”均从“耑”声，这就与“穑褍椯”从“耑”声相混了。这七个字中，“瑞揣惴”收歌部，而“穑褍椯鬌”四字从“耑”声而收元部，但因“穑褍椯”转读“丁果切”，“鬌”转读“之縈切”，均可收歌部。丁氏在后文中专门引述王念孙之观点，但王氏观点与丁氏相左，如王念孙认为“惴揣”二字，从“耑”声，皆不当改为瑞省声，且当收元部；而“穑褍椯”三字皆不必兼收歌部；唯“鬌”从“耑”声读若捶击之“捶”，乃可兼收歌部耳。王氏之观点，丁氏是不同意的。之所以引述，估计正是为了说明“揣惴二字可从瑞省声”，但时人如王念孙这样的学者均误为从“耑”声，是需要批评的。

瑞，《说文·玉部》：“瑞，以玉为信也。从玉耑。”慧琳《一切经音义》三次引用《说文》，均作“从玉，耑声”。段注亦“从玉，耑声。耑声在十四部，而瑞揣圌字音转入十五部”。上古歌部。

揣，《说文·手部》：“揣，量也。从手耑声。度高曰揣。一曰捶之。”上古歌部。林义光《文源》谓“耑非声，象以手量物之端”。

惴，《说文·心部》：“惴，忧惧也。从心耑声。”上古歌部。

穑，《说文·禾部》：“穑，禾垂皃。从禾，耑声。读若端。”上古歌部。

褍，《说文·衣部》：“褍，衣正幅。从衣，耑声。”多官、丁果二切。上古元部。

椯，《说文·木部》：“椯，箠也。从木，耑声。”

鬌，《说文·卮部》：“鬌，小卮也。从卮，耑声。”

由上引《说文》看，“瑞揣惴穑褍椯鬌”七字，均从“耑”声。唯“揣”之从“耑”声，林义光提出不同意见。

“瑞揣惴”为歌部。“穑褍椯鬌”为元部。丁氏除析形声外，另据“褍穑”又读“丁果切”而收歌部。“椯”从“耑”声则元部，又读“都果切”为歌部。丁氏认为“瑞揣惴”收歌部，“穑褍椯[illegible]”元、歌部兼收。丁氏既析形，又据又读来分析形声字的上古归部，思路不错，但却对有些形声字分析有误，如“瑞”，该字目前所见最早字形见于战国楚简，作（包山 22），在没有更早证据的情况下，当以解释为从“耑”声为妥。

2. 去声

丁氏谓“劫从去非声，䖍层鉣狤怯可从劫省声，收谈部（原注：今惟层鉣从劫省声，余俱作去声，收阚盍业韵）”。

“劫䖍层鉣狤怯”六字，丁氏认为“劫从去非声”，“䖍层鉣狤怯”都是从“劫”省声的，但时人却认为“劫䖍狤”均从“去”声，这是不对的，应改为从“劫”省声。

层，《说文》：“层，闭也。从户，劫省声。”丁氏亦认为从“劫”省声。段玉裁注：“劫省声，疑当作去声。”两说皆非。

裘锡圭认为古文字中当有两个“去”，小篆的“去”把较古的文字里读音不同的“去”与“盍”两个字混在一起了。[1]“去”的甲骨文（合 5127）、（合 24398），从大从口，会意字，把嘴巴张大的意思，为“呿”之初文。古文字里又有字形相似的（合 37392）、（合 28189）字，像器皿上盖着盖子，即“盍”上部的“去”，这个“去”应读作“盍”，为叶部字。金文以下二字混而不分。因此从去得声有鱼、叶二部字，乃后来两者混同之故。裘锡圭说：“《说文》把‘层’‘鉣’说为从‘劫’省声，但‘怯’字仍然说为从‘去’声。古音学家则大都把属于叶部的从‘去’的字全都看作从‘劫’省声。”[2]

“层”中之“去，乃厺（音盍）之误。应改为从户从厺，厺亦

① 裘锡圭《谈谈古文字资料对古汉语研究的重要性》，《中国语文》1979 年第 6 期，437—442 页。

② 裘锡圭《谈谈古文字资料对古汉语研究的重要性》，《中国语文》1979 年第 6 期，437—442 页。

声”[①]。《礼记音义》《纂文》中“庩”与“阖”同，故该字应是由“厺”误以为“去”，后便因形误而致音误。因此，“庩”为“劫”省声不可信，当为厺声（音盍）。由此来看，“㧃庩鉣狜怯”五字中，“劫庩鉣狜怯”从厺声收叶部，《说文》“𧇡”从去声，徐铉谓“去非声”，《说文解字集注》[②]谓“𧇡”为“䖔”之或体，“䖔”之重读为呼滥切，据此，“𧇡”上古为谈部。其实段玉裁已经注意到“去”与“盇”之别：“𧇡”，段注本即为“从虎厺声”，段氏指出“铉等曰：去非声。未详。按业韵之狜、怯音去劫切，而血部之盇、𥂁字多作盇，盖厺盇二字古通，去声即盇声也”[③]。可惜段氏最后仍然认为“去”声即“盇”声。

3. 丙声

丁氏谓“匬，徐铉说从内会意（原注：今作丙声，不相近），收侯部”。

徐铉认为该字从内，为会意字。丁氏认为时人从丙声，“丙”与“匬”声韵“不相近”，该字当收侯部。

《说文·匚部》：“匬，侧逃也。从匚，丙声。一曰箕属。”徐铉曰：“丙，非声，义当从内，会意，疑传写之误。”有两个释义：侧逃和箕属。

“匬”上古属来母侯部，“丙”上古属帮母阳部。“匬”在战国云梦秦简《日书》甲本中即与《说文》同形，读若“陋”，侯部。“匬”与“丙”，上古声韵皆远，故从丙声不妥。

黄德宽等将“匬”作侯部谐声声符，非丙声。[④]一说“匬”从内从匚，会意字，“丙”疑为“内”字传写之误。从字义上看，该字从“内”更合适。“内，入也；匚，受物之器。”从字形上看，

① 何九盈《〈说文〉省声研究》，《语文研究》1991年第1期，4—18页。
② 蒋人杰编纂、刘锐审订《说文解字集注》，上海古籍出版社，1996年，1013页。
③ 段玉裁《说文解字注》，上海古籍出版社，1988年，210页。
④ 黄德宽等《古文字谱系疏证》，商务印书馆，2007年，1038页。

为入于器之义。这与“匧”的两个释义皆有一定的联系。我们认为该字为会意字，丁氏从丙声不妥。

（二）得声之字形近相讹

我们选取其中三例进行分析：萬与萬[①]声、免声、敚

1. 萬与萬声

丁氏谓“萬萬二字篆文形近，惟从贝之贎，萬声，应收元部。余如譪糲勱噧癘厲邁从萬声，蠇邁蠆从蠇声，犡濿从厲声，今俱误作萬声，应改正，收祭部”。丁氏所说，为“萬”声系与“萬”声系两个谐声系列。萬声系，譪糲勱噧癘厲邁蠇邁蠆犡濿，收祭部。萬声系，贎，收元部。但除“贎”从“萬”声不误外，其余“譪糲勱噧癘厲邁蠇邁蠆犡濿”十二字，时人均误为从“萬”声。

萬，《说文·虫部》：“萬，毒虫也。象形。”郑张尚芳与李方桂、周祖谟归入祭部，王力归入月部。

萬，《说文·内部》：“萬，虫也。从厹，象形。”段注：“与虫部萬同，象形。”徐灏注笺：“萬即萬字，讹从厹，此古文变小篆时所乱也。因为数名所专，俗书又加虫作蠆，遂歧为而为二。古重唇音读若曼，声转为迈，故蠆音丑芥切。”郭沫若《释五十》：“萬与萬古本一字，乃假蝎之象形文为之。”季旭昇《说文新证》亦谓与“萬”同字。[②]郑张尚芳、李方桂、王力均归入元部。

譪，《说文·言部》：“譪，譀也。从言萬声。”

糲，《说文·米部》：“糲，粟重一秙，为十六斗太半斗，舂为米一斛曰糲。从米，万声。”该字后来作“粝”，属月部。

勱，《说文·力部》：“勱，勉力也。读若萬。从力，萬声。”

---

① 为解说方便，该部分“万”及系列字采用繁体。

② 季旭昇《说文新证》，福建人民出版社，2010 年，931、993—994 页。

郑张尚芳、李方桂归入祭部，王力归入月部。

噧，《说文·口部》："噧，高气多言也。从口，蠆省声。"属月部。

癘，《说文·疒部》："癘，恶疾也。从疒，蠆省声。"王力归入月部，郑张尚芳、李方桂均归入祭部。

厲，《说文·厂部》："厲，旱石也。从厂，蠆省声。𠪚，或不省。"据此，则"厲"与"𠪚"同。王力归入月部，郑张尚芳、李方桂均归入祭部。

邁，《说文·辵部》："邁，远行也。从辵，蠆省声。𨘢，邁或不省。"据此，则"邁"与"𨘢"同。王力归入月部，郑张尚芳、李方桂均归入祭部。

𡾋，《说文·山部》："𡾋，巍高也。从山，蠆声。读若厉。"属月部。

犡，《说文·牛部》："犡，牛白脊也。从牛，厉声。"又可作"㸿""𤛓"。属月部。

濿，同"砅"，《说文·水部》："砅，履石渡水也。从水从石……濿，砅或从厉。"属月部。

贎，《说文·贝部》："贎，货也。从贝，万声。"属元部。

我们把丁氏与《说文》及郑张尚芳、李方桂与王力的归部列表如下：

<table>
<tr><th colspan="3">丁氏</th><th>《说文》</th><th>郑张尚芳、李方桂</th><th>王力</th></tr>
<tr><td rowspan="4">蠆声</td><td rowspan="4">𧬈糲勱噧
癘厲邁𡾋
𨘢𠪚犡濿</td><td rowspan="4">祭部</td><td>蠆：象形</td><td>祭部</td><td>月部</td></tr>
<tr><td>𧬈：萬声</td><td></td><td></td></tr>
<tr><td>糲：萬声</td><td></td><td>月部</td></tr>
<tr><td>勱：萬声</td><td>祭部</td><td>月部</td></tr>
</table>

续表

丁氏			《说文》	郑张尚芳、李方桂	王力
萬声	譪糲勱噧癘厲邁蠆邁蠆䊪濿	祭部	噧：蠆省声		月部
			癘：蠆省声	祭部	月部
			厲：蠆省声，蠣或不省	祭部	月部
			邁：蠆省声，邁或不省	祭部	月部
			蠆：萬声		月部
			邁：邁或不省	祭部	月部
			蠣：厲，蠣或不省	祭部	月部
			䊪：厉声		月部
			濿：会意字，同“砅”		月部
萬	贎	元部	贎：萬声		元部

很明显，虽然“萬”与“萬”古本一字，但萬声与萬声是两个谐声系列，其上古归部，萬声属祭部或月部，萬声属元部。丁氏所论确当。

2. 免声

丁氏谓“娩（原注：免子娩疾也，从女免）挽（原注：生子免身也，从子从免）𡥳（原注：生子齐均也，从女从生免声）三字同读缘，免子生疾，故生子免身，字从免，假借作宽挽（原注：省作免）字，生子齐均之𡥳及他从免声字，并应从挽省声，收元部”。

丁氏认为，“娩、挽”是会意字，“𡥳”为从免声的形声字。

娩，元部。

挽，《说文·子部》：“挽，生子免身也，从子从免。”同“娩”，元部。

嬔，《说文·女部》："嬔，生子齐均也，从女从生，免声。"元部。

据今之古文字研究，"娩"为会意兼形声，"娩"为形声，且今出土古文字资料仅见"娩"而未见"挽"。"嬔"，甲骨文、金文均未见，据《说文》亦当从免声。此三字均可从免声，属元部。丁氏分析有误。

3. 敚

丁氏谓"敚，徐铉说从耑省，物初生之题尚敚，会意。豈，从敚省声，今敚反从豈省声，应改正，收脂部"。

丁氏之意，"敚"当从徐铉说，从耑省，会意字，而时人误为从"豈"省声，所以应当改正，且收脂部。

敚，《说文·人部》："敚，妙也。从人，从攴，豈省声。"徐铉注曰："豈字从敚省，敚不应从豈省。盖传写之误，疑从耑省。耑，物初生之题尚敚也。"时人所误，是从《说文》的，丁氏从徐铉。

敚，甲骨文作（陈 23）、（京都 2146），金文作（召尊）、（墙盘）、（牧师父簋），秦石鼓文作。对该字的解释，目前虽尚无定论，但从字形看，该字当为会意字。徐铉之谓"从耑省"，也未知是省声还是省形。故关于该字之构形，尚无法判断。丁氏脂微未分，故归脂部无误。

四、补作谐声声符的古文字

丁氏认为有些古文字及古文偏旁可作谐声声符，应补。主要有以下五字：

1. 夂

丁氏谓"终，古文夂，冬从夂得声，终从冬得声，夂字应补"。

冬，刘钊《新甲骨文编》释作"终"，作（合 20729）、

（合 10656 正）①，西周金文未见，战国金文作（陈璋方壶），叶玉森认为字像败叶硕果之形②，姚孝遂认为字象络丝之器③，高鸿缙认为字象绳端终结之形④。李学勤主编《字源》云："形声字。小篆'冬'字，从仌、夂声。夂，古文'终'字，又加仌，表明冬季寒冷。古'冬''终'本同字。本义为'终'，假为'冬夏'之冬。古文冬从日，冬者，月之终也。日穷于纪也。"⑤此论当据《说文》。由字形发展看，似乎可以形成这样的链条：

（合 10656 正）→（陈璋方壶）→（战国·齐·玺汇 2207）、（战国·楚·包 2）、（战国·楚·上二·子羔 12）→（秦·骃祷病玉版甲）、（秦·睡·秦 94）、（东汉·唐公房碑）

甲骨文下两个小圈线条化而为，上部的小圈有的摹写作"日"，故与为同类，楚文字中"日"移到下部。在秦系文字中，"日"换作"仌"，即为今日之"冬"。抑或战国文字中，楚系、齐系从"日"，秦系从"仌"。然到底如何，尚难论定，不过由字形看，"冬"当为象形，非从屰声，抑或"冬""屰"本一字，该字不必补作声符。

2. 臾

丁氏谓"蕢，古文臾，贵从臾得声，蕢从贵得声，臾字应补"。

《说文·贝部》："贵，物不贱也。从贝，臾声。臾，古文蕢。"

季旭昇认为"贵"有两个来源：其一从贝，字作（战国·晋·玺汇 4019）、（战国·楚·郭·成 11）、（战

① 刘钊等《新甲骨文编》（增订本），福建人民出版社，2014 年，743 页。

② 叶玉森《研契枝谭》卷甲，北平富晋书社影印本，1929 年，9 页。

③ 姚孝遂等《小屯南地甲骨考释》，中华书局，1985 年，135 页。

④ 高鸿缙《中国字例》，台湾三民书局，2008 年，201 页。

⑤ 李学勤主编《字源》，天津古籍出版社，辽宁人民出版社，2012 年，1021 页。

国·楚·郭·老甲29)、（战国·楚·上一·诗6），上所从与“甾”相似，实为“箕/萁”之初文，“甾”为声符。其二所从声符为，像两手持沙遗漏之形，为“遗”之本字，字形金文作（遗鼎）、（雁侯钟）、（王孙遗者钟）、（中山王嚳壶），战国文字作（楚·曾134）、（楚·曾137），秦系文字作（泰山刻石）、（睡·日甲15背）、（睡·日乙237），西汉文字作（银503），到晋代则定形为（左棻墓志），后世之“贵”继承第二种字形。[①] 黄德宽等《古文字谱系疏证》认为“贵”从臾声，但臾旁写法多变。[②] 今从黄说，该字可补作谐声声符。

3. 亘

丁氏谓“桓，古文亘，桓从恒声，恒从亘声，亘字应补”。丁氏认为“桓”从恒声，“恒”从亘声。

《说文·心部》:“恒，常也。从心，从舟……《诗》曰:‘如月之恒。’”《说文·木部》:“桓，竟也。从木，恒声。亘，古文桓。”“亘”与“桓”同，季旭昇《说文新证》“桓”下所引古文字字形如下：

（商·铁199·3）、（商·前7·11·2）、（周早·姞亘母觶）、（周中·亘鼎）、（周中·亘觶）、（战国·晋·六年安阳令矛）、（战国·晋·六年格氏令戈）、（战国·楚·包130）、（战国·楚·包197）、（战国·楚·包21）。那么在季氏看来，“桓”与“恒”同，所以，“桓、恒、亘”当为一字。普遍认为“亘”像月之恒常状，为指事字。“恒”不从亘声，“揯、緪、桓”等字可以“恒”为声旁，故“恒”可作谐声声符，“亘”不必补作声符。

① 季旭昇《说文新证》，福建人民出版社，2010年，541—542页。
② 黄德宽等《古文字谱系疏证》，商务印书馆，2007年，2878页。

4. 希

丁氏谓“稀，徐锴说从爻，稀疏之义，巾象禾之根茎，莃晞等字皆从稀省声。姚氏据周礼释文虞书郑注以为希即古文黹，希字应补”。

希，《说文》无，但有从“希”之字。又作𢁰，《字汇·巾部》𢁰同希。《正字通·巾部》：“𢁰，希本字。从爻，象希疏之形。”𢁰，汉印徵作。希，战国文字作（云梦·日甲69背），还作偏旁，如（楚·包184）。以希为声符者有“郗、稀、绨”等。“希”，段玉裁、孔广森、朱骏声、江有诰、王力、周祖谟均立为声符。古文字学者如黄德宽，亦立希为声符。由此判断，丁氏补“希”为声符是合理的。

5. 爿

丁氏谓“床，徐锴说从木从疒省，象有所倚箸，会意。墙戕之属并从床省声，今说文凡从爿字皆作爿声。五经文子有爿字，音同墙，爿字应补”。

爿，像卧床竖立之形，“床”之初文，“牀”当是“爿”加形符“木”增繁，而以“爿”为声符。此外，段玉裁、孔广森、严可均、朱骏声、江有诰、王力、周祖谟均立“爿”为声符，黄德宽亦立“爿”为声符。由此可见，丁氏补作谐声声符可取。

以上五字，除“㝉、亘”外，其余三字皆可补作谐声声符，丁氏据古文字来增补声符，在古文字资料的利用上，显然优于时人。

综上可见：

1. 丁氏能够认识到同谐声不同部的现象并对其进行深入研究，对段氏的“谐声理论”有所发展，这无疑为其进步可取之处。然对具体谐声字的认识却错误百出，从而影响其谐声研究，此乃其对谐声认识的局限性。

2. 丁氏充分认识到异读字的归部问题，并将异读字分为两类，丁氏对异读字归部的关注难能可贵。当时学者对异读字多关注其类型、来源、声韵关系、音义关系等，鲜有对其归部问题进行深入研究者，而丁氏能够重视这点，实为可贵。虽其有判断错误的异读字，但大多合理，值得肯定。

3. 丁氏根据自己的研究，纠正时人对谐声声符的错误认识并改之，虽有个别字处理得不妥，但大多是正确的，可见其古音学功底之深。

4. 丁氏利用古文字来增补谐声声符，很好地将古文字和谐声研究联系起来，是非常正确、可取的做法。

第五章 《(新刻)官话汇解便览》音系研究

现存《(新刻)官话汇解便览》(下文简称《便览》)有三个版本，其中有两个版本分别藏于英国大英图书馆、日本国立国会图书馆，另一版本收在日本长泽规矩也的《明清俗语辞书集成》中，此书1974年由东京汲古书院出版。据高田时雄《清代官话の资料について》[①]记载，藏于大英图书馆的版本为乾隆甲寅即1794年刊本。藏于日本国立国会图书馆的版本没有刊行时间，其封面右边写着“西湖蔡伯龙先生纂著”，左下面写着“姑苏原版”，但是此版本内容缺失比较严重，印刷也不甚清楚。[②]收于《明清俗语辞书集成》的版本也无刊行时间，它与日本国立国会图书馆的版本有一些不同，如封面不同，内容上所列注音字有不少出入等，也有缺失和不清楚之处，但完整性和印刷效果都比日本国立国会图书馆版本要好，当然也只能说是差强人意，相较之下，本书以《明清俗语辞书集成》版本为研究底本。

《明清俗语辞书集成》版本卷首写明“清末霞漳颜锦华刊本”，可知此版本《便览》[③]是清末在霞漳刊行。长泽规矩也在解题中说“刊版处霞漳属浙江省”[④]，而高田时雄和木津祐子都认为霞漳是指

① 高田时雄《清代官话の资料について》,《东方学会创立五十周年纪念东方学论集》，1997年，771—784页。

② 木津祐子《〈新刻官话汇解便览〉的音系初探——兼论明清正音书在日本的影响》,《中国音韵学研究会第十一届学术讨论会论文集》，文化教育出版社，2000年，254—259页。

③ 蔡爽《新刻官话汇解便览》,《明清俗语辞书集成》，上海古籍出版社，1989年，1543—1591页。

④ 长泽规矩也《明清俗语辞书集成》，上海古籍出版社，1989年，1543页。

漳州。清朝“霞漳”到底是何地地名呢?

绍兴市上虞区汤浦镇原来有一个霞漳村，但2006年在调整行政村时已被撤销。“霞漳”是否是自古沿用至今的地名，我们做了相关考证。据《绍兴县志》[①]记载，1950年绍兴县与会稽县、绍兴市合并为绍兴县，全县设17个区，其中汤浦区有汤霞乡霞漳村很可能是这一时期才出现的，而之前并没有关于霞漳村的记载，那么此“霞漳”并非清代时期的“霞漳”。

福建漳州白礁慈济宫所挂对联中有“霞漳”两字；清代《凤翼家谱》中把漳州萧氏称为“萧霞漳”；明末书画家黄道周是福建漳浦县人，但他自称霞漳人。对于此“霞漳”，我们也做了考证。据《光绪漳州府志》[②]记载，漳州自唐朝就存在，明清时“霞漳”“丹霞”已成为漳州的雅称，得名于漳州城南的丹霞山，“霞漳”更是可以代表整个漳州府。《光绪漳浦县志》中这样记载:“顺治三年，征南大将军贝勒孛罗平闽漳浦，隶漳州，并入版图，一统之威不数前代矣。”[③]这说明清代漳浦已经属于漳州。“霞漳”是漳州的雅称，漳浦隶属漳州，这就可以解释“萧霞漳”、黄道周为什么自称霞漳人了。

由上可知，“霞漳”应是漳州的雅称，所以《明清俗语辞书集成》收录的《便览》刊行地应是福建漳州。

此版本卷首写明“(新刻)官话汇解便览，二卷，(清)蔡奭撰”“西湖蔡伯龙先生著”，在卷上的开头也写明“西湖蔡奭伯龙氏纂著”，可见《便览》作者为蔡奭，其字伯龙。所以长泽规矩也据此在解题中这样写道“此书系以浙江语音与官话对照表为主……著者字伯龙，西湖人”[④]，他由“西湖”得出该书所记方音

①《绍兴县志》，中华书局，1999年，138—139页。

②《中国地方志集成·福建府县志辑》，上海书店出版社，2000年，62页。

③《中国地方志集成·福建府县志辑》，上海书店出版社，2000年，13页。

④ 长泽规矩也《明清俗语辞书集成》，上海古籍出版社，1989年，1543页。

是浙江语音，即西湖属浙江，作者是浙江西湖人。我们认为此解题不科学。

北宋著名文学家苏轼有诗云“天下西湖三十六，就中最美是杭州”，可知浙江杭州的西湖最美，但西湖并不是杭州独有，所以仅凭“西湖”二字就推断出浙江是不科学的。

《中国戏曲志·福建卷》记载“清朝乾隆十三年（1748）漳浦人蔡奭在《官音汇解释义》卷上‘戏要音乐’条中载：‘做正音，（正）唱官腔；做白字，（正）唱泉腔；做大班，（正）唱昆腔；做九角，（正）唱四平；做潮调，正唱潮腔…… ’”[①]，以此反映当时已出现正音戏的记载。在福建省情资料库地方志之窗中第一节“民间音乐”部分征引了《官音汇解释义》该部分内容，并注明蔡奭为漳浦人。“戏要音乐”这部分内容，与蔡奭《便览》卷下“戏要詈骂禁赌语”收录的内容完全相同，说明两本书系同一作者所写。由此，我们推断蔡奭为福建漳州市漳浦人。另外，据《蔡氏族谱》、漳州《金浦蔡氏族谱》记载，闽南蔡氏源于河南，唐朝开始定居闽南，且大多居于漳州、漳浦，蔡姓是闽南大姓之一。闽南蔡氏支系较多，西湖蔡氏宗支就是其中之一，由漳浦蔡坑支系分化出来。《漳浦村社要览》[②]更为明确地记载，漳浦蔡氏有六大支系，其中包括西湖支系，源于蔡坑。为何称之为“西湖蔡氏”，应是由漳浦西湖而得名。漳浦西湖位于现在的漳浦县城西湖公园和蔡新纪念馆旁。那么作者名前的“西湖”二字，应是指漳浦西湖蔡氏宗支。由上，我们推断蔡奭为福建漳州市漳浦人就有了充足证据。除此，作者其他信息不详。

《便览》封面上写着“（新刻）官话汇解便览”，第二页是长泽规矩也写的“解题”，第三页上有“官音汇解”字样，左上写

①《中国戏曲志·福建卷》，文化艺术出版社，1993年，73页。

②《漳浦村社要览》，《漳浦村社要览》编委会，2002年。

着“字依宋体，校正无讹”，即此书字体为宋体，已校正没有错误。下面有官话汇解小引，其内容为：

此书后凡有圈系白音，有正字者乃官音，旁有字者注音批注内白音。有字者以本字解之，或无字可解则借别字，同音者呼平上去入解之。有注白音者，白音即官音也。内中物类十全，批注明白，次序不杂，初学者一件学过一件，自然通晓。间或有忘记者，各有门类可考，不至遗失。若要腔口好听，另有唇喉齿舌等，昔细会自出，是在学者之专心致志焉耳。

上卷

口头套语　笑谈便话　时事常谈　身体举动

器具服色　宫室物料　饮食调和　衣服制作

下卷

天地山水　士农工商　禽兽鱼虫　花草叶目

衙门讼狱　营伍军务　时令神明　戏耍詈骂

病症医药　婚产丧祭　五谷蔬菜　五色滋味

宝贝布帛　刑具军器　舟马事件　姓氏数目

人品称呼　杂类增补

据上可知：

第一，《便览》是一部正音书，是以官话音与某地方音[①]来对照，用以指导该地说方言的人来学习官话。

第二，《便览》中所列内容，凡是前面有圈（○）的就是白音，即该地方言说法，正字后面的是官音，即官话说法。

第三，注音形式是直接注解，或以“正”“说”表示，用来注解的音就是官话音的读法。注解时，如果官音在方言里有本字的以本字注解，没有本字的借别的字来注解，同音的用平上去入来注解，另外还有发音部位方面的注解，如唇音、喉音、齿音、舌

① 目前还不能确定是何地方音。

音等。

第四,《便览》分为上、下两卷，在书中以“新刻官话汇解便览卷上、卷下”分隔，上卷有八篇，下卷有十八篇，物类十全，注解清晰，编排有序，有利于初学者学习。如果有时忘记了，也可按照门类考查复习，有利于巩固知识。

另外，根据《便览》每篇的内容来看，前两篇“口头套语”和“笑谈便话”并不和该地方言对照，所列的是官话常用语，从“时事常谈”后二十四篇都是该地方言与官话对应而列，带○的是方言词、短语,“正”字后是该方言词、短语的正音即官话说法，除“杂类增补”外，每篇后面都有“通音”，属于词汇对照表，此类内容在《便览》中占绝对篇幅。

第一节 《便览》声母系统

我们对《便览》的正音材料进行系统整理，得到1558条可用材料，逐一注出中古音韵地位，分析其声母系统，并在与当时其他著作的官话音系进行比较的基础上，归纳其声母系统的特点。为讨论方便，书中声母并不严格按五音七音分类。

一、舌音

(一)舌头音[①]

	端	透	定	泥	娘	见	溪	明	知	澄	晓	匣	来	以	日
端	34	2	3			3	1	1	1	2		2			
透		22	3				2				1		2		

① 表格依据所整理的正音材料制成，以下相同情况不重复说明。

续表

	端	透	定	泥	娘	见	溪	明	知	澄	晓	匣	来	以	日
定	9	13	33			4	1		1	6		1		1	1
泥	1			11	4								5		1
娘				1	3	1		1					3		2

表中端母自注34[①]例，占其总数的69.4%，独立。透母自注22例，占其总数的73.3%，独立。定母自注33例，占其总数的47.1%，占比未过半，且端、透母注定母占其自注的66.7%，我们认为定母已清化。

泥母自注11例，占其总数的50%，独立。娘母自注3例，占其总数的27.3%，娘母不独立。而泥娘互注5例，超过娘母自注数，说明娘母与泥母合并。在叶宝奎总结的《中原音韵》音系[②]中泥娘已合并，也为我们的判断提供了依据。另外，来、日母同注泥娘，比例并不小，也为泥娘处于合并状态提供了证据。对于来母、日母与泥娘的互注现象，后文会做分析。

下面具体看端、透注定母的情况：

1. 端注定母9例

大定泰去蟹开一（单端寒平山开一）

淡、澹定谈上咸开一（旦端寒去山开一）

定定青去梗开四（订端青去梗开四）

爹定歌上果开一（短端桓上山合一）

袋定咍去蟹开一（带端泰去蟹开一）

钝定魂去臻合一（呆端咍平蟹开一）

桃定豪平效开一（吺端侯平流开一）

---

① 统计数字不含无法拼写出正音字及无法判断音韵地位的条目，以下相同。

② 叶宝奎《明清官话音系》，厦门大学出版社，2001年，64页。

衕定东平通合一（冻端东平通合一）

杜定模上遇合一（肚端模上遇合一）

2. 透注定母 13 例

谈定谈平咸开一（坦透寒上山开一）

头定侯平流开一（土透模上遇合一）

同定东平通合一（统透冬上通合一）

堂定唐平宕开一（桶透东上通合一）

筒定东去通合一（统透冬去通合一）

臺定咍平蟹开一（邰透咍平蟹开一）

铜、童定东平通合一（桶透东上通合一）

疼定冬平通合一（听透青平梗开四）

臺定咍平蟹开一（台透咍平蟹开一）

塘定唐平宕开一（桶透东上通合一）

棠定唐平宕开一（桶透东上通合一）

驼定歌平果开一（讨透豪上效开一）

毒定沃入通合一（土透模上遇合一）

李新魁认为“浊音系统的消失，起先当然发生于平声”①，上述例子中浊音定母平声清化占 59%，符合此规律。另外，定母 77.8% 的仄声字变为相应的不送气音，84.6% 的平声字变为相应的送气音，体现了北方话全浊声母清化的规律。但声调方面并未体现明显的“浊上变去”规律，应是受到了方言影响。

在舌头音音注中也存在特殊现象即知组注端组，如舌上音知澄、齿头音精清、正齿音章生注端透定母等，下面看具体例子（括号里是蔡氏给出的注音，右下标为我们加注的中古音韵地位）：

① 李新魁《〈中原音韵〉音系研究》，中州书画社，1983 年，52 页。

1. 知组注端组 9 例:

帝端齐去蟹开四(致知脂去止开三)

递定齐去蟹开四(治澄脂去止开三)

地定脂去止开三(池澄支平止开三)(治澄脂去止开三)

读、独定屋入通合一(厨澄虞平遇合三)

督端沃入通合一(厨澄虞平遇合三)

犊定屋入通合一(厨澄虞平遇合三)

刀端豪平效开一(兆澄宵上效开三)

塘、棠、堂定唐平宕开一(虫澄东平通合三)

糖、螳定唐平宕开一(虫澄东平通合三)

钱大昕有著名的“古无舌头舌上之分”说法，对于这 9 例，可能是音注中的存古现象。但我们发现在漳州、泉州两地方言中：

(1)“帝、递”读为 [te]，“地”读为 [te、ti]，为它们注音的“致、治、池”读为 [ti][①]，读音相同或相近。

(2)“读、独、督、犊”读为 [tɔk]，为它们注音的“厨”读为 [tɔ]，除了入声韵尾外，基本相同。

(3)“刀”读为 [to]，为其注音的“兆”读为 [tau]；“塘、棠、堂、糖、螳”读为 [tʰɔŋ]，为它们注音的“虫”读为 [tʰiɔŋ]，读音相近。

在蔡氏的方言中，以上 9 例知组三等与相对应的端组字读音相同或相近，声母同为 [t、tʰ]，这样看来，正音材料中之所以会出现知、澄母注端组的音注，是受了作者方言的影响。[②] 桑宇红指出，在漳州、泉州方言中知组读为 [t、tʰ][③]，也为我们的判断提

① 周长楫《闽南方言大词典》，福建人民出版社，2006 年，6、765 页。以下所引厦门、漳州、泉州方音未特别注明者，均出自该书。

② 编《明清俗语辞书集成》的长泽规矩也认为蔡奭是浙江西湖人，但据我们考察，蔡氏当为福建漳州或泉州人。

③ 桑宇红《知庄章组声母在现代南方方言的读音类型》,《河北师范大学学报(哲学社会科学版)》2008 年第 3 期，109—116 页。

供了证据。

2. 章、生注端组

耽端覃平咸开一（舟章尤平流开三）

赌端模上遇合一（朱章虞平遇合三）

刀端豪平效开一（招章宵平效开三）

貂端萧平效开四（招章宵平效开三）

獭透曷入山开一（招章宵平效开三）

段定桓去山合一（杀生皆去蟹开二）

3. 精组注端组

刁端萧平效开四（悄清宵上效开三）

凋端萧平效开四（悄清宵上效开三）

打端庚上梗开二（草清豪上效开一）

跕透帖入咸开四（赞精寒去山开一）

队定灰去蟹合一（醉精脂去止合三）

调定萧平效开四（悄清宵上效开三）

桑宇红认为“知、照对立的读音模式仍旧比较完整地保存在现代闽方言的白读形式里……知为一组，读 [t、tʰ]，庄章为另一组，读 [ts、tsʰ、s]”[①]。而这种读音形式主要分布区就有漳州、泉州。那么章组注端组的情况，在官话中不会出现，也不可能是受漳州、泉州方言的影响。不过桑宇红也研究了知庄章三组声母在闽中方言里的表现：知组和章组虽分立，但仍有相同的部分 [t、tʰ]，且章组中混入了庄组。这样看来，章组注端组的情况，不是受闽南方言影响，而是受到了闽中方言的影响。

对于精组注端组的情况，我们只能初步判断也是受到了方言影响，因为学者何大安认为在闽语中存在精组读 [t、tʰ] 的现象，

① 桑宇红《知庄章组声母在现代南方方言的读音类型》，《河北师范大学学报（哲学社会科学版）》2008 年第 3 期，109—116 页。

但并未找到其相关文章，有待进一步研究。

在舌头音中，全浊声母清化，正音材料体现出了明显的方音痕迹。其声母有：端 t、透 t^h、泥 n。

（二）舌上音和齿音

首先分析知组二等与庄组：

表 1

	知	彻	澄	庄	初	崇	生	章	书	精	清	从	心	端	晓	见	影
知				1			1			2				1	1		
彻																	
澄					2	2				3		1					
庄				7		2		2		4						2	1
初					1	1			1		8			1			
崇			1		2	1		1	1	1	4	1					
生							16		2	1		1	8	1			1

从上表可知，彻母二等出现了空缺，知母、澄母二等也没有自注现象，而是与庄组声母混注，其中：

1. 庄、生注知母二等字 2 例

嘲知肴平效开二（梢生肴平效开二）

挝知麻平假合二（抓庄肴平效开二）

2. 初、崇注澄母二等字 3 例

撞澄江去江开二（状崇阳去宕开三）

茶澄麻平假开二（钞初肴平效开二）

搽澄麻平假开二（抄初肴平效开二）

3. 澄母二等字与崇母互注 3 例

撞澄江去江开二（状崇阳去宕开三）

仲澄东去通合三（状崇阳去宕开三）

状崇阳去宕开三（撞澄江去江开二）

我们认为知组二等在没有自注的情况下可能与庄组已混同。同时数据也显示初母、崇母已经不处于独立地位，而是很大一部分变入精组，这种现象在明代后期官话音著作《西儒耳目资》中就有所体现，是近代官话音演变的重要规律之一。庄组中生母自注 16 例，占其总数的 53.3%，处于独立地位，当然它也有 33.3% 归入精组。

下面讨论全浊声母的演变：

初母注崇母有 2 例：

愁崇尤平流开三（楚初鱼上遇合三）

床崇阳平宕开三（闯初阳上宕开三）

这两例都表明崇母平声字清化变为相应的送气音，符合北方话全浊声母清化规律。

那么，知组二等、庄组的声母有：生 ʂ。

其次，看知组三等字、章组以及齿头音。

表 2

	知	彻	澄	章	昌	禅	书	船	精	清	从	心	邪	庄	初	崇	生
知				9		2			4	1	2			1			
彻					2					2					1	1	1
澄	1		4	8	3	2			5	9	7	1	4		2	3	
章				20				1	12	1	3			1			
昌	1				1		1			5			1		1	1	
禅	1		2		1	12	6	1	3	4	3	2	2			1	

续表

	知	彻	澄	章	昌	禅	书	船	精	清	从	心	邪	庄	初	崇	生
书						3	15			3		11	1				1
船			1		1	5	2			1			2			1	

表 3

	精	清	从	心	邪	见	群	庄	章	昌	禅	书	船	知	澄	初	崇	生
精	24	3						1	13	1								
清	1	23		1	3	3			1	3						2		
从	4	10	10	1	2		1	1	2	1	2			2	1	1	4	
心				34	2	1					1	11					1	5
邪		1		1	6		1				6	4	2					2

依表 2 数据，知、彻三等字没有自注，而章组注知母三等有 11 例，占其总数的 57.9%；精组注知母三等有 7 例，占其总数的 36.8%，另庄组注知母 1 例，我们判断知母三等除了一部分与庄组混同外，大部分已归章组，同时也有一部分归入精组。章组、精组注彻母三等各有 2 例，庄组注彻母三等有 3 例，说明彻母三等分别混入章组、精组、庄组。

澄母三等自注仅有 4 例，占其总数的 8.2%，不独立，而精组注澄母三等有 26 例，章组注其有 13 例，庄组注其有 5 例，说明澄母三等很大一部分归入精组，一部分归入章组、庄组。我们分析知组二等与章组的表中也有章组注庄组的现象，上表 1 中又体现出了庄组注章组的现象，且二者比例相当，处于混注状态，同时知组三等也存在 5 例注章组的现象，虽数量不多，但依据音变平行原则，我们认为知庄章三组完全合并。

下面列出章组与知组三等、庄组互注的例子：

1. 章母注知母三等 9 例

知知支平止开三（之章之平止开三）

致知脂去止开三（至章脂去止开三）

张知阳平宕开三（章章阳平宕开三）

猪知鱼平遇合三（朱章虞平遇合三）

珍知真平臻开三（真章真平臻开三）

椹知侵平深开三（真章真平臻开三）

帐知阳去宕开三（障章阳去宕开三）

致知脂去止开三（正章清去梗开三）

竹知屋入通合三（质章质入臻开三）

2. 章母注澄母三等 8 例

值澄职入曾开三、蛰澄缉入深开三（之章之平止开三）

致澄脂去止开三（只章支平止开三）

直澄职入曾开三（之章之平止开三）

赵澄宵上效开三（照章宵去效开三）

丈澄阳上宕开三（章章阳平宕开三）

朝澄宵平效开三（招章宵平效开三）

掷澄昔入梗开三、侄澄质入臻开三（之章之平止开三）

郑澄清去梗开三（正章清去梗开三）

3. 昌母注彻母三等 2 例

椿彻谆平臻合三（春昌谆平臻合三）

丑彻尤上流开三（丑昌尤上流开三）

4. 昌母与知母三等互注 1 例

昌昌阳平宕开三（贞知清平梗开三）

5. 禅母与知母三等互注 3 例

着知鱼去遇合三（石禅昔入梗开三）

镇知真去臻开三（肾禅真上臻开三）

寿禅尤上流开三（肘知尤上流开三）

6. 禅母与澄母三等互注 4 例

程澄清平梗开三（成禅清平梗开三）

肠澄阳平宕开三（常禅阳平宕开三）

盛禅清平梗开三（长澄阳平宕开三）

辰、臣禅真平臻开三（陈澄真平臻开三）

7. 庄组注知组三等 9 例

中知东平通合三（壮庄阳去宕开三）

椿彻谆平臻合三（生生庚平梗开二）（窓初江平江开二）

宠彻钟上通合三（伧崇庚平梗开二）

茶澄麻平假开二（钞初肴平效开二）

搽澄麻平假开二（抄初肴平效开二）

撞澄江去江开二（状崇阳去宕开三）

虫澄东平通合三（床崇阳平宕开三）

重澄钟平通合三（床崇阳平宕开三）

仲澄东去通合三（状崇阳去宕开三）

8. 章、庄互注 13 例

抓庄肴平效开二（帋章支上止开三）

斩庄咸上咸开二（战章仙去山开三）

状崇阳去宕开三（章章阳平宕开三）

疮初阳平宕开三（赏书阳上宕开三）

柿崇之上止开三（饰书职入曾开三）

色生职入曾开三（伤书阳平宕开三）

使生之上止开三（矢书脂上止开三）

种章钟去通合三（壮庄阳去宕开三）

倡昌阳去宕开三（怆初阳去宕开三）

叱昌质入臻开三（查崇麻平假开二）

是禅支上止开三（仕崇之上止开三）

示船脂去止开三（士崇之上止开三）

叔书屋入通合三（朔生觉入江开二）

从以上例子中，我们也可以看出，知庄章组合流拼出的声母是：章 tʂ，昌 $tʂ^h$，生、书 ʂ。

下面分析章组和精组。

表 2 中章母自注 20 例，占其总数的 52.6%，独立；表 3 中精母自注 24 例，占其总数的 57.1%，独立。精母注章母有 12 例，章母注精母有 13 例，说明章母和精母在保持独立的情况下出现了混注。

清母注昌母 5 例，昌母自注仅 1 例，与知母三等、庄组互注 3 例，可知昌母一部分混入知组、庄组外，大部分都归于清母，表 2 中清母自注 23 例，占其总数的 62.2%，独立。

禅母自注 12 例，占其总数的 31.6%，不独立，而书母注禅母 6 例，占其自注的一半，精组注禅母 14 例，超过其自注数，这说明禅母一部分与书母合流，一部分归入精组。

书母自注 15 例，占其总数的 50%，书母独立，另心母注书母 11 例。在表 2 中心母自注 34 例，占其总数的 61.8%，独立，书母注心母也有 11 例，这说明书母和心母在各自独立的前提下进行混注，与章组、精组情况相同。

在表 2 中船母没有出现自注，与禅母互注 6 例，与书母互注 2 例，与邪母互注 4 例，说明船母绝大部分随禅母归入书母，还有一部分归入精组。

表 3 中邪母自注 6 例，但邪母已失去独立地位，禅母注邪母有 6 例，书母注邪母有 4 例，船、生母注邪母各有 2 例，清、心母注邪母各有 1 例，这说明邪母大部分随禅、船母归入了书母，同时也分散到生、清、心母，全浊声母清化。从母情况与邪母类似，23.8% 归入清母，9.5% 归入精母，2.4% 归入心母，大于从母自注比例，即从母不独立。

综上，章组和精组全浊声母清化，格局为全清、次清。

另外，因为在正音材料中存在大量章精组互注、知精组互注的现象，有必要对其做具体说明。桑宇红[①]认为在南方方言中，知庄章三组的关系，除前文提到的分立外，还存在合一的关系，知庄章组与精组的关系也有两种，一种是知庄章合一与精组对立；另一种是知庄章精四组合一，福建西部的宁化为其中的代表点之一，四组合一声母为 [ts、ts^h、s]。下面结合例子来看正音材料中所体现的知庄章组与精组的关系：

1. 精注章母 12 例

主章虞上遇合三（子精之上止开三）

指章脂上止开三（子精之上止开三）

纸章支上止开三（子精之上止开三）

酌章药入宕开三（借精昔入梗开三）

鹧章麻去假开三（借精麻去假开三）

正章清去梗开三（晋精真去臻开三）

正章清平梗开三（曾精登平曾开一）

种章钟上通合三（总精东上通合一）

钟章钟平通合三（宗精冬平通合一）

折章叶入咸开三、浙章薛入山开三（节精屑入山开四）

占章盐平咸开三（笺精先平山开四）

赘章祭去蟹合三（醉精脂去止合三）

通过考查，我们发现至今在漳州、泉州方言中：

（1）“主”读为 [tsu]，“指”读为 [tsi]，“纸”读为 [tsua]，为它们注音的“子”读为 [tsu / tsi]，读音相同或相近。

（2）“酌”读为 [tsiak]，“鹧”读为 [tsia]，为它们注音的“借”

① 桑宇红《知庄章组声母在现代南方方言的读音类型》，《河北师范大学学报（哲学社会科学版）》2008 年第 3 期，109—116 页。

读为 [tsia]，读音相同或相近。

（3）“正”读为 [tsiŋ]，为它注音的“晋”读为 [tsin]，“曾”读为 [tsiŋ]，读音基本相同。

（4）“种、钟”读为 [tsiɔŋ]，为它们注音的“总、宗”读为 [tsɔŋ]，读音相近。

（5）“折、浙”读为 [tsiat]，为它们注音的“节”与其读音相同。

（6）“占”读为 [tsiam]，为它注音的“笺”读为 [tsian]，读音基本相同。

（7）“赘”读为 [tsue]，为它注音的“醉”读为 [tsui]，读音相近。

这样看来，以上 12 例中，精母字与章母字在漳州、泉州方言中读音相同或相近，声母均相同，当读 [ts]，我们用“精”来代表。蔡氏用精母来为章母注音，显然是受了方言影响。那么章母注精母也是如此，同时也出现了昌母大部分归入清母、禅母与精清从互注的例子，其共同的声母也当读 [ts]，不重复说明。

2. 心注书母 11 例

说书薛入山合三（唆心戈平果合一）

舍书麻上假开三（写心麻上假开三）

输书虞平遇合三（思心之平止开三）

书书鱼平遇合三（思心之平止开三）

庶书鱼去遇合三（四心脂去止开三）

试书之去止开三（四心脂去止开三）

闪、陕书盐上咸开三（洗心先上山开四）

赊书麻平假开三（些心麻平假开三）

婶书侵上深开三（信心真去臻开三）

审书侵上深开三（信心真去臻开三）

通过以上例子，我们发现至今在漳州、泉州方言中：

（1）“说”读为 [suat]，为它注音的“唆”读为 [so]，除入声外，主元音均具有 [+back] 的特征。

（2）“舍、赊”读为 [sia]，为它们注音的“写、些”也读为 [sia]，读音相同。

（3）“输”读为 [su]，“书、庶、试”读为 [si]，为它们注音的“思”读为 [si/su]，“四”读为 [si]，读音相同。

（4）“婶、审”读为 [sim]，为它们注音的“信”读为 [sin]，只有阳声韵尾有区别。

很明显，以上例子中心母和书母字在漳州、泉州方言里读音相同或相近，有共同的声母 [s]，我们用“心”来代表。蔡氏做出这样的音注，是方言影响的结果。另外，心、邪与禅母互注，邪母与书、船互注，与其情况相同，共同的声母也是 [s]，我们也用“心”来代表。

那么，在方言影响下，精组与章组出现大量互注，产生了声母：

精、清、从、章、昌、禅 ts，心、邪、书、禅、船 s。

这说明在漳州、泉州方言中精组与章组是合一的，与宁化中精章组关系相同。

3. 精母注知组 9 例

忠、中知东平通合三（宗精冬平通合一）

肘知尤上流开三（酒精尤上流开三）

涨知阳去宕开三（奖精阳上宕开三）

长知阳上宕开三（奖精阳上宕开三）

棹澄肴去效开二（佐精歌去果开一）

阵澄真去臻开三（尽精真上臻开三）

翟澄陌入梗开二（则精德入曾开一）

橙澄耕平梗开二（曾精登平曾开一）

坠澄脂去止合三（醉精脂去止合三）

关于精组与庄组的关系在前文已经做了说明，此处不重复。而精组与知组互注数量也不少，我们仅举精母注知组为代表。通过考证，在漳州、泉州方言中，以上例子精母字读为 [t]，知组字读为 [ts]，并不具备互注的条件。而在桑宇红的研究中福建西部的宁化方言精知合一，我们判断精、知组互注应是受到了闽西方言的影响。

接着来看章组全浊声母的变化：

1. 昌母注禅、船 2 例

船船仙平山合三（喘昌仙上山合三）

鹑禅谆平臻合三（春昌谆平臻合三）

平声船、禅清化为相应的送气音，符合北方话的演变规律。

2. 书母注禅、船 8 例

谁禅脂平止合三（水书旨上止合三）

寔禅职入曾开三（诗书之平止开三）

拾禅缉入深开三（诗书之平止开三）

石禅昔入梗开三（诗书之平止开三）

十禅缉入深开三（诗书之平止开三）

盛禅清去梗开三（圣书清去梗开三）

舌船薛入山开三（赊书麻平假开三）

食船职入曾开三（诗书之平止开三）

仄声禅母、船母清化全部变为相应的不送气音，符合北方话的演变规律。

最后我们来看精组全浊声母的变化：

1. 精注从母 4 例

前从先平山开四（浅精先平山开四）

暂从谈去咸开一（赞精寒去山开一）

昨从铎入宕开一（佐精歌去果开一）

糍从脂平止开三（紫精支上止开三）

从母清化为精母，平、仄各占一半，不符合北方话全浊声母清化的规律，我们认为应是受到了方言影响。

2. 清母注从、邪 11 例

裁从咍去蟹开一（采清咍上蟹开一）

粗从模上遇合一（此清支上止开三）

财、材从咍平蟹开一（采清咍上蟹开一）

藏从唐平宕开一（葱清东平通合一）

才从咍平蟹开一（采清咍上蟹开一）

墙从阳平宕开三（枪清阳平宕开三）

瞧从宵平效开三（悄清宵上效开三）

泉从仙平山合三、前从先平山开四、钱从仙平山开三（千清先平山开四）

墙从阳平宕开三（仓清唐平宕开一）

秦从真平臻开三（亲清真平臻开三）

囚邪尤平流开三（秋清尤平流开三）

3. 心注邪母 1 例

俗邪烛入通合三（思心之平止开三）

变为清母的从、邪平声字占了 91.7%，符合北方话全浊声母清化的规律。

其中从母也有一部分归入知组二等，在例子中它们有共同的声母 [ts]，是受到了漳州、泉州方言的影响，为避免相同问题重复分析，我们在此不做具体讨论。

另外，正音材料中也出现了群注从母、邪母各 1 例，后文分析。

对于精组是否腭化，我们留在牙音部分进行讨论。

那么，正音材料中舌上音和齿音的运用显然是受到了闽语特别是漳州、泉州方言的影响，在官话音中知庄章合流，但是在受漳州、泉州方言影响的音注中，知组与章庄组虽有相同但仍分立，章组与精组合一。其声母是：章 tʂ、昌 tʂ^{h}、审 ʂ、精 ts、清 ts^{h}、心 s。

二、喉音

	影	云	以	晓	匣	见	溪	疑	来	明	禅	微	非	敷	奉	日
影	35	6	7	2	2	1	2	2	1	1	1					
云	1	7	7		1							2				
以	7	3	14		2	1		3		1						
晓	1			18	9	2							4	1		
匣	1		2	13	29								8		4	1

晓母自注 18 例，占其总数的 51.4%，独立；匣母自注 29 例，占其总数的 42.6%，晓匣互注有 22 例，我们认为匣母与晓母合并，匣母已清化，既然晓匣合并，把其声母定为 [x]。同时我们也发现在晓母、匣母音注中存在特殊现象即 [f] 与 [x] 混注，后文会做说明。

下面讨论喻母与影母情况：

根据表中的数据，云以互注有 10 例：

1. 以注云 7 例

为云支平止合三、帏云微平止合三（唯以脂平止合三）

运云文去臻合三（孕以蒸去曾开三）

员、圆云仙平山合三、袁云元平山合三（延以仙平山开三）

永云庚上梗合三（勇以钟上通合三）

于云虞平遇合三（俞以虞平遇合三）

辕云元平山合三（延以仙平山开三）

羽云虞上遇合三（以以之上止开三）

2. 云注以 3 例

赢以清平梗开三（永云庚上梗合三）

油以尤去流开三、游以尤平流开三（有云尤上流开三）

俞以虞平遇合三（于云虞平遇合三）

而云母自注只有 7 例，云以互注数也超过以母自注的一半，我们判断云、以已合并为次浊声母喻母。

影母自注 35 例，占其总数的 58.3%，独立，它和喻母的互注有 21 例，超过了影母自注的一半，我们认为喻母已归于影母。

1. 云注影 6 例

怨影元去山合三（远云元去山合三）

汪影唐平宕合一（王云阳平宕合三）

窝影戈平果合一（有云尤上流开三）

枉影阳上宕合三（往云阳上宕合三）

咽影先去山开四（炎云盐平咸开三）

熨影物入臻合三（雨云虞上遇合三）

2. 以注影 7 例

意影之去止开三（怡以之平止开三）

要影宵平效开三（摇以宵平效开三）

稳影魂上臻合一（允以谆上臻合三）

饮影侵上深开三（引以真上臻开三）

亚影麻去假开二（也以麻上假开三）

噎影屑入山开四（也以麻上假开三）

丫影麻平假开二（爷以麻平假开三）

3. 影注云、以 8 例

亦以昔入梗开三（意影之去止开三）

摇以宵平效开三（妖影宵平效开三）

爷以麻平假开三（矮影佳上蟹开二）

窑以宵平效开三（要影宵平效开三）

叶以叶入咸开三（抉影屑入山合四）

溢以质入臻开三、驿以昔入梗开三（伊影脂平止开三）

易、蜴以昔入梗开三、役以昔入梗合三（伊影脂平止开三）

往$_{\text{云阳上宕合三}}$（枉$_{\text{影阳上宕合三}}$）

冯蒸认为零声母扩大的条件是“云、以、影这三个声母……我认为就是全浊声母的清化，j、w 虽是次浊声母，也受到这种影响而变成纯元音，在这种情况下才导致与影母合流”[1]。以上 8 例影注云、以母正是次浊声母全清的体现，这个观点是我们的理论依据。

同时，还存在疑母注影母、以母的现象，留在牙音部分讨论。

最后看全浊声母的演变。

1. 影注匣 1 例

划$_{\text{匣麻平假合二}}$（喝$_{\text{影夬去蟹开二}}$）

2. 晓注匣 13 例

话$_{\text{匣夬去蟹合二}}$（华$_{\text{晓麻平假合二}}$）

何、河$_{\text{匣歌平果开一}}$（好$_{\text{晓豪上效开一}}$）

侯$_{\text{匣侯平流开一}}$（虎$_{\text{晓模上遇合一}}$）

寒$_{\text{匣寒平山开一}}$（罕$_{\text{晓寒上山开一}}$）

猴$_{\text{匣侯平流开一}}$（虎$_{\text{晓模上遇合一}}$）

项$_{\text{匣江上江开二}}$（乡$_{\text{晓阳平宕开三}}$）

伙$_{\text{匣戈上果合一}}$、和$_{\text{匣戈平果合一}}$（好$_{\text{晓豪上效开一}}$）

孩$_{\text{匣咍平蟹开一}}$（海$_{\text{晓咍上蟹开一}}$）

伙$_{\text{匣戈上果合一}}$（火$_{\text{晓戈上果合一}}$）

弦$_{\text{匣先平山开四}}$（显$_{\text{晓先上山开四}}$）

画$_{\text{匣佳去蟹合二}}$（花$_{\text{晓麻平假合二}}$）

蝎$_{\text{匣曷入山开一}}$（血$_{\text{晓屑入山合四}}$）

华$_{\text{匣麻去假合二}}$（花$_{\text{晓麻平假合二}}$）

这体现了官话全浊声母清化的规律，但声调方面仍未体现明

① 冯蒸《〈尔雅音图〉音注所反映的宋初零声母——兼论中古影、云、以母的音值》，《汉字文化》1991 年第 1 期，29—36 页。

显的“全浊上变去”。

表中还存在见、溪母注匣母的现象，另外正音材料中还有1例也属此类：

公、蚣、功、工见东平通合一、贡见东去通合一(喉音)

根据邵荣芬《匣母字上古一分为二试析》[①]中的分析，我们认为这应是受到方言影响而出现的音注现象。

那么，正音材料中喉音的声母有：影ø、晓x。

三、牙音

	见	溪	群	疑	影	匣	云	晓	以	精	清	从	心	邪	日	娘
见	128	1	4	1	1	9			1	1	3		1	1		
溪	3	34	2	1		3			1			1				
群	5	7	8	1							1	1				
疑		1		35	3	5	2		2			1			1	2

见母自注128例，占其总数的84.8%，独立。溪母自注34例，占其总数的75.6%，独立。群母自注8例，占其总数的34.8%，而见、溪注群母占到了50%，我们认为群母已经清化归入见、溪。疑母自注35例，占其总数的67.3%，独立。

下面结合例子来看各声母间互注的情况。

1. 牙音全浊声母的变化

(1)见注群5例

伽群戈平果开三(加见麻平假开二)

拳群仙平山合三(见见先去山开四)

琴群侵平深开三(劲见清去梗开三)

① 邵荣芬《匣母字上古一分为二试析》,《语言研究》1991年第1期，118—127页。

局群烛入通合三、及群缉入深开三（居见鱼平遇合三）

狂群阳平宕合三（广见唐上宕合一）

见群互注平声比例偏大，这和北方话全浊声母清化规律不一致，主要原因是受到了方言的影响，因为在漳州、泉州方言中，“伽、拳、琴、狂”与“加、见、劲、广”一样，都读为[k]。

（2）溪注群7例

求、球、裘群尤平流开三（邱溪尤平流开三）

期群之平止开三（起溪之上止开三）

穷群东平通合三（穹溪东平通合三）

颧群仙平山合三（劝溪元去山合三）

奇群支平止开三（起溪之上止开三）

桥群宵平效开三（巧溪肴去效开二）

球群尤平流开三（邱溪尤平流开三）

平声群母全部变为相应的送气音，符合北方话全浊声母清化规律。

另外，还存在其他声母的互注，如匣注见母9例、注溪母3例、注疑母5例，影注见母、以注见母和溪母各1例，在喉音部分已做过说明，此处不再重复。

2. 疑母消亡征兆明显

（1）影、云、以注疑母共7例

鱼、渔疑鱼平遇合三、虞疑虞平遇合三（俞以虞平遇合三）

砚疑先去山开四（叶以叶入咸开三）

艾疑泰去蟹开一（爱影咍去蟹开一）

玩疑桓去山合一（宛影元上山合三）

魏疑微去止合三（畏影微去止合三）

乐疑肴去效开二（王云阳去宕合三）

浇疑萧去效开四（王云阳去宕合三）

而在喉音分析中，我们提到疑母注影母、以母共5例：

安、鞍影寒平山开一(眼疑山上山开二)
案、暗影寒去山开一(雁疑删去山开二)
阎以盐平咸开三(妍疑先平山开四)
溢以质入臻开三(硬疑庚去梗开二)
孕以蒸去曾开三(银疑真平臻开三)

疑母与影、云、以互注数量占其自注的34.3%，这说明虽然疑母独立，但疑母与影喻间已经出现了很大程度上的混注，疑母消亡征兆明显。

(2)娘母、日母注疑母3例

倪疑齐平蟹开四(尼娘脂平止开三)
牛疑尤平流开三(娘娘阳平宕开三)
阮疑元上山合三(软日仙上山合三)

这类音注可以作为疑母鼻音色彩弱化、呈现消亡征兆的佐证。

3. 腭化问题

腭化问题，即要研究正音材料中见、精两组是否在细音前发生腭化而合流，演变出声母[tɕ、$tɕ^h$、ɕ]。

(1)见精互注

正音材料中只存在1例精注见母：

揭见月入山开三(子精之上止开三)

此例中见母未腭化。

(2)见清互注

齿头音分析表中，见注清母有3例：

醋清模去遇合一(久见尤上流开三)
俏清宵去效开三(哥见歌平果开一)
肏清豪去效开一(光见唐去宕合一)

“醋清(久见)”中清母可能腭化，其他2例中清母未发生腭化。

牙音分析表中，清注见母也有3例：

吃见迄入臻开三(七清质入臻开三)

甘见谈平咸开一（千清先平山开四）

监见衔平咸开二（千清先平山开四）

后 2 例是清母细音为见母洪音注音，见母腭化。

（3）见心互注

齿头音分析表中，见注心母 1 例：

心心侵平深开三（甲见狎入咸开二）

此例说明心母未腭化。

牙音分析表中，心注见母也有 1 例：

交见肴平效开二（萧心萧平效开四）

此例是心母细音为见母洪音注音，见母腭化。

（4）见邪相注

牙音分析表中，邪注见母 1 例：

吃见迄入臻开三（徐邪鱼平遇合三）

此例是邪母细音为见母细音注音，见母未腭化。

（5）清群母相注

牙音分析表中，清注群母 1 例：

强群阳平宕开三（抢清阳平宕开三）

此例是清母细音为群母细音注音，群母未腭化。

（6）从注溪、疑母

牙音分析表中，从注溪、疑母各 1 例：

牙疑麻平假开二（才从咍平蟹开一）

侃溪寒去山开一（蚕从覃平咸开一）

例中未发生腭化。

（7）从群互注

齿头音分析表中，群注从母 1 例：

嚼从药入宕开三（侨群宵平效开三）

此例是群母细音为从母细音注音，从母未腭化。

牙音分析表中，从注群母 1 例：

癯群虞平遇合三（自从脂去止开三）

此例未发生腭化。

从以上例子中，我们只能看出见、精组有腭化迹象，但因例子太少，不能断言见与精全部腭化，还需佐以同时代同性质的材料，估计才能看出端倪。

（8）庄、章组注见组

在牙音分析表中，还出现了庄、章组注见组的音注现象。

章注见母 7 例：

肌见脂平止开三（之章之平止开三）

叫见萧去效开四（照章宵去效开三）

京见庚平梗开三（正章清平梗开三）

骨见没入臻合一（止章之上止开三）

刚见唐平宕开一（章章阳平宕开三）

镜见庚去梗开三（正章清去梗开三）

降见江去江开二（之章之平止开三）

禅注群母 1 例：

衢群虞平遇合三（时禅之平止开三）

庄注疑母 1 例：

岩疑衔平咸开二（斩庄咸上咸开二）

在这些例子中，见组三、四等字有 5 例，根据近代汉语官话的语音变化规律，这 5 例里面的字应读 [tɕ、tɕʰ]，但是注音者却把它们与章组相混，但我们并不认为这就代表其读变为了舌尖后音，因为存在见组腭化先于精组的原则[①]，而上文我们已经分析出精组有腭化迹象，那么就不可能在精组出现腭化后见组却未腭化，所以这 5 例中见母应已出现腭化，注音者这样安排应是考虑

① 范文凤《〈等韵学〉音系研究》，厦门大学硕士学位论文，2007 年。

介音的缘故。同时，见母与洪音相拼时变为舌尖后音，这表示见组虽有腭化迹象但仍保持尖团区别。①

（9）特殊注音

在正音材料音注中，还出现了这样 1 例注音：

九见尤上流开三（舌音）

在细音前见母由牙音变为舌音，这也说明见母在向舌面前音演变，为见母腭化提供了佐证。另外，还有这样的例子：

监见衔平咸开二（坚见先平山开四）

即用见母细音为见母洪音注音，也是见母腭化的证据。同时我们也应该看到，见、精组的腭化表明了官话音进一步向北京音靠拢的倾向。②

那么，正音材料中见、精组出现腭化迹象，但不完全。牙音声母有：见 k、溪 k^h、疑 ŋ。

四、唇音

（一）重唇音

	帮	滂	并	明	非	敷	奉	微	端	透	定	禅	心	晓	见	疑	影	以	生	章
帮	24	3	6	1	3	1	1		1	1	1	1	1	1	1					
滂		11	3	1	1		2						1	1	1					
并	14	5	25	3	2	2	3		1		1				2		2		1	1
明				50	1			6							1	1		1		

帮母自注 24 例，其他声母注帮母 22 例，帮母自注占其总数的 52.2%，超过半数，因此帮母独立。滂母自注 11 例，占其总数

① 叶宝奎《明清官话音系》，厦门大学出版社，2001 年，236 页。

② 叶宝奎《明清官话音系》，厦门大学出版社，2001 年，236 页。

的 52.3%，滂母独立。

并母自注 25 例，占其总数的 40.3%，而清音注并母 30 例，超过并母自注数，这说明并母已经清化，失去独立地位。

明母自注 50 例，占其总数的 83.3%，轻唇音非母注明母有 1 例，占其总数的 1.7%，微母注明母有 6 例，另见母、疑母、以母注明母各 1 例，这表示明母有清化现象，但仍处于独立地位。

下面具体讨论清音帮、滂、非、敷注全浊并母的情况。

（1）平声 11 例

袍并豪平效开一（包帮肴平效开二）

盘并桓平山合一（板帮删上山开二）

笓并齐平蟹开四（庇帮脂去止开四）

皮并支平止开三（鄙帮脂上止开三）

陪并灰平蟹合一（配滂灰去蟹合一）

便并仙平山开三（偏滂仙平山开三）

赔并灰平蟹合一（配滂灰去蟹合一）

婆并戈平果合一（颇滂戈平果合一）

排并皆平蟹开二、牌并佳平蟹开二（沛滂泰去蟹开一）

旁并唐平宕开一（访敷阳去宕合三）（纺敷阳上宕合三）

膀并唐平宕开一（纺敷阳上宕合三）

（2）仄声 12 例

罢并麻上假开二（霸帮麻去假开二）

别并薛入山开三（板帮删上山开二）

便并仙去山开三（变帮仙去山开三）

刨并肴去效开二（包帮肴平效开二）

白并陌入梗开二（伯帮陌入梗开二）

鼻、鞁并支去止开三（庇帮脂去止开三）

抱并豪上效开一（包帮肴平效开二）

耙并麻去假开二（巴帮麻平假开二）

饽并没入臻合一（褒帮豪平效开一）

雹并觉入江开二（布帮模去遇合一）

腷并职入曾开三（夫非虞平遇合三）

扁并先上山开四（夫非虞平遇合三）

浊音并母变为清音平声、仄声比例相当，其中平声变为相应的送气音占其总数的63.6%，仄声全部变为相应的不送气音，上声字66.7%变为去声，这符合北方话演变规律。

由上述分析，我们可以看出，正音材料中并母已经清化，归入帮、滂、非、敷。重唇音出现帮、滂、明即全清、次清、次浊的布局。

另外，还出现了牙、舌、齿、喉音注重唇音的现象，数量很少，除体现零声母增加以外，暂时无法做出合理解释，有待进一步研究。

那么，正音材料的重唇音是：帮 p、滂 p^h、明 m。

（二）轻唇音

	非	敷	奉	微	明	晓	匣	并	见	云	疑	影	以
非	13	1	2			2							
敷	4	2							1				
奉	9	1	3			2	2	1					
微				1	2		1			7	1	4	1

非母自注13例，占其总数的72.2%，独立。敷母自注2例，而非注敷母4例，见注敷母1例，可知，敷母已基本归入非母，我们认为非敷已合流。

奉母自注3例，而非注奉母9例，敷注奉母1例，晓、匣注奉母各2例，并注奉母1例，可知奉母有55%归入非母，有20%

归入喉音晓母和匣母，奉母已清化。

微母自注 1 例，明注微母 2 例，云注微母 7 例，疑注微母 1 例，影注微母 4 例，匣、以注微母各 1 例，微母自注仅占其总数的 5.9%，可知微母并不处于独立地位，其 41.2% 已归入云母，23.5% 归入影母，5.9% 归入以母，这和叶宝奎总结的代表清代后期官话音的著作《官话新约全书》音系中微母“已经与‘影云以’的变音混同”“变为零声母”[1] 相吻合。

下面结合例子看全浊声母的变化规律。

非、敷注奉 10 例：

负奉尤上流开三（肤非虞平遇合三）

服、茯、伏、袱奉屋入通合三（夫非虞平遇合三）

房奉阳平宕合三（放非阳上宕合三）

佛奉物入臻合三（夫非虞平遇合三）

腐、芙、父奉虞上遇合三（扶非虞平遇合三）

匐奉屋入通合三（付非虞去遇合三）

辅奉虞上遇合三（斧非虞上遇合三）

痱奉微去止合三（沸非微去止合三）

坟奉文上臻合三（粉非文上臻合三）

烦奉元平山合三（反敷元平山合三）

以上例子中全浊奉母仄声字全部变为了相应的不送气音，平声字 50% 变为相应的送气音，符合北方话全浊声母的演变规律。但我们也发现，在声调方面应是受到方言影响，奉母并没有遵循“全浊上变去”的规律。

此外，存在 4 例特殊注音：

法非乏入咸合三（花晓麻平假合二）

发非月入山合三（花晓麻平假合二）

[1] 叶宝奎《明清官话音系》，厦门大学出版社，2001 年，254 页。

乏奉乏入咸合三（花晓麻平假合二）

房奉阳平宕合三（黄匣唐平宕合一）

即 [f] 与 [x] 混注，前文分析中也出现了此种现象，对此，木津祐子进行了分析，认为这种现象出现在泉州、漳州等地，是“很典型的闽语特征”①，我们赞同这一观点，但其数量少，并不占主流，应是官话音在运用过程中受到了方言影响。

那么，正音材料的清唇音是：非 f。

五、半舌、半齿音

	来	日	泥	娘	禅	心	匣	见	溪	疑	影	以	云
来	68	6	3					3	1	1	2	1	1
日	1	21					1					1	3

来母自注 68 例，占其总数的 79.1%，独立。日母自注 21 例，占其总数的 77.8%，独立。

下面来看互注情况：

1. 日来互注 7 例

人日真平臻开三（恋来仙去山合三）

狼来唐平宕开一（人日真平臻开三）

领来清上梗开三（恁日侵上深开三）

廪来侵上深开三（恁日侵上深开三）

箩来歌平果开一（若日麻平假开三）

廊来唐平宕开一（人日真平臻开三）

郎来唐平宕开一（人日真平臻开三）

① 木津祐子《〈新刻官话汇解便览〉的音系初探——兼论明清正音书在日本的影响》，《中国音韵学研究会第十一届学术讨论会论文集》，文化教育出版社，2000 年，257 页。

对于这种音注现象，木津祐子具体分析了例子“人：恋”“狼：人”，认为是多数闽南话如泉州话里存在的读音现象。我们不重复论证，赞同其观点，并做了进一步考查，发现在漳州话里也存在这种现象。以此类推，其他例子也应是受到了方言影响。

2. 泥注来母 3 例

廉、帘、镰$_{\text{来盐平咸开三}}$（年$_{\text{泥先平山开四}}$）

篮、蓝$_{\text{来谈平咸开一}}$（难$_{\text{泥寒平山开一}}$）

练$_{\text{来先去山开四}}$（年$_{\text{泥先平山开四}}$）

“年、难”在漳州、泉州方言中有两种读法 [n/l]，而“廉、簾、镰、篮、蓝”为 [l]，那么来、泥母在各自独立的前提下出现互注，是方言影响的结果。前文中出现的来注泥母与此相同。

3. 见组注来母 5 例

利$_{\text{来脂去止开三}}$（间$_{\text{见山去山开二}}$）

绿$_{\text{来烛入通合三}}$、络$_{\text{来铎入宕开一}}$（各$_{\text{见铎入宕开一}}$）

肋$_{\text{来德入曾开一}}$（眼$_{\text{疑山上山开二}}$）

犂$_{\text{来脂平止开三}}$（间$_{\text{见山平山开二}}$）

骒$_{\text{来戈平果合一}}$（科$_{\text{溪戈平果合一}}$）

来母为半舌音，这种音注情况进一步为见组腭化趋势提供了旁证。

4. 影、以、云注来母、日母 8 例：

怜$_{\text{来先平山开四}}$（怡$_{\text{以之平止开三}}$）

撩$_{\text{来萧上效开四}}$（远$_{\text{云元上山合三}}$）

林$_{\text{来侵平深开三}}$（音$_{\text{影侵平深开三}}$）

灵$_{\text{来青平梗开四}}$（莺$_{\text{影耕平梗开二}}$）

然$_{\text{日仙平山开三}}$（缘$_{\text{以仙平山合三}}$）

入$_{\text{日缉入深开三}}$（宇$_{\text{云麌上遇合三}}$）

如$_{\text{日鱼平遇合三}}$（宇$_{\text{云麌上遇合三}}$）

乳$_{\text{日麌上遇合三}}$（宇$_{\text{云麌上遇合三}}$）

这说明半舌音、半齿音在保持独立的前提下有变为零声母的现象。另外，在正音材料中止摄开口三等日母字全部读为零声母：

儿日支平止开三、二、贰日脂去止开三（舌音）

耳日之上止开三（儿日支平止开三）

耳日之上止开三（舌音）

这与叶宝奎总结的代表清代后期官话音的著作《官话新约全书》音系中日母的变化规律相同。

那么，正音材料音注中半舌、半齿音的声母是：来 l、日 ʐ。

六、《便览》声母系统

通过以上对《便览》正音材料声母系统的分析，我们可以总结出其声母：

帮 p	滂 p^h	明 m	非 f	
端 t	透 t^h	泥 n		来 l
精 ts	清 ts^h		心 s	
章 tʂ	昌 $tʂ^h$		生 ʂ	日 ʐ
见 k	溪 k^h	疑 ŋ	晓 x	
影 ø				

一共 20 个声母。它们的特点是：

1. 全浊声母全部清化。

2. 微母消失，归入影母；保留疑母，但消亡征兆非常明显。

3. 见、精组都出现腭化迹象，但不完全。

4. 在未受方言影响的音注中，知庄章完全合流，虽然庄组很大一部分并入精组，但也是近代官话音演变的重要规律之一。在漳州、泉州方言影响下，知组与章庄分立，知组为 [t、t^h]，章组与精组合一为 [ts、ts^h、s]。这说明在正音材料中，知庄章与精组的运用存在两个系统，即官音系统与闽音系统。

5. 日母止摄开口三等韵字全部读为零声母。

6. 存在一些受漳州、泉州方言影响而出现的特殊音注，如 [f] 与 [x]、日来混注、来母与泥娘混注等情况，无不表明正音材料所反映的声母系统中方言痕迹明显。但这些特殊音注是在相关声母一方或双方独立的前提下出现的，并未影响正音声母系统整体结构。

七、《便览》声母系统与清代后期的官话音、北京音比较

根据《便览》刊行时间，我们选择了与其年代相当并反映官话音和北京音的音韵书作为比较对象，即莎彝尊的《正音咀华》、《官话新约全书》、李汝珍的《李氏音鉴》，以叶宝奎的研究为准。

（一）与《正音咀华》声母系统比较

叶宝奎分析的《正音咀华》声母系统为①：

邦 p	滂 p^h	茫 m	方 f	亡 v/w
当 t	汤 t^h	囊 n	郎 l	
藏 ts	仓 ts^h	桑 s		
章 tʂ	昌 $tʂ^h$	商 ʂ	穰 ʐ	
冈 k	康 k^h			
炕 x				
佒 ø				

声母一共 20 个。

其声母系统特点是：全浊声母清化；疑母消失，保留微母；知庄章组完全混同；见、精组尚未腭化；日母止摄开口三等韵字仍读 [ʐ ʅ]。

首先，我们要弄清楚官话音中微、疑母的保存问题。叶宝奎认为“清代北京音中微、疑已经消亡；清代官话音中微疑两母已

① 叶宝奎《明清官话音系》，厦门大学出版社，2001 年，234 页。

处于消变的过程中但尚未完全消失”①。

《便览》音系声母系统与《正音咀华》声母系统相比较，大体相同，区别在于：

1. 微母消失，保留疑母但消亡征兆明显。

2. 见、精组已出现腭化，但不明显。

3. 日母止摄开口三等韵字已全部读为零声母。

4. 知庄章与精组的运用中存在闽音系统。

这些区别表明，《便览》音系声母系统比《正音咀华》更具有北京音的特点，同时声母系统中有方音痕迹。

（二）与《官话新约全书》声母系统比较

叶宝奎分析的《官话新约全书》声母系统为：

p	p^h	m	f	
t	t^h	n	l	
ts	ts^h		s	
tʂ	$tʂ^h$		ʂ	ʐ
			hs	
k	k^h		h	ø

一共 20 个声母。

其声母系统的特点是：全浊声母清化；微、疑母消失；知庄章组完全混同，有少数庄组字变入精组；日母止摄开口三等韵字已经变成零声母；见组已经腭化出声母 [hs]，其实际发音接近 [x]。

这样看来，《便览》音系声母系统与《官话新约全书》声母系统更加接近，已基本相同，区别在于《便览》音系声母系统：

1. 仍存在疑母。

2. 见组并未腭化出具体声母。

① 叶宝奎《明清官话音系》，厦门大学出版社，2001 年，235 页。

3. 知庄章与精组的运用中存在闽音系统。

这些区别表明,《便览》音系声母系统中,北京音的痕迹比《官话新约全书》要低,同时声母系统中有方音痕迹。

(三)与《李氏音鉴》声母系统比较

李汝珍《李氏音鉴》完整地体现了清代后期的北京音,《便览》音系声母系统与之相比,存在诸多相似点,例如全浊声母全部清化,除精、群仄声清化与北方话全浊声母清化规律不符外,其他的全部符合此规律。区别在于:

1. 仍保留疑母。

2. 见、精组虽出现腭化但仍保持尖团区别,而北京音见、精组已分化,且两组腭化音已合流(尖团不分)[①]。

3. 知庄章与精组的运用中存在闽音系统。

综上,《便览》音系声母系统与同时期北京音声母系统存在不少相同点,如全浊声母清化、微母消失、知庄章合流、日母止摄开口三等韵字全部读为零声母等,但仍有不同之处,如保留疑母、见精组腭化并不完全等。另外,声母系统中还存在方音痕迹,这表明《便览》音系声母系统受北京音的影响已经很大,但北京音还未取得正音地位,且《便览》声母系统中有方音痕迹,所以,其声母系统并不纯粹。

第二节 《便览》韵母系统

本节我们将讨论《便览》正音材料的韵母,讨论顺序为阴声韵、入声韵、阳声韵。在讨论阴声韵、阳声韵中,举平以赅上去入。韵母拟音以王力、邵荣芬的为准。

① 叶宝奎《明清官话音系》,厦门大学出版社,2001年,240页。

一、阴声韵

（一）止蟹摄三四等韵、蟹摄一等韵

	支	脂	之	微	齐	祭	废	咍	虞	鱼	屋	物	职	质	药	灰	佳	青	魂	泰合
支	14	8	6				1	1		2	1	1	1		1					
脂	4	15	6				1		2	3						4	1	1	1	
之	4	7	24						2	1			1							
微	1	3		7										1		1			1	
齐	2	6	6		6	1		1	1	5										
祭	1	5	1			2				2										
废																				
灰	2	5		4	1		1					1				11			1	
泰合				1	1			1												

1. 止摄三、四等韵注音情况

支韵自注 14 例，脂韵自注 15 例，之韵自注 24 例，三韵互注 38 例，远超出各自注数，我们判断支、脂、之三韵合流。微母自注 7 例，与支、脂互注 4 例，占其自注的 57.1%，比例很大，那么微母也与这三韵合流，即止摄三、四等各韵已经合流。

王力说过“支脂之三韵的精系字读 [ɿ]，这是三韵合流以后的事”[①]。既然在正音材料中支、脂、之三韵合流，我们必须要考虑它们是否已经产生了支思韵和日母洪音化[②]的音变。冯蒸也为我

① 王力《汉语史稿》，中华书局，1980 年，163 页。

② 柯建林《清孙偘〈尔雅直音〉音系研究》，首都师范大学硕士学位论文，2011 年。

们提供了判断的标准[1]：（1）韵母必须是止摄支、脂、之三韵，或蟹摄祭韵的开口字。（2）声母有三种：a. 精组字；b. 知庄章或庄组字；c. 日母字。

我们在正音材料中找到了符合上述条件的例子：

（1）止摄精组互注 3 例

子精之上止开三（此清支上止开三）

糍从脂平止开三（紫精支上止开三）

字从之去止开三（自从脂去止开三）

（2）止摄知庄章组互注 8 例

知知支平止开三（之章之平止开三）

使生之上止开三（矢书脂上止开三）

枝、支、肢章支平止开三（之章之平止开三）

致澄脂去止开三（只章支平止开三）

是禅支上止开三（仕崇之上止开三）

脂章脂平止开三（之章之平止开三）

豉禅支去止开三（示船脂去止开三）

示船脂去止开三（士崇之上止开三）

（3）止摄日母互注 1 例

耳日之上止开三（儿日支平止开三）

王力认为在现代的官话区域里“对止摄精系字一律念 [ɿ]”[2]。那么我们可以判断《便览》正音材料中已经存在支思韵和日母洪音化，符合近代汉语韵母系统的演变规律。我们类推出止摄知庄章系字韵母为 [ʅ]，而变为零声母的止摄开口日母韵母为 [ɚ]。

接下来看止摄各韵其他音注情况[3]：

---

① 冯蒸《〈尔雅音图〉音注所反映的五代宋初等位演化：兼论《音图》江 / 宕、曾 / 梗两组韵摄的合流问题》，《语言研究》1996 年增刊，195—212 页。

② 王力《汉语史稿》，中华书局，1980 年，164 页。

③ 并不把所有例字的韵母拟音都写出，相同韵母拟音不重复显示。

（1）支脂互注 9 例

为$_{云支平止合三}$ iue（唯$_{以脂平止合三}$）ui

随$_{邪支平止合三}$（水$_{书脂上止合三}$）

皮$_{并支平止开三}$ ie（师$_{生脂平止开三}$）i

鼻、鞁$_{并支去止开三}$（庇$_{帮脂去止开三}$）

翅$_{书支去止开三}$（次$_{清脂去止开三}$）

皮$_{并支平止开三}$（鄙$_{帮脂上止开三}$）

蹝$_{生支上止开三}$（利$_{来脂去止开三}$）

地$_{定脂去止开三}$（池$_{澄支平止开三}$）

琵、枇、仳$_{并脂平止开三}$（皮$_{并支平止开三}$）

上面的例子说明止摄三等重韵与三等韵已经混同，支、脂韵三等合口韵母为 [ui]，其开口韵母为 [i]。支之互注、脂之互注、微与支脂韵互注也反映此种情况，这里不做具体分析。

（2）支鱼互注 2 例

池$_{澄支平止开三}$（徐$_{邪鱼平遇合三}$）

丽$_{来支平止开三}$（闾$_{来鱼平遇合三}$）

对于止摄开口三等归于遇摄合口三等的情况，我们做了考证，发现在漳州、泉州方言中，例子中的“池、丽”与为它们注音的“徐、闾”韵母同为 [i]，说明用遇摄合口来为止摄开口注音是方言影响的结果。脂、之、齐、祭与虞、鱼互注情况与其类似，不重复分析。

（3）物注支韵 1 例

臂$_{帮支去止开三}$ ie（弗$_{非物入臻合三}$）ut

此例说明在正音材料中存在阴声韵与入声韵相混的情况，屋、职、质、药韵注支、之、微韵也是此种情况。

另外，还有青、魂韵注脂、微韵的情况，反映了阳声韵和阴声韵混同的现象，下文中会提及。

2. 蟹摄三、四等韵注音情况

齐韵自注6例，祭韵自注2例，齐祭互注1例，占祭韵自注的一半，那么祭韵归入齐韵，根据四声相承原则，我们认为蟹摄三、四等各韵合流。蟹摄三、四等韵与止摄三、四等韵互注有23例，远远超过蟹摄三、四等韵自注数，则可以判断蟹摄三、四等韵已归入止摄三、四等韵，两摄三、四等韵已合流。下面看具体的例子：

（1）支注齐、祭韵3例

体透齐上蟹开四（企溪支上止开四）

底端齐上蟹开四（弭明支上止开四）

艺疑祭去蟹开三（义疑支去止开三）

（2）脂注齐、祭韵11例

低端齐平蟹开四（地定脂去止开三）

倪疑齐平蟹开四（尼娘脂平止开三）

笓并齐平蟹开四（庇帮脂去止开四）

替透齐去蟹开四（弃溪脂去止开四）

递定齐去蟹开四（治澄脂去止开三）

帝端齐去蟹开四（致知脂去止开三）

脆清祭去蟹合三 uei（翠清脂去止合三）ui

卫云祭去蟹合三（位云脂去止合三）

厉来祭去蟹开三（利来脂去止开三）

赘章祭去蟹合三（醉精脂去止合三）

岁心祭去蟹合三（粹心脂去止合三）

这些例子充分说明止、蟹两摄三、四等韵已合流，其开口混注，蟹摄合口三等韵字变为止摄合口三等韵，产生韵母[ui]。之注齐、祭韵反映了同样的情况。

（3）废注支、脂韵2例

备并脂去止开三（吠奉废去蟹合三）

被并支去止开三（吠奉废去蟹合三）

废注支、脂韵反映的现象与上文情况相同。

那么，正音材料中止摄、蟹摄三、四等韵合流，韵母有：

支、脂、之精知庄章　　ʅ、ʅ

止、摄日开三　　ɚ

支、脂、之、齐、祭开　　i

支、脂、之、微、祭、废合　　ui

3. 蟹摄一等合口字注音情况

灰韵自注 11 例，与止、蟹摄三、四等互注 13 例，大于其自注数，泰合韵未出现自注，但与止、蟹摄三、四等互注 2 例，而灰、泰合韵之间并未出现互注，我们判断蟹摄一等合口字灰、泰合韵之间未合流，但它们分别与止、蟹摄三、四等合流。下面看具体例子：

（1）支灰互注 2 例

佩并灰去蟹合一（被并支去止开三）

魁溪灰平蟹合一 ui（亏溪支平止合三）uei

（2）脂灰互注 9 例

泪来脂去止合三 ui（雷来灰平蟹合一）ui

悲帮脂平止开三（杯帮灰平蟹合一）

追知脂平止合三（罪从灰上蟹合一）

霉明脂平止开三（梅明灰平蟹合一）

罪从灰上蟹合一（萃从脂去止合三）

碎心灰去蟹合一（粹心脂去止合三）

配滂灰去蟹合一（屁滂脂去止开四）

杯帮灰平蟹合一（悲帮脂平止开三）

队定灰去蟹合一（醉精脂去止合三）

（3）微灰互注 5 例

微微微平止合三（梅明灰平蟹合一）

回匣灰平蟹合一（肥奉微平止合三）

回$_{\text{匣灰平蟹合一}}$（斐$_{\text{非微平止合三}}$）

悔$_{\text{晓灰上蟹合一}}$（斐$_{\text{敷微上止合三}}$）

灰$_{\text{晓灰平蟹合一}}$（非$_{\text{非微平止合三}}$）

（4）灰与齐、废韵互注各 1 例

背$_{\text{并灰去蟹合一}}$ ui（吠$_{\text{奉废去蟹合三}}$）uei

赔$_{\text{并灰平蟹合一}}$（抵$_{\text{端齐上蟹开四}}$）

（5）泰$_{\text{合}}$与微、齐韵互注 2 例

会$_{\text{匣泰去蟹合一}}$ uɑi（肥$_{\text{奉微平止合三}}$）uei

会$_{\text{见泰去蟹合一}}$（惠$_{\text{匣齐去蟹合四}}$）uei

19 例中有 14 例是蟹摄一等合口字与止、蟹摄三等合口字互注，其中灰韵一等合口字占了 12 例，虽然它也有与止、蟹摄开口三、四等互注的情况，但很少，说明灰韵一等合口字与止、蟹摄三等合口字合并是主流方向。王力在《汉语史稿》中就分析过三等韵支脂微祭废“在合口呼上，完全与灰韵合流了”[1]。他的观点是我们的理论根据。

另外，还出现了物、魂韵注灰韵，类似情况已在前文做了说明，此处不重复。

那么，正音材料中蟹摄一等合口字的韵母有：

灰、支、脂、微、废$_{\text{合}}$　　　　ui

泰$_{\text{合}}$、微、齐$_{\text{合}}$　　　　uei

（二）蟹摄一、二等韵

为避免与上文重复，对于一等韵只讨论咍、泰$_{\text{开}}$韵：

① 王力《汉语史稿》，中华书局，1980 年，160 页。

	哈	泰$_{开}$	佳	皆	夬	麻$_{二}$	之
哈	13	1	1				
泰$_{开}$	2						
佳	4	2	1		1	2	
皆	2	1		3			1
夬	1				1	1	

蟹摄一等韵中哈韵自注 13 例，泰$_{开}$韵无自注，但与哈韵互注有 3 例，可判断一等重韵泰$_{开}$韵已与哈韵合流。蟹摄二等韵中佳韵自注 1 例，夬韵自注 1 例，夬注佳韵 1 例，与自注等同，可知佳韵归入夬韵，两韵合流。皆韵自注 3 例，而哈、泰$_{开}$韵注佳、皆、夬韵 10 例，说明蟹摄二等韵已经与一等开口韵合流。下面看具体例子：

1. 哈泰$_{开}$互注 3 例

袋$_{定哈去蟹开一}$ ai（带$_{端泰去蟹开一}$）ai

害$_{匣泰去蟹开一}$（孩$_{匣哈平蟹开一}$）

艾$_{疑泰去蟹开一}$（爱$_{影哈去蟹开一}$）

这说明一等重韵泰$_{开}$韵已与哈韵合流。

2. 夬注佳韵 1 例

画$_{匣佳去蟹合二}$ ue（话$_{匣夬去蟹合二}$）uai

这说明二等重韵佳夬合流，产生韵母 [uai]。

3. 哈佳互注 5 例

才、财、裁、材$_{从哈平蟹开一}$ ai（柴$_{崇佳平蟹开二}$）e

柴$_{崇佳平蟹开二}$ e（采$_{清哈上蟹开一}$）ai

解$_{见佳去蟹开二}$（爱$_{影哈去蟹开一}$）

债$_{庄佳去蟹开二}$（再$_{精哈去蟹开一}$）

稗$_{并佳去蟹开二}$（改$_{见哈上蟹开一}$）

这说明蟹摄开口二等韵归入一等韵，产生韵母 [ai]，符合二等韵演变规律。皆、夬韵与咍、泰开互注也是此类情况，这里不做具体说明。

4. 麻二注佳韵 2 例

佳见佳平蟹开二 e（加见麻平假开二）a

画匣佳去蟹合二 ue（花晓麻平假合二）ua

对于蟹摄二等与假摄二等混同的现象，我们做了考证，“佳、加”在漳州方言里都读为 [kɛ]，在泉州方言里读音也相同，为 [ka]；而“画、花”在这两地的读音都为 [hua]。很显然，这类音注现象是方言影响的结果。麻韵注夬韵也是此类情况。

5. 之注皆韵 1 例

戒、疥见皆去蟹开二（其见之平止开三）

这表明蟹摄开口二等韵除了归入一等韵外，还有产生 [i] 介音的趋势。

那么，正音材料中蟹摄一、二等韵的韵母有：

咍、泰开、佳开、皆、夬开　　ai

佳合、夬合　　uai

（三）假摄

	麻二	麻三	佳	夬	黠	洽	支	之
麻二	26	2	1	1	1	1		
麻三	1	22	1				1	1

麻二韵自注 26 例，麻三韵自注 22 例，两韵互注 3 例，说明两韵已经出现合流，但数量较少，我们认为两韵仍各自独立。佳、夬韵注麻二韵 2 例，其反映的情况在蟹摄一、二等韵分析中已经做了分析，在此不重复。另外，还有 1 例佳注麻三韵：

爷以麻平假开三（矮影佳上蟹开二）

此音注并没有受到方言影响。因麻三韵独立，佳韵不独立，所以我们暂且把它看作是蟹摄二等韵产生 [i] 介音的表现。

下面看其他互注例子：

1. 麻二麻三韵互注 3 例

亚影麻去假开二 a（也以麻上假开三）ia

丫影麻平假开二（爷以麻平假开三）

夜以麻去假开三 ia（下匣麻去假开二）a

麻二韵为 [a]，麻三韵为 [ia]。

2. 洽、黠韵注麻二韵 2 例

下匣麻上假开二 a（夹见洽入咸开二）ep

沙生麻平假开二 a（杀生黠入山开二）at

这再一次说明正音材料中存在阴声韵与入声韵相混的情况。

3. 支、之韵注麻三韵 2 例

且清麻上假开三（此清支上止开三）

些心麻平假开三（丝心之平止开三）

对于此类音注，从方言方面我们并没有找到依据，只能暂且认为精组假摄开口三等字与止摄开口三等字有混同现象，有待进一步考证。

那么，假摄韵母有：

麻二开、佳开　　a

麻二合、夬开　　ua

麻三开　　ia

（四）遇摄

	模	虞	鱼	戈	尤	侯	之	支	昔
模	43	12	1	1	9	2	4	1	
虞	5	19	1		1		4	3	
鱼		7	5				3	9	1

鱼韵自注5例，与虞韵互注8例，大于其自注数，可知三等重韵鱼韵已经与虞韵合流了。模韵自注43例，与虞、鱼韵互注18例，接近其自注数的一半，但是否合流有待进一步考证。戈注模韵1例，尤、侯注模韵11例。遇摄三韵都与之、支韵有互注现象，下面具体讨论：

1. 模韵与虞、鱼韵互注18例

宁忌浮指出模韵与虞、鱼韵的分立，是现代汉语中韵母[y]形成的标志，并说“鱼虞韵的照系二等字及唇音字并入模韵”[①]时，模韵与虞、鱼韵处于分立状态。那么我们来看正音材料中的互注例子：

故见模去遇合一（句见虞去遇合三）

糊、狐匣模平遇合一（扶非虞平遇合三）

误疑模去遇合一（遇疑虞去遇合三）

赌端模上遇合一（朱章虞平遇合三）

壶、湖、瑚、胡匣模平遇合一（府非虞上遇合三）

苦溪模上遇合一（武微虞上遇合三）

壶匣模平遇合一（扶非虞平遇合三）

胡、葫、蝴、鹕匣模平遇合一（扶非虞平遇合三）

虎晓模上遇合一（府非虞上遇合三）

呼晓模平遇合一（夫非虞平遇合三）

胡匣模平遇合一（扶非虞平遇合三）

户匣模上遇合一（父奉虞上遇合三）

武微虞上遇合三（午疑模上遇合一）

株知虞平遇合三（都端模平遇合一）

膢来虞平遇合三（鲁来模上遇合一）

妪影虞去遇合三（乌影模平遇合一）

---

① 宁忌浮《洪武正韵研究》，上海辞书出版社，2003年，29—30页。

雾明虞去遇合三（污影模平遇合一）

古见模上遇合一（居见鱼平遇合三）

18 例中 11 例来自虞韵唇音字，占总数的 61.1%，由此我们判断虽然模韵与虞、鱼韵互注比例较大，但仍是分立状态，虞、鱼韵合流产生了韵母 [y]。

2. 戈注模韵 1 例

错清模去遇合一（挫精戈去果合一）

在漳州、泉州方言中，“错、挫”两字都读为 [ts^{h}o]，说明蔡氏用精组戈韵合口一等字来为模韵合口一等字注音，是方言体现。

3. 尤、侯注模韵 11 例

苦溪模上遇合一 u（邱溪尤平流开三）iu

古、盅、鼓见模上遇合一（久见尤上流开三）

护匣模去遇合一（负奉尤上流开三）

醋清模去遇合一（久见尤上流开三）

模明模平遇合一（矛明尤平流开三）

蒲、葡、菩并模平遇合一（浮奉尤平流开三）

普滂模上遇合一（浮奉尤平流开三）

户匣模上遇合一（负奉尤上流开三）

戽晓模去遇合一（富非尤去流开三）

步并模去遇合一（部并侯上流开一）

捕并模去遇合一（部并侯上流开一）

侯韵注模韵只有 2 例，我们在考证中也发现“步、捕、部”在漳州、泉州方言中是同音字，都读为 [pɔ]，很显然蔡氏用侯韵来为模韵注音是受方言影响的结果。但对于其他 9 例尤韵注模韵，并没有找到方言依据，只能暂且认为在正音材料韵母系统中，牙音、喉音、唇音遇摄合口一等字有归入流摄开口三等的趋势。尤韵注虞韵与其情况相同。

另外，还有 1 例昔注鱼韵，是阴声韵与入声韵相混的情况。

而关于遇摄各韵与之、止互注的情况，在止摄三、四等韵分析中已经有所阐述，在此不重复。

那么，遇摄中鱼虞合流，鱼虞韵和模韵分立，韵母有：

模　　u

虞、鱼　　y

（五）果摄

	戈	歌	模	豪	末
戈	11	1	3	5	1
歌	1	10	1	5	

模戈互注的情况在遇摄分析中已经说明，模歌互注情况与其类似，在此不做重复说明。戈韵自注 11 例，歌韵自注 10 例，两韵互注 2 例，各自保持独立。豪韵注戈、歌韵各 5 例，戈韵还与入声韵相注 1 例，说明了阴声韵与入声韵混同的现象。下面看具体例子：

1. 戈注歌韵 1 例

贺匣歌去果开一 ɑ（和匣戈去果合一）uɑ

2. 歌注戈 1 例

锅、戈见戈平果合一 uɑ（哥见歌平果开一）ɑ

这说明牙音、喉音果摄一等字开合有混同的趋势，但数量不大。

3. 豪注戈、歌韵 10 例

妥透戈上果合一（讨透豪上效开一）

火晓戈上果合一（好晓豪上效开一）

磨明戈平果合一（毛明豪平效开一）

伙匣戈上果合一、和匣戈平果合一（好晓豪上效开一）

摩明戈平果合一（毛明豪平效开一）

何、河匣歌平果开一（好晓豪上效开一）

罗来歌平果开一（老来豪上效开一）

沱、陀、跎定歌平果开一（桃定豪平效开一）

驼定歌平果开一（讨透豪上效开一）

柁、舵定歌上果开一（桃定豪平效开一）

对于此类音注，我们依然是从方言中找到了依据，至今在漳州、泉州方言中：

A.“妥”读为 [t^ho]，“驼”读为 [to]，为它们注音的“讨”读为 [t^ho]，韵母相同，读音相同或相近。

B.“火、伙、和、何、河”读为 [hɔ]，为它们注音的“好”也读为 [hɔ]，读音相同。

C.“磨、摩”读为 [mɔ]，为它们注音的“毛”也读为 [mɔ]，读音相同。

D.“罗”“老”同音，读为 [lo]。

E.“沱、陀、跎、柁、舵”与“桃”也同音，读为 [to]。

蔡氏用豪韵来为戈、歌韵注音，很显然是方言影响的结果。

那么，果摄韵母有：

戈合、歌开　　uo

歌开、豪开　　o

（六）流摄

	尤	幽	侯	模	虞	鱼	叶	豪
尤	28			1	1	1	1	
幽								
侯	1		15	9				1

尤韵自注 28 例，侯韵自注 15 例，尤、侯互注仅 1 例，两韵

各自独立。幽韵未出现自注。尤、侯韵与模、虞鱼韵互注 12 例，所反映的现象已经在遇摄中做了分析，此处不重复。下面看具体例子：

1. 尤注侯韵 1 例

荳定侯去流开一 əu（久见尤上流开三）iəu

这说明舌音流摄开口一等韵有产生 [i] 介音的趋势。

2. 叶注尤韵 1 例

骤崇尤去流开三 iəu（接精叶入咸开三）iəp

此例也反映了阴声韵与入声韵混同的现象。

3. 豪注侯韵 1 例

母明侯上流开一（毛明豪平效开一）

从方言方面考证，在漳州、泉州方言中，“母”“毛”声母并不相同，但韵母同为 [ɔ]，也说明此类音注的出现是方言影响的结果。

那么，流摄的韵母有：

尤、侯舌音　　iəu

侯　　əu

（七）效摄

	豪	肴	宵	萧	尤	侯	戈	真	衔
豪	25	26	3		2	11	1	1	
肴	3	11	5	6	1				
宵		3	18		1				
萧			6	5					1

豪韵自注 25 例，肴注豪韵 26 例，宵注豪韵 3 例，尤注豪韵 2 例，侯、戈注豪韵 12 例，我们认为正音材料中豪韵并不独立，除了大部分与二等肴韵混同外，一部分受方言影响与侯、戈韵混

同，还有一些归入宵韵、尤韵。肴韵自注 11 例，但宵、萧注肴韵也有 11 例，说明肴韵也不独立，那么效摄一二等韵合流一同归入了效摄三四等韵。宵韵自注 18 例，占其总数的 81.8%，宵韵独立。萧韵自注 5 例，但宵注萧韵有 6 例，超过其自注数，我们认为萧韵不独立，归入了宵韵，即效摄三、四等韵合流。综合可知，效摄四韵均合流，有独立韵宵韵。下面看具体例子：

1. 效摄一、二等韵注音

（1）尤注豪韵 2 例

牢来豪平效开一（留来尤平流开三）

毛明豪平效开一（矛明尤平流开三）

对于此类音注，我们从方言中找到了证据，在漳州、泉州方言中，“牢”与“留”同音，都读 [lau]，“毛”读为 [mɔ]，为它注音的“矛”俗音也是 [mɔ]，所反映的情况与豪侯韵互注相同。尤注肴、宵韵也是此类情况，不再具体分析。

（2）宵注豪韵 3 例

刀端豪平效开一 ɑu（招章宵平效开三）ieu

臊心豪平效开一（消心宵平效开三）

刀端豪平效开一（兆澄宵上效开三）

这说明豪韵归于宵韵，效摄开口一等韵归于开口三等韵。

（4）真注豪韵 1 例

操清豪平效开一、糙清豪去效开一 ɑu（真章真平臻开三）ien

此例与萧衔互注反映的情况相同，都是正音材料中存在阴声韵与阳声韵混同的证据。

（5）肴宵互注 8 例

敲溪肴平效开二 au（跷溪宵平效开三）ieu

交见肴平效开二（娇见宵平效开三）

交见肴平效开二（蛴群宵平效开三）

胶见肴平效开二（娇见宵平效开三）

绞见肴上效开二（桥群宵平效开三）

桥群宵平效开三 ieu（巧溪肴去效开二）au

饶日宵平效开三（乐疑肴去效开二）

猫明宵平效开三（茅明肴平效开二）

例中主要是牙音肴韵归入了宵韵，二等韵产生 [i] 介音，由洪音变为细音。因萧与宵韵合流，那么肴萧互注所反映的现象与此相同，不另做分析。

（6）豪肴互注 29 例（选 6 例为代表）

诌初肴上效开二 au（草清豪上效开一）ɑu

炒初肴上效开二（草清豪上效开一）

爪庄肴上效开二（早精豪上效开一）

恼泥豪上效开一（挠娘肴上效开二）

保帮豪上效开一（饱帮肴上效开二）

冒明豪去效开一（貌明肴去效开二）

豪肴互注以肴注豪韵居多，韵母为 [au]。

2. 效摄三、四等韵注音

（1）萧宵互注 6 例

刁端萧平效开四 ieu（悄清宵上效开三）ieu

调定萧平效开四（悄清宵上效开三）

叫见萧去效开四（照章宵去效开三）

吆影萧平效开四（夭影宵平效开三）

凋端萧平效开四（悄清宵上效开三）

貂端萧平效开四（招章宵平效开三）

萧韵归入宵韵，效摄三、四等韵已经没有区别。

那么，效摄各韵合流，韵母有：

豪、肴	au
宵、萧、豪、肴牙音	iau

二、入声韵

（一）通摄入声韵

	屋$_{一}$	沃	屋$_{三}$	烛	没	觉	铎	物	质	模	虞	尤	侯	之
屋$_{一}$	2	1	2		1					2	2	1		
沃										1	1		2	
屋$_{三}$						1	3		1		7	1		2
烛				2				1				1		2

从表中可知，模、虞、尤、侯、之韵注通摄入声韵有 22 例，说明其入声韵与阴声韵在很大程度上已经混同，但入声韵仍存在自注、互注，没有完全消失，我们认为其还存在于正音材料韵母系统中。在其他入声韵的注音中也存在与阴声韵大量混同的现象，与通摄入声韵情况相同，所以在下文中不做讨论，只分析入声韵之间相互注音情况。

屋$_{一}$韵自注 2 例，沃韵未出现自注，但与屋$_{一}$韵互注 1 例，我们判断一等重韵沃归入屋$_{一}$韵，两韵合流。屋$_{三}$韵无自注，烛韵自注 2 例，两韵无互注，但我们在其阳声韵东钟部讨论中（详见下文阳声韵部分）已经判断东$_{三}$韵和钟韵合流，从四声相承原则考虑，我们认为屋$_{三}$韵与烛韵也合流。屋$_{三}$韵与屋$_{一}$韵互注 2 例，也可推知屋$_{三}$韵也归入了屋$_{一}$韵。那么，屋烛部各韵合流于屋$_{一}$韵。下面看具体例子：

1. 屋$_{一}$与沃、屋$_{三}$互注 3 例

独$_{\text{定屋入通合一}}$ uk（毒$_{\text{定沃入通合一}}$）uok

木$_{\text{明屋入通合一}}$ uk（目$_{\text{明屋入通合三}}$）iuk

嗽$_{\text{心屋入通合一}}$（肃$_{\text{心屋入通合三}}$）

这说明屋烛部各韵合流于屋$_{\text{一}}$韵形成一个韵母 [uk]。

2. 与其他摄入声互注

（1）屋$_{\text{一}}$与没韵互注 1 例

谷$_{\text{见屋入通合一}}$ uk（骨$_{\text{见没入臻合一}}$）ut

牙音通摄合口一等入声字与同声母的臻摄合口一等入声字有混同趋势。

（2）屋$_{\text{三}}$与觉、铎、质韵互注 5 例

叔$_{\text{书屋入通合三}}$（朔$_{\text{生觉入江开二}}$）

目、牧$_{\text{明屋入通合三}}$（莫$_{\text{明铎入宕开一}}$）

陆$_{\text{来屋入通合三}}$（洛$_{\text{来铎入宕开一}}$）

穆$_{\text{明屋入通合三}}$（莫$_{\text{明铎入宕开一}}$）

竹$_{\text{知屋入通合三}}$（质$_{\text{章质入臻开三}}$）

在漳州、泉州方言中，“目、牧、穆”与其注音字“莫”同音，都读为 [bɔk]，“竹”与其注音字“质”同韵母 [it]，出现此类音注是方言表现。另外，“叔”读为 [siɔk]，为其注音的“朔”读为 [sɔk]；“陆”读为 [liɔk]，为其注音的“洛”读为 [lɔk]，我们认为是受方言影响，使 [i] 介音脱落而出现的音注。

（3）物注烛韵 1 例

曲$_{\text{溪烛入通合三}}$ iok（屈$_{\text{溪物入臻合三}}$）ot

冯蒸曾说过入声韵的韵尾［p、t、k］变为 [ʔ] 的条件是：韵腹相同，韵尾不同的入声韵出现混注。在以上入声韵互注的例子中有 2 例是这种情况，说明在正音材料中存在［p、t、k］变为 [ʔ] 的条件，则我们就可以把入声韵尾记作 [ʔ]。

那么，屋烛部的韵母是：

屋$_{\text{一}}$、沃、屋$_{\text{三}}$、烛　　　uʔ

（二）江摄、宕摄入声韵

	觉	药	铎	烛	叶	薛	昔	屋
觉	1	1	2	1	1	1		
药		7		1		1	3	
铎	1	1	9					1

觉韵自注1例，药韵自注7例，觉药互注1例，与觉韵自注数相等，可判断觉韵不独立，一部分归入药韵。铎韵自注9例，觉铎互注3例，超过觉韵自注数，则觉韵还有一部分归入了铎韵。药注铎韵1例。另外三韵也存在与不同韵摄入声字相注的情况。下面看具体例子：

1. 觉、药、铎三韵互注

（1）药注觉韵1例

角$_{\text{见觉入江开二}}$ ok（脚$_{\text{见药入宕开三}}$）iɑk

这说明牙音觉韵开口二等字归入药韵开口三等字，产生[i]介音，韵母为[iɑʔ]。

（2）觉铎互注3例

龊$_{\text{初觉入江开二}}$ ok（错$_{\text{清铎入宕开一}}$）ɑk

角$_{\text{见觉入江开二}}$（各$_{\text{见铎入宕开一}}$）

愽$_{\text{帮铎入宕开一}}$（朴$_{\text{滂觉入江开二}}$）

例子显示主要是正齿音、唇音觉韵开口二等字归入铎韵开口一等字中，韵母为[ɑʔ]。王力《汉语史稿》中曾指出，开口二等韵的演变规律是喉音归入三等韵，舌齿唇音归入一等韵。在觉韵开口二等字中，与一等韵合流符合此规律，与三等韵合流是牙音，我们认为也是符合规律的。

（3）药注铎韵1例

乐$_{\text{来铎入宕开一}}$ ɑk（略$_{\text{来药入宕开三}}$）iɑk

这说明半舌音宕摄开口一等字有产生 [i] 介音的趋势。

2. 三韵与不同韵摄入声字互注

(1)烛注药韵 1 例

杓禅药入宕开三(俗邪烛入通合三)

在漳州、泉州方言中,“杓”与“俗”同音,都读为 [siɔk],这说明用通摄合口三等韵来为宕摄开口三等韵注音,是方言影响的结果。烛注觉韵与其情况类似。昔注药韵也是方言影响的结果。

(2)叶注觉韵 1 例

觉见觉入江开二 ok(叶以叶入咸开三)iep

此例可看作是牙音产生 [i] 介音的证据。

(3)薛注药韵 1 例

削心药入宕开三 iɑk(雪心薛入山合三)uɛt

这说明有一部分精组药韵开口三等字归入薛韵合口三等。觉薛互注与其情况类似。

(4)屋注铎韵 1 例

度定铎入宕开一(鹿来屋入通合一)

在漳州、泉州方言中,“度”与“鹿”虽声母不同,但韵母都是 [ɔk],此类音注应是受方言影响而出现的。

在正音材料音注中并未出现铎韵合口的注音情况,由于正音材料的音注并不是每字逐一注音,这种情况应该是注音不均造成的,且在阳声韵江宕部(详见下文)中是存在合口韵的,依四声相承原则,我们认为铎韵合口是存在的,韵母为 [uɑʔ]。

那么,江、宕摄中,二等入声韵觉韵分别归入一等韵和三等韵,韵母有:

药开、觉牙音开	iɑʔ
铎开、觉知组、牙音、唇音开	ɑʔ
铎合	uɑʔ

（三）梗摄、曾摄入声韵

	陌$_{\text{二}}$	陌$_{\text{三}}$	麦	昔	锡	职	德	缉	屑	薛	质	月
陌$_{\text{二}}$	3		1				2		1		1	1
陌$_{\text{三}}$												
麦	1								1		1	
昔											2	
锡					3	2	1				2	
职				1		1		1		1	2	
德	1				1	1	2					1

1. 一二等韵互注

陌$_{\text{二}}$韵自注 3 例，麦韵未出现自注，但与陌$_{\text{二}}$韵互注 2 例，这说明作为二等重韵的麦韵已与陌$_{\text{二}}$韵合流。曾摄德韵自注 2 例，与陌$_{\text{二}}$韵互注 3 例，互注数大于等于两韵自注数，我们认为陌$_{\text{二}}$韵归于德韵，两韵合流。综合来看，麦、陌$_{\text{二}}$、德三韵已经合流。而在下文阳声韵中耕韵同登韵也是合流的，因此麦、陌$_{\text{二}}$、德三韵合流也符合四声相承原则。下面看具体例子：

（1）麦陌$_{\text{二}}$韵互注 2 例

隔$_{\text{见麦入梗开二}}$ ek（格$_{\text{见陌入梗开二}}$）ek

格$_{\text{见陌入梗开二}}$（隔$_{\text{见麦入梗开二}}$）

这说明牙音麦韵与陌$_{\text{二}}$韵合流，韵母为 [eʔ]。

（2）德陌$_{\text{二}}$韵互注 3 例

客$_{\text{溪陌入梗开二}}$ ek（刻$_{\text{溪德入曾开一}}$）ek

翟$_{\text{澄陌入梗开二}}$（则$_{\text{精德入曾开一}}$）

刻$_{\text{溪德入曾开一}}$（客$_{\text{溪陌入梗开二}}$）

这说明牙音、舌齿音陌$_{\text{二}}$韵归于一等韵，符合二等韵演变规律。

2. 三四等韵互注

陌三韵没有出现自注、互注，锡韵自注 3 例，与昔韵没有互注，昔韵也无自注，但不同摄的质韵同注昔、锡二韵，且数量相同，我们判断昔锡已合流，即梗摄三、四韵也合流。曾摄三、四等韵中，职韵自注 1 例，与德韵互注 1 例，数量相等，可知职德韵合流。又梗摄锡韵与职、德韵互注 4 例，超过其自注数，那么梗摄三、四等韵与曾摄合流。在梗摄一、二等韵分析中，我们已经得出麦、陌二、德三韵合流的结论，即说明梗摄一、二等韵也与曾摄三、四等韵合流，综合得出的结论是：梗曾两摄各韵合流。下面看具体例子：

（1）锡职互注 2 例

历来锡入梗开四（力来职入曾开三）

雳来锡入梗开四（力来职入曾开三）

这说明梗摄四等韵与曾摄三等韵已无区别，读为普通三等韵，韵母为 [ieʔ]。

（2）锡德互注 2 例

的端锡入梗开四 iek（德端德入曾开一）ek

德端德入曾开一（的端锡入梗开四）

这说明梗摄四等韵与曾摄一等韵混同。

（3）昔职互注 1 例

弋以职入曾开三 iek（亦以昔入梗开三）iek

这说明喉音曾摄三等韵与梗摄三等韵已混同。

（4）职德互注 1 例

勒来德入曾开一（力来职入曾开三）

这说明半舌音曾摄开口一等韵与三等韵混同。

3. 梗、曾摄入声韵与异摄入声韵互注

（1）缉注职韵 1 例

色生职入曾开三 iek（涩生缉入深开三）iep

这说明重纽三等韵缉韵消失，读同于普通三等韵。

（2）屑注陌$_{二}$韵 1 例

窄$_{庄陌入梗开二}$ ek（节$_{精屑入山开四}$）iet

这是梗摄开口二等字产生 [i] 介音的又一例子。屑质注麦韵、质月注陌$_{二}$韵也是此种情况，不重复说明。

（3）薛注职韵 1 例

力$_{来职入曾开三}$（裂$_{来薛入山开三}$）

在漳州、泉州方言中，“力”与“裂”是同音的，都读为 [liat]，蔡氏用薛韵来为职韵注音，是受到了方言影响。

（4）质注昔锡职韵各 2 例

尺$_{昌昔入梗开三}$ iek（七$_{清质入臻开三}$）iet

赤$_{昌昔入梗开三}$（七$_{清质入臻开三}$）

壁$_{帮锡入梗开四}$（必$_{帮质入臻开四}$）

戚$_{清锡入梗开四}$（七$_{清质入臻开三}$）

食$_{船职入曾开三}$（七$_{清质入臻开三}$）

稷$_{精职入曾开三}$（七$_{清质入臻开三}$）

韵腹相同而入声韵尾不同，这是［p、t、k］变为 [ʔ] 的标志，在梗、曾摄入声韵中为这种演变提供了充足的证据。上述例子在入声韵尾变为 [ʔ] 的情况下是同音的，同时也说明齿音、唇音梗摄三、四等入声韵与臻摄三、四等入声韵已经混同。

（5）德月韵互注 1 例

黑$_{晓德入曾开一}$ ek（歇$_{晓月入山开三}$）iɛt

此例也是入声韵尾 [p、t、k] 变为 [ʔ] 的证据。在漳州、泉州方言中，“黑”读为 [hiak]，“歇”读为 [hiat]，只有入声韵尾不同，而在蔡氏的注音中又存在入声韵尾 [p、t、k] 变为 [ʔ] 的现象，那么，此音注应是受方言影响而出现的。

那么，梗、曾摄入声韵合流，韵母有：

陌$_{二}$、麦$_{牙音}$、德$_{牙音、舌齿音}$ eʔ

锡、职、质齿音、唇音　　　　ieʔ

（四）山摄、咸摄一、二等入声韵

各韵注音情况：

	曷	末	黠	辖	合	盍	洽	狎	陌二	屑	铎
曷			1			1	1		1	1	
末	1	1			1						1
黠			1					1			
辖	1										
合											
盍						5					
洽							2	1			
狎							1	3		1	

1. 山摄一、二等韵入声

黠韵自注 1 例，曷、黠、辖韵未出现自注，但黠注曷韵 1 例，说明曷韵归入黠韵，又曷注辖韵 1 例，说明曷、辖韵合流，综合可知曷、黠、辖三韵合流，二等重韵黠、辖合流。末韵自注 1 例，曷注末韵 1 例，说明两韵出现合流。下面看具体例子：

（1）曷与黠、辖互注各 1 例

刮见辖入山合二 uet（割见曷入山开一）ɑt

萨心曷入山开一 ɑt（杀生黠入山开二）ɑt

这说明山摄二等韵归入一等开口韵中。

（2）曷末互注 1 例

聒见末入山合一 uɑt（割见曷入山开一）ɑt

例中山摄一等韵末韵合口字都开始与曷韵开口字有混同现象，说明两韵合流程度很大。末合互注也反映了合口字与开口字混同的现象。

（3）与异摄入声韵互注

A. 盍注曷韵 1 例

挞透曷入山开一（搭透盍入咸开一）

在漳州、泉州方言中，“挞”与“搭”同读为 [tah]，我们认为蔡氏用盍韵来为曷韵注音，是受到了方言影响。

B. 洽注曷韵 1 例

擦清曷入山开一（插初洽入咸开二）

在漳州、泉州方言中，“擦”读为 [ts^hat]，“插”读为 [ts^hap]，除入声韵尾不同外，其他都相同，而在蔡氏的音注中入声韵尾混同，那么出现这样的音注是受了方言影响。

C. 狎注黠韵 1 例

札庄黠入山开二 at（闸影狎入咸开二）ap

这是入声韵尾变为 [ʔ] 的证据。

D. 陌二、屑注曷韵各 1 例

莲定曷入山开一 ɑt（格见陌入梗开二）ɑk

蝎匣曷入山开一 ɑt（血晓屑入山合四）uɛt

陌二注曷韵也反映了正音材料中入声韵尾变为 [ʔ] 的现象。但是对于屑注曷韵，我们还未找到合理的解释，在漳州、泉州方言中，它们的韵腹是不同的，有待进一步研究。

E. 铎注末韵 1 例

钹并末入山合一 uɑt（泊并铎入宕合一）uɑk

此例也体现了入声韵尾变为 [ʔ] 的现象。在正音材料中合口入声韵注合口末韵，只出现了 1 例，其他的末韵合口字，除了与开口入声韵混同外，都与阴、阳声合口韵混同了，如：

活见末入山合一（和匣戈平果合一）

钵帮末入山合一（杯帮灰平蟹合一）

括见末入山合一（工见东平通合一）

活$_{\text{见末入山合一}}$（花$_{\text{晓麻平假合二}}$）

但它并未完全消失，所以我们认为末韵合口入声仍存在，只是不普遍了。

2. 咸摄一、二等韵入声

合韵没有自注，摄内也没有互注，盍韵自注 5 例，虽无从判断两韵是否合流，但从阳声韵分析中（详见下文）可知覃谈合流，依四声相承规律，我们认为一等重韵盍合也是合流的。洽韵自注 2 例，狎韵自注 3 例，洽狎互注 2 例，占两韵自注总数的 40%，比例较大，那么二等重韵洽狎也合流。下面看具体例子：

（1）洽狎互注 2 例

甲$_{\text{见狎入咸开二}}$ ap（夹$_{\text{见洽入咸开二}}$）ep

夹$_{\text{见洽入咸开二}}$（甲$_{\text{见狎入咸开二}}$）

（2）与异摄互注

屑注狎韵 1 例

押$_{\text{影狎入咸开二}}$ ap（血$_{\text{晓屑入山合四}}$）uɛt

对于此例所反映的情况，有待考证。

那么，山、咸摄入声韵的韵母有：

末$_{\text{合}}$　　uɔʔ

末、黠$_{\text{开}}$、辖、盍、狎　　ɔʔ

（五）山摄、咸摄三四等入声韵

	月	薛	屑	叶	业	乏	帖	药	缉	陌$_{\text{二}}$	质	洽
月	2					1						
薛		2	3					1	1		1	
屑	2		5				2			1		
叶		1	4	2								
业	1											

续表

	月	薛	屑	叶	业	乏	帖	药	缉	陌$_{\text{二}}$	质	洽
乏												
帖	1		1				2					1

1. 山摄三四等韵

月韵自注 2 例，薛韵自注 2 例，屑韵自注 5 例，三韵互注 5 例，占三韵自注总数的 55.6%，比例较大，说明山摄三四等韵已经合流。下面看具体例子：

（1）月注屑韵 2 例

臬$_{\text{疑屑入山开四}}$ iɛt（月$_{\text{疑月入山合三}}$）iuɛt

血$_{\text{晓屑入山合四}}$ iuɛt（歇$_{\text{晓月入山开三}}$）iɛt

这说明牙音、喉音屑韵四等韵与月韵三等韵混同，读与三等韵同。

（2）屑注薛韵 3 例

折$_{\text{章薛入山开三}}$ iɛt（切$_{\text{清屑入山开四}}$）iɛt

㨶$_{\text{章薛入山开三}}$（节$_{\text{精屑入山开四}}$）

折$_{\text{禅薛入山开三}}$（节$_{\text{精屑入山开四}}$）

这说明齿音三等重韵薛韵开口字读与屑韵开口四等字同，韵母为 [iɛt]。

（3）与异摄入声韵相注

其中药薛互注、陌$_{\text{二}}$屑互注情况已在前文说明，此处不重复。

A. 缉注薛韵 1 例

裂、列$_{\text{来薛入山开三}}$ iɛt（笠$_{\text{来缉入深开三}}$）iep

此例是入声韵尾变为 [ʔ] 的证据。

B. 质注薛韵 1 例

热$_{\text{日薛入山开三}}$ iɛt（日$_{\text{日质入臻开三}}$）iet

这说明在正音材料中日母薛韵三等开口字混同于质韵开口三等字。

2. 咸摄三四等韵

在正音材料中，乏韵除了有 1 例与入声韵月韵互注外，其他全归入阴声韵：

法非乏入咸合三（花晓麻平假合二）

乏奉乏入咸合三（花晓麻平假合二）

这说明乏韵大部分与阴声韵麻韵混同，一小部分归入月韵。

叶韵自注 2 例，与薛、屑韵互注 5 例，大于其自注数，说明叶韵归入薛屑韵。业韵无自注，但与月韵互注 1 例，那么业韵归入月韵。帖韵自注 2 例，与月、屑韵互注 2 例，与其自注数相等，也可判断帖韵归入月屑韵。综合可知，咸摄三四等韵全部归入山摄三四等韵，即两摄三四等韵合流。下面看具体例子：

（1）屑注叶韵 4 例

妾清叶入咸开三 ep（切清屑入山开四）iɛt

睫、接精叶入咸开三（节精屑入山开）

摺章叶入咸开三（节精屑入山开四）

叶以叶入咸开三 ep（抉影屑入山合四）iuɛt

这说明齿音叶韵开口三等字读为屑韵开口四等字，形成韵母 [iɛt]；喉音叶韵字读为屑韵合口四等字，韵母为 [iuɛt]，因为虞鱼韵已经变为 [y] 韵，则复合介音 [iu] 可由 [y] 取代，那么屑韵合口四等字的韵母，我们简写成 [yɛt]。叶薛互注与其类似。

（2）月注业、帖韵各 1 例

业疑业入咸开三 iɛp（月疑月入山合三）iuɛt

帖透帖入咸开四 iep（歇晓月入山开三）iɛt

这是入声韵尾变为 [ʔ] 的又一证据。

（3）屑帖互注 3 例

跌定屑入山开四 iɛt（碟定帖入咸开四）iep

铁$_{\text{透屑入山开四}}$（帖$_{\text{透帖入咸开四}}$）

帖$_{\text{透帖入咸开四}}$（铁$_{\text{透屑入山开四}}$）

以上例子也是入声韵尾变为 [ʔ] 的证据，说明舌音山摄开口四等韵与咸摄开口四等韵完全混同。

（4）洽注帖韵 1 例

颊$_{\text{见帖入咸开四}}$ iep（夹$_{\text{见洽入咸开二}}$）ep

在漳州、泉州方言中，“颊”与“夹”同音，都读为 [kiap]，蔡氏用洽韵为帖韵注音，是方言体现。

那么，山、咸摄入声三四等韵合流，韵母有：

屑$_{\text{开}}$、叶、业、帖　　　　iɛʔ

屑$_{\text{合}}$、叶、业　　　　　yɛʔ

（六）臻摄入声韵

	质	术	物	迄	没	缉	昔	烛	屋一	德	铎
质	5					1	3				
术											
物			1					1			
迄											
没									2	1	1

质韵自注 5 例，术韵无自注，两韵间也无互注，正音材料中出现的术韵音注全部与阴声韵混注：

出$_{\text{昌术入臻合三}}$（此$_{\text{清支上止开三}}$）

戌$_{\text{心术入臻合三}}$（思$_{\text{心之平止开三}}$）

这说明在《广韵》中同用的质术两韵，术韵已与阴声韵混同，但质韵仍保有入声地位。

物韵自注 1 例，没韵无自注，两韵也无互注，但在阳声韵分析中（详见下文）臻摄一、三等韵合流明显，依四声相承规律，我们认为物、没韵也合流，没韵不独立。迄韵在正音材料中已完全和阴声韵混同：

吃见迄入臻开三（徐邪鱼平遇合三）

下面看臻摄入声韵与异摄入声韵互注的情况：

质昔互注、屋一与没韵互注在前文已分析，在此不重复。

1. 缉注质韵 1 例

日日质入臻开三 iet（廿日缉入深开三）iep

此例也是入声韵尾变为 [ʔ] 的证据，说明日母臻、深摄三等入声韵已无区别。

2. 烛注物韵 1 例

屈溪物入臻合三 iuet（曲溪烛入通合三）iok

这说明牙音臻摄合口三等韵与通摄合口三等韵混同。

3. 德、铎注没韵各 1 例

没明没入臻合一 uet（冒明德入曾开一）ek

脖并没入臻合一 uat（泊并铎入宕合一）uak

这是入声韵尾变为 [ʔ] 的证据。

那么，臻摄入声韵的韵母为：

质　　ieʔ

物合、烛牙音合　　yeʔ

三、阳声韵

（一）通摄

	东一	冬	东三	钟
东一	7	2		
冬				
东三	3	1	4	
钟	4	1		4

东$_{一}$韵自注有 7 例，占其总数的 77.8%，所以东$_{一}$是独立的。冬韵不存在自注。东$_{三}$韵自注 4 例。钟韵自注 4 例。

冬韵虽没有自注，但和东$_{一}$韵有互注，说明一等重韵合流。具体例子如下：

同$_{定东平通合一}$（统$_{透冬去通合一}$）

筒$_{定东去通合一}$（统$_{透冬去通合一}$）

三等重韵东$_{三}$韵和钟韵没有互注出现，但从东$_{三}$韵及钟韵和东$_{一}$韵、冬韵的互注情况即东$_{一}$韵、冬韵注东$_{三}$韵共有 4 例，与其自注比例等同；东$_{一}$韵、冬韵注钟韵共有 5 例，超过钟韵自注数，我们可以判断三等重韵失去独立地位归入了一等重韵。具体例子如下：

1. 东$_{一}$韵注东$_{三}$韵、钟韵 7 例：

弓$_{见东平通合三}$（工$_{见东平通合一}$）

宫$_{见东平通合三}$（工$_{见东平通合一}$）

充$_{昌东平通合三}$（聪$_{清东平通合一}$）

恭、供$_{见钟平通合三}$（工$_{见东平通合一}$）

龚$_{见钟平通合三}$（公$_{见东平通合一}$）

种$_{章钟上通合三}$（总$_{精东上通合一}$）

恐$_{溪钟上通合三}$（孔$_{溪东上通合一}$）

2. 冬韵注东$_{三}$韵、钟韵各 1 例：

忠、中$_{知东平通合三}$（宗$_{精冬平通合一}$）

钟$_{章钟平通合三}$（宗$_{精冬平通合一}$）

看来东$_{三}$韵、钟韵归入了东$_{一}$韵，这种现象是符合韵母演变规律的，宁继福在其著作中就列出过通摄唇音、牙喉音三等字变成洪音的现象[①]：东$_{三}$韵、钟韵的韵腹是后高元音，其韵头 [i] 是很容易丢失的，被某些声母影响就会丢失韵头 [i] 而归入东$_{一}$韵，变读

① 宁继福《中原音韵表稿》，吉林文史出版社，1985 年，12—14 页。

成洪音。举例中虽然没有出现通摄喉音和唇音三等字，但却有通摄正齿音三等字变为洪音的例子，这说明在《便览》正音材料中这种现象有了进一步发展。

那么，通摄韵母只有 1 个，即：

东$_{一}$、冬、东$_{三}$、钟　　　　uŋ

（二）江、宕摄

	江	唐	阳	屑	曷	之	真	庚	真	元	清	桓
江	4	1	7	1	1	1	1					
唐	3	22	10			1		2	3			1
阳	2	5	67						1	1	1	

江韵自注 4 例，与唐韵互注 4 例，与阳韵互注 9 例，互注数大于江韵自注数，江韵不独立，说明江韵归入唐韵、阳韵，即江摄与宕摄已经合流。屑韵、曷韵、之韵、真韵注江韵各 1 例，如下：

双$_{生江平江开二}$（节$_{精屑入山开四}$）

讲$_{见江上江开二}$（褐$_{匣曷入山开一}$）

攮$_{娘江上江开二}$（人$_{日真平臻开三}$）

降$_{见江去江开二}$（之$_{章之平止开三}$）

在曷韵注江韵这例中，韵母变为 [ɑt]，说明韵母系统中存在阳声韵与入声韵相混的情况。屑注江韵情况与其相同。而真韵注江韵这例所反映的情况，在声母系统中已经分析过，那么韵母也是受到方言影响而出现，真韵注唐韵也属此类情况。对于之韵注江韵，元、清韵注阳韵的情况，我们暂时无法做出解释。

唐韵自注 22 例，占其总数的 52.4%，阳韵自注 67 例，占其总数的 87%，唐韵、阳韵都独立。

下面看互注情况：

1. 江与唐、阳互注

（1）江唐互注

唐韵注江韵 1 例：

矼$_{\text{见江平江开二}}$（冈$_{\text{见唐平宕开一}}$）ɑŋ

江韵注唐韵 3 例：

刚$_{\text{见唐平宕开一}}$（江$_{\text{见江平江开二}}$）

钢、岗$_{\text{见唐平宕开一}}$（江$_{\text{见江平江开二}}$）

帮$_{\text{帮唐平宕开一}}$（邦$_{\text{帮江平江开二}}$）

我们发现与唐韵互注的江韵字都是开口牙音、唇音，且以牙音为主，韵母为 [ɑŋ]。这表示正音材料中一部分牙音、唇音江韵字合入唐韵，变读为开口洪音，且都是由二等字变为一等字，基本符合二等字音变规律[①]。

（2）江阳互注

阳韵注江韵 7 例：

江$_{\text{见江平江开二}}$（姜$_{\text{见阳平宕开三}}$）iɑŋ

胖$_{\text{滂江去江开二}}$（香$_{\text{晓阳平宕开三}}$）

双$_{\text{生江平江开二}}$（霜$_{\text{生阳平宕开三}}$）

窗$_{\text{初江平江开二}}$（闯$_{\text{初阳上宕开三}}$）

撞$_{\text{澄江去江开二}}$（状$_{\text{崇阳去宕开三}}$）

项$_{\text{匣江上江开二}}$（乡$_{\text{晓阳平宕开三}}$）

窗$_{\text{初江平江开二}}$（床$_{\text{崇阳平宕开三}}$）

江韵注阳韵 2 例：

状$_{\text{崇阳去宕开三}}$（撞$_{\text{澄江去江开二}}$）

霜$_{\text{生阳平宕开三}}$（双$_{\text{生江平江开二}}$）

江韵归入阳韵，二等字全部变为三等字，变读为细音，韵母

---

① 柯建林《清孙偘〈尔雅直音〉音系研究》，首都师范大学硕士学位论文，2011 年。

为 [iaŋ]。

那么，江韵的音变去向很明显：一部分牙音、唇音字并入唐韵，变读为开口洪音；一部分并入阳韵，变读为齐齿细音。

2. 阳唐互注

阳韵注唐韵 10 例：

慌$_{晓唐上宕合一}$（方$_{非阳平宕合三}$）uaŋ

汪$_{影唐平宕合一}$（王$_{云阳平宕合三}$）

荒$_{晓唐平宕合一}$（方$_{非阳平宕合三}$）

旁$_{并唐平宕开一}$（访$_{敷阳去宕合三}$）

谤$_{帮唐去宕开一}$（放$_{非阳去宕合三}$）

膀$_{并唐平宕开一}$（纺$_{敷阳上宕合三}$）

膛$_{定唐平宕开一}$（扬$_{以阳平宕开三}$）iaŋ

刚$_{见唐平宕开一}$（章$_{章阳平宕开三}$）

皇$_{匣唐平宕合一}$（防$_{奉阳平宕合三}$）

旁$_{并唐平宕开一}$（纺$_{敷阳上宕合三}$）

阳韵、唐韵在各自独立的情况下出现了一部分混同，对此我们在漳州、泉州方言中做了考证。

（1）“慌、荒、皇”与为其注音的“方、防”同音，读为 [hɔŋ]。

（2）“汪”与为其注音的“王”同音，读为 [ɔŋ]。

（3）“谤”读为 [pɔŋ]，为其注音的“放”读为 [paŋ]，读音相近。

（4）“旁、膀”读为 [pɔŋ]，为其注音的“访、纺”读为 [hɔŋ]，二者韵母相同，这说明蔡氏在注音时既遵循了官话全浊声母清化的规律，又受到了方言影响。

综上，在漳州、泉州方言中，喉音、唇音宕摄一等字与三等字音同或音近。

（5）“膛、刚”读为 [tɔŋ]，为其注音的“扬”读为 [iɔŋ]，“章”读为 [tsiɔŋ]，它们之间只有韵腹和韵尾相同，有 [i] 介音的区别，我们认为是牙音和舌音宕摄一等字受方言影响产生了 [i] 介音。

那么对于一部分阳、唐韵混同现象，应是蔡氏受方言影响而做出的音注。另外，还有 5 例唐韵注阳韵，不具体说明。

3. 庚注唐韵 2 例

蟒$_{\text{明唐上宕开一}}$（虻$_{\text{明庚平梗开二}}$）

溏$_{\text{定唐平宕开一}}$（境$_{\text{见庚上梗开三}}$）

对于庚$_{\text{二}}$韵注唐韵的现象，也是方言体现，因为在漳州、泉州方言中，“蟒”与为其注音的“虻”同音，都读为 [bɔŋ]。而对于庚$_{\text{三}}$韵注唐韵现象，我们认为与上文提到的一样，是舌音宕摄一等字受方言影响产生了 [i] 介音。

4. 桓注唐韵 1 例

光$_{\text{见唐平宕合一}}$ uaŋ（官$_{\text{见桓平山合一}}$）uan

此例说明在正音材料中韵尾 [ŋ] 与 [n] 出现了混用。

那么，江、宕摄的韵母有 3 个：

唐、江$_{\text{开}}$、阳$_{\text{开}}$　　aŋ

阳、江$_{\text{开}}$　　iaŋ

阳$_{\text{合}}$、唐$_{\text{合}}$　　uaŋ

（三）梗、曾摄

	庚$_{\text{二}}$	耕	庚$_{\text{三}}$	清	青	登	蒸	真	侵	元	谆
庚$_{\text{二}}$	5		2	1		1	1				1
耕		3				1					
庚$_{\text{三}}$	2		4	3	1	1		1			
清			2	12	2	1		4	1	1	
青		1			12	4		1			
登						5					
蒸	2			1			3	2			

庚$_{二}$韵自注5例，其他韵母注庚$_{二}$韵6例，说明庚$_{二}$已经分流到其他韵母中。登韵自注5例，保持独立，耕韵自注3例，占其总数的75%，耕韵也保持独立，登注耕韵1例，说明登、耕韵在保持独立的情况下出现了部分合流。庚$_{二}$韵和耕韵并没有出现互注情况，但登韵同注庚$_{二}$、耕韵，说明二等重韵耕韵与庚$_{二}$韵也出现了合流，也即这三韵之间出现了一定程度的合流。下面看具体例子：

登注庚$_{二}$、耕韵各1例

彭$_{\text{并庚平梗开二}}$（朋$_{\text{并登平曾开一}}$）

橙$_{\text{澄耕平梗开二}}$（曾$_{\text{精登平曾开一}}$）eŋ

这是二等韵向一等韵演变的例子。

清韵自注12例，与青韵互注2例，互注占自注比例16.7%，比例不大，只能说明两韵在各自独立的情况下出现了合流现象。庚$_{三}$韵自注4例，与清韵互注5例，超过其自注数，说明庚$_{三}$韵大部分归入清韵；庚$_{三}$韵与青韵互注1例，说明庚$_{三}$韵也有一部分归入了青韵。那么，我们认为庚$_{三}$韵、清韵、青韵在一定程度上合流，符合四声相承原则。庚$_{二}$韵与庚$_{三}$韵互注4例，占其自注的80%，比例很大，那么庚$_{二}$韵与庚$_{三}$韵合流。蒸韵自注3例，与庚$_{二}$韵互注3例，与清韵互注1例，综上我们可以认为庚$_{二}$韵、庚$_{三}$韵、清韵、青韵、蒸韵五韵合流，其中清、青韵在各自独立的前提下部分合流。下面看具体例子：

1. 青注庚$_{三}$、清韵3例

命$_{\text{明庚去梗开三}}$ieŋ（茗$_{\text{明青上梗开四}}$）ieŋ

成、盛$_{\text{禅清平梗开三}}$ieŋ（青$_{\text{清青平梗开四}}$）ieŋ

城$_{\text{禅清平梗开三}}$（青$_{\text{清青平梗开四}}$）

这说明唇音、齿音梗摄三、四等韵已经混同，读与四等韵同。

2. 庚$_{二}$韵与庚$_{三}$韵互注4例

明$_{\text{明庚平梗开三}}$ieŋ（猛$_{\text{明庚上梗开二}}$）eŋ

明明庚平梗开三（孟明庚去梗开二）

硬疑庚去梗开二 en（迎疑庚去梗开三）ieŋ

哽见庚上梗开二（景见庚上梗开三）

这说明梗摄二等开口洪音与三等开口细音出现混同现象，产生了介音 [i]。

3. 清、蒸注庚二韵各 1 例

澄澄庚平梗开二（请从清平梗开三）ieŋ

杏匣庚上梗开二（胜书蒸去曾开三）ieŋ

这也是梗摄二等开口韵产生介音 [i] 的证据。

4. 庚二与谆韵互注 1 例

横匣庚平梗合二（准章谆上臻合三）

此例说明了梗摄二等合口字也出现了介音 [i]。

5. 庚三与清韵互注 5 例

命明庚去梗开三（名明清平梗开三）ieŋ

京见庚平梗开三（正章清平梗开三）

镜见庚去梗开三（正章清去梗开三）

嬴以清平梗开三（永云庚上梗合三）iueŋ

屏帮清上梗开三（明明庚平梗开三）

这些例子体现了梗摄三等韵庚三、清韵的混同现象，清韵开口三等字有一部分还变为了庚韵三等合口字，演变出韵母 [iueŋ]，简写为 [yeŋ]。

6. 登注庚三、清、青韵 6 例

烹、澎滂庚平梗开三（朋并登平曾开一）

正章清平梗开三（曾精登平曾开一）

停定青平梗开四（腾定登平曾开一）

瓶并青平梗开四（朋并登平曾开一）

庭、廷定青平梗开四（滕定登平曾开一）

亭定青平梗开四（腾定登平曾开一）

以上例子体现的是梗摄三、四等开口韵读与曾摄一等开口韵同，即清、青韵与登韵在各自独立的情况下出现混同，我们认为是蔡氏受方言影响而做出的音注。在漳州、泉州方言中：

（1）“烹、澎”读为 [p^{h}iŋ]，“瓶”读为 [piŋ]，为它们注音的“朋”读为 [piŋ]，韵母相同，读音相同或相近。

（2）“正”与为其注音的“曾”同音，都读为 [tsiŋ]。

（3）“停”读为 [t^{h}iŋ]，“亭”读为 [tiŋ]，为它们注音的“腾”读为 [t^{h}iŋ]，韵母相同，读音相同或相近。

（4）“庭、廷”与为其注音的“滕”同音，都读为 [tiŋ]。

7. 侵注清韵 1 例

领来清上梗开三（恁日侵上深开三）

这是由于方言影响而出现的韵母互注情况，前文已经说明。

8. 耕注青韵 1 例

灵来青平梗开四 ieŋ（莺影耕平梗开二）eŋ

此例可以看作是梗摄二等韵产生介音 [i] 的证据。

9. 真注庚三、清、青、蒸韵 8 例

兵帮庚平梗开三（宾帮真平臻开三）

精、晶、睛精清平梗开三（真章真平臻开三）

静、靖从清上梗开三（尽从真上臻开三）

正章清去梗开三（晋精真去臻开三）

请清清上梗开三（亲清真平臻开三）

星、腥心青平梗开四（辛心真平臻开三）

升书蒸平曾开三（申书真平臻开三）

孕以蒸去曾开三（银疑真平臻开三）

这 8 个例子说明部分庚三、清、青、蒸韵的 [ŋ] 韵尾已经与真韵的 [n] 韵尾合流，而且这些例子都是一般三等韵与重纽三等韵的合流，表示它们之间已经没有区别。元注清韵的例子也反映了此种现象：

嬛$_{群清平梗合三}$iueŋ（反$_{敷元平山合三}$）iuen

那么，在梗、曾摄中庚$_{二}$、耕、登韵合流，庚$_{二}$、庚$_{三}$、清、青、蒸五韵合流，其韵母有：

登、耕、庚　　eŋ

庚、清、青、蒸$_{开}$　　ieŋ

庚、清$_{合}$　　yeŋ

（四）山、咸摄一、二等韵

	寒	桓	删	山	覃	谈	咸	衔	元	先	仙	唐	阳	黠
寒	6	1	2	5	1					1	2			
桓		7	3	3					2			1		
删			1							2	2			1
山				3						5			1	1
覃	8			1						1				
谈	8			1		2	1			1		1		
咸														
衔														

1. 山摄一、二等韵注音情况：

寒韵自注6例，桓韵自注7例，删韵自注1例，山韵自注3例，四韵互注14例。二等重韵删韵和山韵并没有出现互注的情况，删韵与寒韵互注2例，与桓韵互注3例，与先、仙韵互注各2例，均超过其自注数，说明删韵分别归入了山摄一、三、四等韵。山韵与寒韵互注5例，与桓韵互注3例，与先韵互注5例，均不小于其自注数，说明山韵分别归入了山摄一、三等韵。虽然删、山韵未出现互注，但由以上现象我们可以判断二者已经合流。下面看具体的例子：

（1）桓注寒韵 1 例

翰匣寒去山开一（完匣桓平山合一）

因为在山摄一等韵中，寒韵是开口，桓韵是合口，所以彼此互注是很少见的。

（2）删、山韵注寒韵 7 例

暗影寒去山开一 ɑn（雁疑删去山开二）an

案影寒去山开一（雁疑删去山开二）

赶见寒上山开一 ɑn（简见山上山开二）en

伞、散心寒上山开一（产生山上山开二）

鞍影寒平山开一（眼疑山上山开二）

杆见寒去山开一（简见山上山开二）

安影寒平山开一（眼疑山上山开二）

以上例子体现了牙音山摄二等开口韵演变为一等韵的趋势，符合二等韵演变规律，即寒开、删开、山开的韵母为 [ɑn]。

（3）删、山韵注桓韵 6 例

盘并桓平山合一 uɑn（板帮删上山开二）an

鞔明桓平山合一（蛮明删平山开二）

潘滂桓平山合一（扳滂删平山开二）

泮滂桓去山合一（盼滂山去山开二）en

绊帮桓去山合一（盼滂山去山开二）

判滂桓去山合一（盼滂山去山开二）

这也是山摄二等开口韵向一等韵演变的例子，即桓合、删开、山开的韵母为 [uɑn]。

（4）先、仙韵注寒韵 3 例：

奸见寒平山开一 ɑn（坚见先平山开四）ien

攒精寒上山开一（战章仙去山开三）ien

岸疑寒去山开一（唁疑仙去山开三）

此类音注，在方言中不同音，有介音 [i] 的区别，表明山摄开口一等韵有产生介音 [i] 的趋势。

（5）元注桓韵 2 例

满明桓上山合一 uɑn（挽微元上山合三）iuen

玩疑桓去山合一、丸匣桓平山合一（宛影元上山合三）

对于山摄合口一等韵读与合口三等韵同的现象，可以肯定是受了方言影响。在漳州、泉州方言中，“满”与为其注音的“挽”同音，都读为 [buan]，“玩、丸”与为其注音的“宛”都读为 [uan]。

另出现 1 例桓与唐韵互注的情况，在前文已经做了说明。

（6）先、仙注删韵各 2 例

晏影删去山开二 ɑn（眠明先平山开四）ien

慢明删去山开二（研疑先去山开四）

撰崇删上山合二 iuen（铨清仙平山合三）iuen

雁疑删去山开二（唁疑仙去山开三）

这表明山摄二等韵的另外一个演变方向是归于山摄三、四等韵，产生介音 [i]。另有 5 例先注山韵也是此种情况。

（7）黠韵注删、山韵各 1 例

拃庄删上山开二 an（札庄黠入山开二）at

间见山平山开二（札庄黠入山开二）

这说明在正音材料中存在阳声韵与入声韵相混的情况。

2. 咸摄一、二等韵注音情况：

覃、咸、衔韵未出现自注，我们认为是音注材料本身分布不均匀造成的。谈韵自注 2 例，咸谈互注 1 例，我们认为咸衔韵归入谈韵；而寒韵与覃、谈韵互注多达 17 例，说明覃、谈韵合并共同归入寒韵，覃、谈韵与咸、衔韵合流，这在明代初期官话音书《洪武正韵》中就已经存在了。由此，我们可以判断咸摄一、二等韵已经与山摄一、二等韵合流。下面看具体的例子：

（1）寒与覃韵互注 9 例

侃溪寒去山开一 an（蚕从覃平咸开一）am

含匣覃平咸开一 am（寒匣寒平山开一）an

南、楠泥覃平咸开一（难泥寒平山开一）

男泥覃平咸开一（难泥寒平山开一）

探透覃平咸开一（叹透寒去山开一）

坎溪覃上咸开一（侃溪寒上山开一）

庵影覃平咸开一（安影寒平山开一）

暗影覃去咸开一（按影寒去山开一）

鹌影覃平咸开一（安影寒平山开一）

覃韵开口一等字归入寒韵开口一等字，说明了 [m] 韵尾已经消失，变为 [n] 韵尾。

（2）寒注谈韵 8 例

谈定谈平咸开一 am（坦透寒上山开一）an

淡、澹定谈上咸开一（旦端寒去山开一）（但定寒上山开一）

揽来谈上咸开一（懒来寒上山开一）

担端谈平咸开一（丹端寒平山开一）

暂从谈去咸开一（赞精寒去山开一）

喊晓谈上咸开一（罕晓寒上山开一）

篮、蓝来谈平咸开一（难泥寒平山开一）

蚶晓谈平咸开一（寒匣寒平山开一）（罕晓寒上山开一）

与寒覃韵互注反映的情况相同。另外，覃、谈韵与山、咸、先、唐韵互注也与其情况相同，不一一说明。

综上所述，咸、山摄一、二等韵合流，二等重韵合流，山摄二等韵除了归入山摄一等韵外，另一个去向是山摄三、四等韵。那么，山、咸摄一、二等韵的韵母有：

寒、删开、山开、覃开、谈开	an
桓、删开、山开	uan

（五）山、咸摄三、四等韵

	元	仙	先	盐	严	凡	添	桓	山	叶
元	8	5	6							
仙	3	21	7					2	1	
先		4	11	1					1	1
盐	1	6	11	1					1	
严	2		1							
凡										
添			7							

1. 山摄三、四等韵注音情况：

元韵自注 8 例，元与仙韵互注 8 例，与先韵互注 6 例，均超过其自注的一半，所以元韵分别归入仙、先韵。仙韵自注 21 例，先韵自注 11 例，两韵互注 11 例，与先韵自注相等，占仙韵自注的 52.4%，说明仙、先韵已合流。综合可知，山摄三、四等韵已经合流，三等韵与四等韵没有区别。下面看具体例子：

（1）元仙互注 8 例

愿疑元去山合三 iuen（唁疑仙去山开三）ien

袁云元平山合三（延以仙平山开三）

言疑元平山开三 ien（唁疑仙去山开三）ien

辕云元平山合三（延以仙平山开三）

阮疑元上山合三（软日仙上山合三）

颧群仙平山合三（劝溪元去山合三）

掾以仙去山合三（鸳影元平山合三）

员云仙平山合三（远云元上山合三）

这说明元韵三等字与仙韵开口三等字混同，产生韵母 [ien]。

（2）先注元韵 6 例

怨$_{\text{影元去山合三}}$ iuen（宴$_{\text{影先去山开四}}$）ien

原$_{\text{疑元平山合三}}$（研$_{\text{疑先平山开四}}$）

冤$_{\text{影元平山合三}}$（烟$_{\text{影先平山开四}}$）

言$_{\text{疑元平山开三}}$ ien（妍$_{\text{疑先平山开四}}$）ien

元$_{\text{疑元平山合三}}$（妍$_{\text{疑先平山开四}}$）

言$_{\text{疑元平山开三}}$（研$_{\text{疑先平山开四}}$）

这说明牙音、喉音山摄三等韵不论开合，读与山摄四等开口韵同。

（3）仙先互注 11 例

圈$_{\text{溪仙平山合三}}$ iuen（牵$_{\text{溪先平山开四}}$）ien

拳$_{\text{群仙平山合三}}$（见$_{\text{见先去山开四}}$）

宣$_{\text{心仙平山合三}}$、鲜$_{\text{心仙平山开三}}$ ien（先$_{\text{心先平山开四}}$）

泉$_{\text{从仙平山合三}}$、钱$_{\text{从仙平山开三}}$（千$_{\text{清先平山开四}}$）

卷$_{\text{见仙去山合三}}$（见$_{\text{见先去山开四}}$）

捐$_{\text{以仙平山合三}}$（坚$_{\text{见先平山开四}}$）

绢、眷$_{\text{见仙去山合三}}$（见$_{\text{见先去山开四}}$）

年$_{\text{泥先平山开四}}$ ien（辇$_{\text{来仙上山开三}}$）ien

眠$_{\text{明先平山开四}}$（免$_{\text{明仙上山开三}}$）

捻$_{\text{泥先上山开四}}$（辇$_{\text{来仙上山开三}}$）

莲$_{\text{来先平山开四}}$（辇$_{\text{来仙上山开三}}$）

这些例子为我们判断山摄三、四等韵已无区别提供了证据，产生了韵母 [ien]。

（4）桓、山韵注仙韵 3 例

弁$_{\text{并仙去山开三}}$ ien（盘$_{\text{并桓平山合一}}$）uan

颛$_{\text{章仙平山合三}}$ iuen（端$_{\text{端桓平山合一}}$）

卷$_{\text{见仙上山合三}}$ iuen（捡$_{\text{见山上山开二}}$）en

例子中唇音、齿音仙韵三等字与桓韵合口一等字混同变为韵母 [uɑn]，也是章组细音变为洪音的证据。而牙音山韵开口二等字与仙韵混同，产生介音，变为细音，先山互注也是此种情况。

（5）先叶互注 1 例

砚疑先去山开四 ien（叶以叶入咸开三）ep

此例说明山摄与咸摄入声相混，是山摄、咸摄合流的又一根据。

2. 咸摄三、四等韵注音情况：

盐韵自注 1 例，严、凡、添韵均未出现自注，但这四韵与山摄三、四等韵互注多达 28 例，这充分说明咸摄三、四等韵与山摄三、四等韵已经合流。下面看具体例子：

（1）元与盐、严韵互注 3 例

纤心盐平咸开三 iem（劝溪元去山合三）iuen

欠溪严去咸开三（劝溪元去山合三）

严疑严平咸开三 iem（言疑元平山开三）ien

这说明部分盐韵开口三等韵字归入元韵合口三等，严韵开口三等字归入元韵三等，韵尾 [n] 代替了 [m]。

（2）仙盐互注 6 例

尖精盐平咸开三 iem（煎精仙平山开三）ien

髯日盐平咸开三（然日仙平山开三）

检见盐上咸开三（蹇见仙上山开三）

染日盐上咸开三（然日仙平山开三）

验疑盐去咸开三（唁疑仙去山开三）

焰以盐去咸开三（衍以仙去山开三）

这说明盐韵开口三等字归入仙韵开口三等字，韵尾 [n] 代替了 [m]。

（3）先盐互注 12 例

廉来盐平咸开三 iem（年泥先平山开四）ien

阎以盐平咸开三（妍疑先平山开四）

檐以盐平咸开三、帘来盐平咸开三（年泥先平山开四）

潜从盐平咸开三（前从先平山开四）

粘娘盐平咸开三（年泥先平山开四）

籤清盐平咸开三（千清先平山开四）

闪、陕书盐上咸开三（洗心先上山开四）

镰来盐平咸开三（年泥先平山开四）

奁来盐平咸开三（年泥先平山开四）

签、佥清盐平咸开三（千清先平山开四）

占章盐平咸开三（笺精先平山开四）

咽影先去山开四（炎云盐平咸开三）

这说明盐韵开口三等字归入先韵开口四等字，产生韵母[ien]，也进一步证明了韵尾[m]的消失。先盐、盐山互注与其情况相同。

（4）先注添韵7例

嫌匣添平咸开四 iem（玄匣先平山合四）uen

点端添上咸开四 iem（典端先上山开四）ien

念泥添去咸开四（练来先去山开四）

添透添平咸开四（天透先平山开四）

甜定添平咸开四（填定先平山开四）

拈泥添平咸开四（年泥先平山开四）

店端添去咸开四（殿端先去山开四）

例子中咸摄四等韵与山摄四等韵混同，开口韵与以上分析相同，其中有1例添韵开口四等韵字变为先韵合口四等，产生韵母[uen]。

那么，山、咸摄三、四等韵合流，韵尾[m]消失，韵母有：

仙、桓合	uɑn
先合、添	uen
仙、先开、元开、盐、严、山开	ien
元合、盐、严	yen

（六）臻、深摄

	真	谆	臻	文	欣	魂	痕	清	蒸	侵	元	仙	咍	模	皆	屋
真	16					1		1				1				
谆		4														
臻																
文		1		6	3				1							
欣							1									
魂		3		1		8		1					1	1		
痕							6									
侵	17				3			1		3	1				1	1

真韵自注16例，占其总数的84.2%，真韵独立。谆韵自注4例，魂韵自注8例，两韵都独立，而谆注魂韵3例，占魂韵自注数的37.5%，比例不算小，那么谆韵与魂韵在各自独立的情况下，出现了一定程度的合流。臻韵没有自注、互注现象，文韵自注6例，痕韵自注6例，保持独立，而欣韵无自注，它与文韵互注3例，又与痕韵互注1例，则欣韵分别归于文韵、痕韵。由此可推知，臻摄一等韵与三等韵合流明显。深摄三等韵侵韵自注3例，与臻摄三等韵互注多达20例，我们判断深摄三等韵已经与臻摄三等韵合流。下面看具体注音情况：

（1）魂注真韵1例

衬初真去臻开三 ien（寸清魂去臻合一）uen

此例说明齿音真韵与魂韵合口一等字有混同现象，这也是庄组变读为洪音的证据。

（2）仙、清韵注真韵各1例

人日真平臻开三（恋来仙去山合三）

身$_{\text{书真平臻开三}}$ ien（声$_{\text{书清平梗开三}}$）ieŋ

真仙韵互注是受方言影响而出现的，前文已做说明。真清韵互注说明韵尾 [n] 与 [ŋ] 在正音材料中出现了混同现象，同时也说明知章组并没有全部变为洪音。魂清互注、文蒸互注现象与其相同。

（3）谆注文韵 1 例

闻、文$_{\text{微文平臻合三}}$ iuen（允$_{\text{以谆上臻合三}}$）iuen

此例说明重纽三等韵和普通三等韵已经合流，没有区别。

（4）欣注文韵 3 例

桾$_{\text{见文平臻合三}}$（勤$_{\text{群欣平臻开三}}$）

君、莙$_{\text{见文平臻合三}}$（斤$_{\text{见欣平臻开三}}$）

军$_{\text{见文平臻合三}}$（斤$_{\text{见欣平臻开三}}$）

这说明牙音臻摄重纽三等韵开合混同。而出现这样的音注，是受了方言影响。在泉州方言中，“桾”读为 [kun]，为其注音的“勤”读为 [k^{h}un]，读音相近。“君、莙、军”与为其注音的“斤”同音，都读为 [kun]。

（5）痕注欣韵 1 例

筋$_{\text{见欣平臻开三}}$（根$_{\text{见痕平臻开一}}$）en

牙音臻摄开口三等韵读与开口一等韵同，是方言体现。在漳州、泉州方言中，“筋”与为其注音的“根”同音，都读为 [kun]。

（6）咍、模注魂韵各 1 例

钝$_{\text{定魂去臻合一}}$ uen（呆$_{\text{端咍平蟹开一}}$）ai

遁$_{\text{定魂上臻合一}}$（沪$_{\text{匣模上遇合一}}$）o

这说明舌音魂韵合口一等韵出现了与异韵阴声韵混同的现象，侵皆互注与此情况相同。但我们并未找到支撑此类音注的依据，有待进一步研究。

（7）真注侵韵 17 例

斟$_{\text{章侵平深开三}}$ iem（真$_{\text{章真平臻开三}}$）ien

临$_{\text{来侵去深开三}}$（璘$_{\text{来真平臻开三}}$）

心心侵平深开三（申书真平臻开三）
音影侵平深开三（因影真平臻开三）
饮影侵上深开三（引以真上臻开三）
阴影侵平深开三（因影真平臻开三）
针章侵平深开三（真章真平臻开三）
椹知侵平深开三（真章真平臻开三）
淋来侵平深开三（瞵来真平臻开三）
窨、荫影侵去深开三（印影真去臻开三）
心心侵平深开三（申书真平臻开三）
沉澄侵平深开三（陈澄真平臻开三）
林来侵平深开三（璘来真平臻开三）
婶书侵上深开三（信心真去臻开三）
审书侵上深开三（信心真去臻开三）
壬日侵平深开三（人日真平臻开三）
任日侵平深开三（认日真去臻开三）

影母、以母、日母、心母、来母、知庄章组侵韵归入真韵，再一次为正音材料中韵尾 [m] 的消失提供了证据，同时也说明了知章组并未完全变为洪音。侵韵与欣、元韵互注也是此现象。

（8）屋注侵韵 1 例

赁娘侵去深开三 iem（木明屋入通合一）uk

此例再一次反映出正音材料中存在入声韵与阳声韵混同的现象。

综上所述，深摄三等韵已经与臻摄三等韵合流，韵母有：

痕	en
真、侵	ien
魂合	uen
谆合、文合	yen

四、《便览》韵母系统

（一）韵母系统

正音材料的韵母一共有 43 个，其中入声韵 11 个，按照开齐合撮的格局排列：

开	齐	合	撮
ɿ ʅ ɚ	i	u uʔ	y
a	ia	ua	
ɑʔ	iɑʔ	uɑʔ	
eʔ	ieʔ iɛʔ		yeʔ yɛʔ
o ɔʔ		uo uoʔ	
ai		uai	
		ui uei	
au	iau		
əu	iəu		
ɑn		uɑn	
en	ien	uen	yen
eŋ	ieŋ		yeŋ
ɑŋ	iɑŋ	uɑŋ	
		uŋ	

（二）韵母特点

1. 已经形成开齐合撮的格局。

2. 支脂之三韵合流发生支思韵和日母洪音化的音变，产生了韵母［ʅ、ʅ、ɚ］，止摄开口三等日母字的韵母全部变为[ɚ]。

3. 灰韵一等合口字与止、蟹摄三等合口字合并。

4. 二等韵的发展趋势是：牙音、喉音与一等韵合流；舌齿唇音、部分牙音与三等韵合流。

5. 出现大量三、四等韵混同的现象。

6. 模韵与虞、鱼韵分立，现代汉语中的韵母[y]形成。唇牙喉音遇摄合口一等字有归入流摄开口三等的趋势。

7. 牙音、喉音果摄开合一等字有混同现象，读为合口韵[uo]。

8. 流摄一等字韵母为[əu]。

9. 蟹摄开口二等韵变读为[ai]。

10. 入声韵大量与阴声韵混同，但仍保有入声韵系统，形成入声韵配阴声韵的格局。此格局的特点是：配有相应入声韵的仅限单韵母和后响二合元音韵母。入声韵尾［p、t、k］相互混注，演变出[ʔ]。

11. 见组觉韵开口二等字与药韵开口三等字混同，见组屑韵四等字与月韵三等字混同。

12. 阳声韵尾[m]消失，归入［n］，少量［n、ŋ］混同。

13. 通摄各韵合流形成一个韵母[uŋ]。

14. 江摄与宕摄已经合流。

15. 咸、山摄三、四等韵合流，[ɛn]、[uen]中包含盐、先、仙韵，知章组[ien]、[iuen]变为[ɑn]、[uɑn]、[uen]，即知章组三等韵变读为洪音，但并不完全。

16. 受方言影响，有些韵母在一方或双方独立的情况下出现互注。例如“人（恋）”音注中韵母的变化、止摄开口三等韵与遇摄合口三等韵混同、阳唐互注等现象，都是蔡氏受方言影响而做出的音注。

（三）《便览》音系韵母系统与清代后期官话音及北京音比较

我们依然选择与莎彝尊的《正音咀华》、《官话新约全书》、李汝珍的《李氏音鉴》进行比较，以叶宝奎的研究为准。

1. 与《正音咀华》韵母系统比较

（1）《正音咀华》韵母系统的特点[①]：

1）共有48个韵母，其中入声韵12个。开齐合撮的格局已经形成。

2）入声韵配阴声韵且只有单韵母及后响二合元音韵母才配相应的入声韵。入声韵尾为[ʔ]。

3）[y]韵形成，中古止摄日母开口三等韵没有分化出卷舌元音[ɚ]，仍读[ʅ]。

4）见组觉韵开口二等字与药韵开口三等字、见组屑韵合口四等字与月韵合口三等字保持区别。

5）[m]韵尾消失。

6）蟹摄开口二等韵仍为[iai]。

7）通摄各韵合并成一个韵母[uŋ]。

（2）《便览》音系韵母系统与《正音咀华》韵母系统相比较，基本相同，区别在于：

1）少了[iʔ]、[ʅʔ]、[yʔ]、[uəʔ]、[e]韵。另，蟹摄开口二等韵变读为[ai]，而《正音咀华》中仍为[iai]，没有与[ai]合流。在记音上有细微区别。

2）虽同样是入声韵配阴声韵格局，但《便览》音系韵母系统中已经出现大量入声韵与阴声韵混同的现象，入声韵比《正音咀华》少。

3）止摄开口三等日母字的韵母全部变为[ɚ]。

4）见组药觉开口、月屑合口已混同。

① 叶宝奎《明清官话音系》，厦门大学出版社，2001年，237—238页。

5）知章组三等韵变读为洪音，但并不完全。

6）有方音痕迹。

这些区别表明《便览》音系韵母系统比《正音咀华》更具有北京音的特点，但其官话音中掺杂了方音。

2. 与《官话新约全书》韵母系统比较

（1）《官话新约全书》韵母系统的特点[①]：

1）共有 49 个韵母，其中入声韵 13 个。开齐合撮的格局已经形成。

2）保留入声韵配阴声韵格局，入声韵尾为 [ʔ]。

3）[y] 韵形成，中古止摄日母开口三等韵为 [ï]，但其读音已与 [ɚ] 非常接近。

4）中古牙喉音果摄一等韵不分开合，均为 [o]。

5）[m] 韵尾消失。

6）知章组三等韵全部变成洪音。

7）通摄各韵合并成一个韵母 [oŋ]。

8）[en]、[uen] 中不包含盐、先、仙韵。

9）蟹摄开口二等韵仍为 [iai]。

（2）《便览》音系韵母系统与《官话新约全书》韵母系统相比较，区别在于：

1）少了 [ɛ]、[iɛ]、[ei]、[ʅʔ]、[yʔ]、[ioʔ] 韵，且在记音上有细微区别。另，蟹摄开口二等韵变读为 [ai]，而《官话新约全书》中仍为 [iai]，没有与 [ai] 合流。

2）虽同样是入声韵配阴声韵格局，但其音系韵母系统中已经出现大量入声韵与阴声韵混同的现象。

3）止摄开口三等日母字的韵母全部变为 [ɚ]，在《官话新约全书》中读音接近 [ɚ]，但不记作 [ɚ]。

① 叶宝奎《明清官话音系》，厦门大学出版社，2001 年，256—259 页。

4）知章组三等韵变读为洪音，但并不完全。

5）[en]、[uen] 中包含盐、先、仙韵。

6）有方音痕迹。

这些区别表明在一些方面如入声韵的消失上，《便览》音系韵母系统中北京音痕迹比《官话新约全书》还要高，但在其他方面如知章组的演变上，北京音痕迹却少于《官话新约全书》。另，其官话音中掺杂了方音。

3. 与《李氏音鉴》韵母系统比较

《李氏音鉴》以 18 世纪中后期的北京音为基础兼列当时海州音与北京音相异的部分。把其中的“南音”即海州板浦音剥离出去，就可以得到 18 世纪中后期北京音系的完整记录。[①]《音鉴》中北京音韵母共 39 个。[②]《便览》音系韵母系统与之相比，最突出的区别：

（1）北京音的入声韵已与相应的阴声韵混同[③]，而在《便览》音系韵母系统中，虽入声韵与阴声韵大量混同，但仍保有入声韵配阴声韵格局。

（2）知章组三等韵还未全部变为洪音。

（3）有方音痕迹。

这说明《便览》音系韵母系统并没有完全体现北京音的特点，但北京音在其中的影响已经很大。此外，韵母系统中有方音痕迹。

第三节 《便览》声调系统

《便览》正音材料有上平、下平、上声、去声、上入、下入 6 个调类，虽已有上平、下平之分，但统称“平声”也存在。分别

① 叶宝奎《明清官话音系》，厦门大学出版社，2001 年，266 页。
② 叶宝奎《明清官话音系》，厦门大学出版社，2001 年，274 页。
③ 叶宝奎《明清官话音系》，厦门大学出版社，2001 年，240 页。

举例如下：

欱晓合入咸开一（和匣戈平果合一）

排并皆平蟹开二（牌并皆平蟹开二）

陪并灰平蟹合一（配滂灰去蟹合一）

且清麻上假开三（此清支上止开三）

道定豪上效开一（块溪灰去蟹合一）

喝晓曷入山开一（和匣戈平果合一）

拾禅缉入深开三（诗书之平止开三）

声调与《正音咀华》、《官话新约全书》一样，只是在入声上分了上入、下入。

《李氏音鉴》中所反映的北京音音系只有阴平、阳平、上声、去声四个调类，入声已经消失，而《便览》音系保留入声，这也说明其与当时北京音之间还存在区别。

需要注意的是，前文已指出，虽全浊声母清化符合官话演变规律，但在全浊声母声调的演变上，应是受方言影响，并未体现出明显的“全浊上变去”的规律。

《便览》音系中，声母 20 个，韵母 43 个，包含 11 个入声韵，调类 6 个，其特点与清代后期官话音著作《正音咀华》《官话新约全书》音系特点大体相同。

《便览》音系与清代后期《李氏音鉴》所记录的北京音系存在诸多相同点，但仍有差别，声母方面的区别是仍保留疑母，但疑母消亡征兆明显；见精两组虽出现腭化但仍保持尖团区别。韵母方面的区别是保留入声韵配阴声韵格局，但入声韵已大量与阴声韵混同；知章组三等韵变为洪音，但不完全；声调方面的区别是保留入声。这些区别表明《便览》音系受北京音的影响已经很大，但北京音还未取得正音地位。李新魁认为北京官话在清代中后期才逐渐取代南京官话居于主导地位。[①] 威妥玛明确提出“大约 1850 年前后，北京音才获得官话正音的地位”。[②] 陈辉认为北京官话居于主导地位是在 19 世纪与 20 世纪交替时期。[③]

虽然《便览》于清末刊行，但根据其音系与北京音的关系，我们认为它代表的是清代中后期官话音，这种表述比“清代后期官话音”更为科学。

另外，在《便览》音系中，我们发现了不少方音痕迹，但它们并没有影响《便览》音系的整体结构，声调由于受方言影响未体现明显的“全浊上变去”规律。这说明《便览》音系并不纯粹，掺杂了一些方音，有些许“北腔南调”意味。

① 李新魁《论近代汉语共同语的标准音》，《语文研究》1980 年第 1 期，44—52 页。

② 威妥玛著、张卫东译《语言自迩集——19 世纪中期的北京话》，北京大学出版社，2002 年，5 页。

③ 陈辉《19 世纪东西洋士人所记录的汉语官话》，《浙江大学学报（人文社会科学版）》2010 年第 6 期，105—113 页。

附论　利用古文字资料研究上古音的反思[①]

用以研究上古音的各种资料中，比较而言，韵文性质相对单一，其他如谐声、通假[②]、汉人音注等来源甚是复杂。周有光《世界文字发展史》把文字的发展分为三个阶段，假借与形声均占有重要地位。裘锡圭《文字学概要》提出“三书说”，亦认为假借是汉字发展的重要阶段。这些探讨，均为利用古文字资料研究上古音提供了很好的理论支持。古文字资料中藉以研究上古音的，亦不外通假、谐声等，钱大昕以通假等资料治上古声母，得出古无轻唇音、古无舌上音的结论，虽其功甚伟，然远不如顾炎武、段玉裁等以韵文来治上古韵部有成就，原因之一就是韵文相对性质单一且有系统，故得出的结论也更完整。在出土古文字资料（其中有通假、谐声及一定数量的韵文）大量涌现的今天，音韵学界以之治上古音者渐多矣，然较之以传世文献中的韵文等资料治上古音，其成果不论在数量上还是质量上，均有差距。今反思此中缘由，以期今后更好地利用古文字资料研究上古音。

利用古文字资料研究上古音已逐渐受到重视。不论是古文字学者还是古音学者，都敏锐地注意到古文字资料在上古音研究中

① 本章曾发表于《古汉语研究》2014年第2期，今据以收入，略有修改。

② 本章通假与假借同，指由语音的相同或相近而产生的文字借用。以下一律以“通假”称之。

的重要价值，如朱德熙[①]、李方桂、周祖谟[②]、鲁国尧[③]、裘锡圭[④]、李新魁[⑤]、刘钊[⑥]等均有论述，李方桂更是直接指出“古韵学的出路在于古文字”[⑦]。鲁国尧也强调：“应该像周祖谟先生那样走音韵学与古文字学相结合的道路以推进古音学的研究。”[⑧]

诚如上述诸位先生所言，古文字资料在古汉语研究的方方面面都有重要价值。这从多位前贤时修利用古文字资料来研究古汉语特别是上古音并取得诸多重要的成果可以得到印证。特别是近年来随着战国楚简等大批竹简资料的出土，利用古文字研究上古音已蔚然成风。海内外也有不少音韵学者，利用殷商甲骨、两周金文、战国文字、秦汉文字等古文字资料来研究上古音。这些研究成果表现出以下特点：第一，已经开始明确注重语音的时代性与地域性，即利用古文字资料进行分时分域的语音研究；第二，所用的仍然不外古文字资料中的谐声字与通假字，并未超出清人所用资料的范围，与清人用以研究上古音的资料无实质区别；第三，所有成果与以韵文为资料研究上古音所取得的成果相比，差距较大。

---

① 朱德熙《在长沙马王堆汉墓帛书座谈会上的发言》，《朱德熙文集》第5卷，商务印书馆，1999年，89—90页。

② 周祖谟《汉代竹书和帛书中的通假字与古音的考订》，《音韵学研究》第一辑，中华书局，1984年，78—91页。

③ 鲁国尧《中国音韵学研究会第十二届学术讨论会暨汉语音韵学第七届国际学术研讨会开幕辞》，《语言学文集：考证、义理、辞章》，上海人民出版社，2008年，6—9页。

④ 裘锡圭《谈谈古文字资料对古汉语研究的重要性》，《中国语文》1979年第6期，437—442页。

⑤ 李新魁《汉语音韵学研究概况及展望》，《音韵学研究》第一辑，中华书局，1984年，4—22页。

⑥ 刘钊《谈古文字资料在古汉语研究中的重要性》，《古文字考释丛稿》，岳麓书社，2005年，415—437页。

⑦ 李方桂访问中山大学时所言，详参《第三届国际中国古文字学研讨会论文集》，中华书局，1997年，753页。

⑧ 鲁国尧《周祖谟文选·前言》，《周祖谟文选》，北京大学出版社，2010年，1—19页。

近年来，利用古文字资料研究上古音的成果虽取得了一定的成绩，但相较于利用传世文献的韵文研究上古音的成果，仍不够理想，主要原因应归结为古文字资料的复杂性。

研究上古音的资料，一般有韵文、谐声、通假、汉人音注、域外汉音、梵汉对音、汉藏语比较等，而前四种资料利用最多，比如清人及近人的上古音研究。在对出土古文字资料的利用中，主要是其中的谐声字与通假字，这在研究上古音的资料当中，我认为只是对已有资料的量的增加，并无质的改变，并且，古文字资料有其自身特点。文字非一时一地之产物，相当复杂，特别是其中用以研究上古音的通假字与谐声字，更是复杂多样。通假字的地域因素较为显著，秦、楚、齐等地的通假字，依据各地语音进行通假的可能性极大。此外，通假字还有历史性，而我们今天所看到的通假字，是糅合了所有这些因素而成的一个“混合体”，其来源复杂，实难有系统性可言。谐声字亦如此，甲骨文时代，谐声字约占汉字总数的30%左右，后来谐声字越来越多。早期的谐声字，它的主谐字与被谐字在语音上到底是怎样的关系，还很难明确地说清楚。《说文》中的谐声字约占其所收总字数的80%，但这么多的谐声字却是由非一时一地之字逐渐累积而成的，所以，用以研究上古音，难度甚大。

看来，古文字资料本身的复杂性是导致利用其研究上古音成就不大的主要原因。当然，大部分研究上古音的音韵学者的古文字功底欠缺也是原因之一。下面具体阐述通假与谐声的复杂性。

第一节　通假关系的复杂性

出土的古文字资料有大量的通假字，但它与传世文献中的通假字不同，传世文献中通假关系的确定，一般只需语音的相同或相近即可，出土古文字中的通假字，首先需要字形的解释。杨树达在谈到考释古文字的方法时说："首求字形之无牾，终期文义之大安。"[①]出土的古文字资料中，韵文相对较少，更多的是通假字，然而，对出土古文字资料中通假关系的认定与研究，多数由古文字学者完成，由于学科背景的关系，古文字学者在认定通假关系时，一般应满足以下三个条件：一，文字字形分析；二，传世文献对照；三，语音相同或相近。

对其中的第三个条件，不同的学者有不同的看法，在使用中也有宽严的不同。王力认为，通假字"语音必须是相同或相近"的，"相近"到什么程度，就是在声和韵上都要符合通转规律。[②]周长楫认为通假字的语音是相同的，"古音通假就是'同音替代'"。[③]郭锡良却认为"假借不一定完全同音"。[④]何九盈认为假借的重要依据就是"同音"[⑤]，即声韵调全同，认为先秦两汉的假借字，声韵调相同的占多数，是正例，调不同而相借的占少数，这个"少数"可能是因古方音或语音演变或写错别字的人取调近的字而造成的。裘锡圭认为："被借字的读音，跟借它来表示的那个词的音，可以仅仅是相近的，而不是完全相同的。所以一个字的本义跟假借义的读音往往有差异。"[⑥]全广镇整理出的321组两周金文的通假字中，声韵并同的占48.3%，韵部相同的占94.1%，声母相同的占52.7%，声调相同的占55.8%。[⑦]古屋昭弘把通假的语音条件定的更为严格，指出"上古的两个字即使声母韵部（包

---

① 杨树达《积微居金文说》，中华书局，1997年，1页。

② 王力《训诂学上的一些问题》，《王力语言学论文集》，商务印书馆，2000年，516页。

③ 周长楫认为古音通假就是"同音替代"，但可以从通假字里出现的各种错综复杂的语音现象，去考订上古音系和古代方音的某些特点，寻觅古方言的分区。详见《通假字"音同"原则浅说》，《古汉语研究》1998年第1期，20—24页。

④ 郭锡良《殷商时代音系初探》，《北京大学学报（哲学社会科学版）》1988年第6期，103—120页。

⑤ 何九盈《古无去声补证》，《音韵丛稿》，商务印书馆，2002年，197—198页。

⑥ 裘锡圭《文字学概要》，商务印书馆，1988年，196页。

⑦ 全广镇《两周金文通假字研究》，台湾学生书局，1989年，505页。

括声调）均同，如果开合不同就不可以通用。因此不能只靠声母与韵部的信息认定通假字”①。由此看来，第三个条件把握的宽严与否直接影响到通假关系的确定，严谨的学者可能会把符合前两个条件但语音仅仅是相近而不是相同的通假予以排除，把握宽松的学者则可能会收罗庞杂而无所不通。更为重要的是，以上学者在论述通假字的语音关系时，均未考虑地域因素。

在通假关系的认定中，即使上述三条准则都满足，仍会有不少难以处理的情况。

一、通假关系较难确定

于省吾指出确定通假关系时要遵循“律例兼备”的原则，即既符合语音相同或相近原则，又能在文献中找到用例证明，也就是我们上面所提到的三条准则。但在实践中，往往是同一语言环境中的某字，与传世文献中的多个字相对应，而所有的这些对应却又都符合“律例兼备”原则。如：

上博七《吴命》:“攼亡尔社稷”，复旦大学出土文献与古文字研究中心研究生读书会（程少轩执笔：2008）考释云“‘攼亡’疑与‘残亡’同义”。林文华（2009）认为此“攼”读为“搴”，乃拔取之意，进而把“攼亡”释为拔取灭亡，那么“攼（搴）亡尔社稷”就是拔取、灭亡你们国家的意思。林氏又谓或可与“刊”“削”通，为侵夺、灭除之意。苏建洲指出林文所论虽均有文献通假例证，但其观点并不足信②，引陈剑将“戋”释读为古书中常训为“灭”的“翦”“践”“残”等字后，竟然说:“可见将‘攼’读为‘翦’‘践’‘残’‘戳’‘划’和‘浅’等一系

① 古屋昭弘《上古音的开合与战国楚简中的通假字》,《历史语言学研究》第三辑，商务印书馆，2010年，189页。

② 苏建洲《〈上博楚竹书七〉考释六题》,《出土文献与古文字研究》第三辑，复旦大学出版社，2010年，220—245页。

列从‘戋’得声或精系元部的字是妥切的”。最后，苏文认为将“攼”读为“残”“可说是非常合适的”。此外，苏文又提供了另一种读法，即读“攼”为“虔”。苏文此二读，均有文献通假例证。准此，一“攼”字，已有林文华的“搴”“刊”“削”与苏建洲的“残”“虔”五读，虽然林文读之不可信，剩下苏文的二读，即使均合理，但其中只能有一读是正确的。攼，从攴干声，见纽元部，中古寒韵开口一等字。虔，群纽元部，中古仙韵开口三等字。残，从纽元部，中古寒韵开口一等字。翦，精纽元部，中古狝韵开口三等字。以上四字虽韵部相同，然声纽见群为牙音，精从为齿音，发音部位不同。若以现有古音成果判断，攼与虔于音可通，攼与残、翦则不可通。但这条资料是否可为曾晓渝所说的见纽在上古有小舌塞音 *q-（非三等）和舌根塞音 *k-（三等）两个音位[①]提供古文字的佐证？另外，此类材料如果数量多，那么不但不能以现有上古音结论来否定它，反而可能是对现有结论的补充或修正。同时，这也引出另一个问题，即古文字学界的通假与音韵学界的通假似有不同。因此，在利用古文字学成果时当有所判断。

清华简《楚居》“季连闻其有聘，从及之盘，爰生緹伯、远仲”中的“盘”，整理者读为“泮”，水涯[②]。李学勤认为“盘”应读为“泮”，即水滨，结合上文即汌水之滨。[③]陈伟读为“班”，返还义。[④]守彬认为当读如本字，与前文“盘庚”呼应。[⑤]宋华

① 曾晓渝《见母的上古音值》，《中国语文》2003 年第 2 期，109—120 页。

② 李学勤主编《清华大学藏战国竹简》（壹），中西书局，2010 年，183 页。

③ 李学勤《论清华简〈楚居〉中的古史传说》，《中国史研究》2011 年第 1 期，53—58 页。

④ 陈伟《读清华简〈楚居〉札记》，武汉大学简帛研究中心网站，2011 年，http：//www.bsm.org.cn/show_article.php? id=1371。

⑤ 守彬《读清华简〈楚居〉季连故事》，武汉大学简帛研究中心网站，2011 年，http：//www.bsm.org.cn/show_article.php? id=1382。

强疑当训为“乐”。[1]《书·无逸》“文王不敢盘于游田”，孔疏引《释诂》:“盘，乐也。”“盘游（游）”经常并言，如《逸周书·柔武》“盘游安居”，伪古文《书·五子之歌》“乃盘游无度”。字又作“般”，如《尔雅·释诂上》“般，乐也”，《荀子·仲尼》“般乐奢汰”，《孟子·公孙丑上》“般乐怠敖”，《孟子·尽心下》“般乐饮酒”。上文说比隹好游，故季连“及之盘”，盖谓季连和比隹一起盘游享乐。颇疑“及之盘”是男女交媾的一种委婉语，故下文接着说“爰生緹伯、远仲”。刘乐贤说，此处“盘”似可以读为“姘”，盘、姘音近可通。[2]朱骏声说跰躃“犹媻姗也”(《说文通定声》“姘”字条)，可以作为佐证。《广韵·耕韵》引《苍颉篇》:“男女私合曰姘。”简文可能是说，季连听说妣隹已有婚约，追过去与之私合，生了緹白（伯）和远中（仲）两个孩子。程浩认为此处“盘”应读为“泮”，意为消散。“及之泮”，即为等到洲水之冰溶解之时[3]。《诗·邶风·匏有苦叶》:“士如归妻，迨冰未泮。”毛传曰:“迨，及。泮，散也。”三代嫁娶以秋冬为期，尤其以“冰泮”作为时间节点。《荀子·大略》曰:“霜降逆女，冰泮杀止。”是说从霜降后开始行嫁娶之事，到冰凌消融的时候为止。《孔子家语·本命》曰:“霜降而妇功成，嫁娶者行焉，冰泮而农业起，昏礼杀于此。”《楚居》中的“及之泮”，即是嫁娶之期行将“杀止”之时。但是，季连追求妣隹为何要选在这一时刻呢?《周礼·地官·媒氏》有载:“中春之月，令会男女于是时也，奔者不禁。”原来，在此时男女自由结合是不被礼法所禁止的。从上文可知，妣隹是已聘之女，季连再追求她是有越礼法的。程

① 宋华强《清华简〈楚居〉1—2号释读》，武汉大学简帛研究中心网站，2011年，http: //www.bsm.org.cn/show_article.php? id=1391。

② 刘乐贤《读清华简札记》，武汉大学简帛研究中心网站，2011年，http://www.bsm.org.cn/show_article.php?id=1384。

③ 程浩《清华简〈楚居〉“盘”字试解》，复旦大学出土文献与古文字研究中心网站，2011年，http://www.gwz.fudan.edu.cn/SrcShow.asp?Src_ID=1495。

氏最终根据《周官》的这条记载，认为如果是在中春之月媾和，则“奔者不禁”了。同一语言环境中的同一字，竟有六种读法，有的虽然读法相同，但最终释义又有区别。

以上是古文字学者对同一文字的释读，虽不至于眼花缭乱，但也足可谓歧见迭出，恰如鲁国尧的描述，“在楚竹书中，几乎每个需要考释的字都有多种歧异的见解，言人人殊，那些权威文字学家的观点也往往遭到质疑，而与之商榷的新说也不止一两种”①。杨树达在谈到考释古文字的方法时说：“首求字形之无啎，终期文义之大安。”② 我们认为，对于通假关系的确定，当然要遵循“律例兼备”原则，但字形的“无啎”是界定通假的第一要务。陈剑曾详细分析过郭店简《缁衣》中的“[illegible]”“[illegible]”字，兹举如下③：

郭店楚墓竹简《缁衣》篇中，第十章（相当于今本第十五章）引《诗》“执我仇仇”（见《诗经·小雅·正月》)，第二十一章（相当于今本第十九章）引《诗》“君子好逑”（见《诗经·周南·关雎》)，“仇”和“逑”简文用同一个字表示（“逑”今本《礼记·缁衣》就作“仇”。逑与仇是同一个词的不同书写形式），其形作：

A [illegible] 简 19　　B [illegible] 简 43

整理者分析为“从‘戈’‘考’声”的“[illegible]”（第 134 页注［五三］)。这种解释从字形看不能成立。裘锡圭在《郭店楚墓竹简》按语中已经指出其非。

对这两个字的释读有两种意见：一种认为 A 和 B 两形左半所

① 鲁国尧《中国音韵学研究会第十二届学术讨论会暨汉语音韵学第七届国际学术研讨会开幕辞》,《语言学文集：考证、义理、辞章》，上海人民出版社，2008 年，6—9 页。

② 杨树达《积微居金文说》，中华书局，1997 年，1 页。

③ 陈剑《甲骨金文考释论集》，线装书局，2007 年，20—38 页。

从为“来”。或以为“乃混来为求”[1]。或以为A形当分析为从戈来声，“疑为‘赖’之异体”，引《方言》卷二“赖，仇也”为说[2]。或直接把“戕”讲成“仇”的假借[3]。另一种意见认为A和B两形左半所从为“枣”之省，枣是其声符，以音近借为“仇”[4]。

陈剑认为此二字左边所从的“”或“”，就是西周金文中以下几字右上角所从之字[5]：

C　　D　　E

F　　G　　H

即：“”，郭店简中的“”或“”就是由金文的“”变来的，并进一步认为，“”应是由“桒”分化出来的一个字。陈剑认为金文中C—H六字，可释写为“逑”，通“仇”，郭店简二字亦可释写为“从求从戈”而通“仇”。陈剑所论于字形、音、义均理据确凿，并较上引对郭店二字解释之观点真实可信。看来，字形的正确解释是释读古文字的关键。

又如，在郭店楚简《语丛一》97号简“节，者也”的字，又见如下简中[6]：

《尊德义》17　　《语丛三》10

《语丛二》5　　《语丛三》44

隶定作“夓”。郭店简资料公布以后，经过多位学者的递相探

---

[1] 李零《郭店楚简校读记》，《道家文化研究》第十七辑（“郭店楚简”专号），三联书店，1999年，486页。

[2] 刘国胜《郭店竹简释字八则》，《武汉大学学报（哲学社会科学版）》1999年第5期，42—44页。

[3] 孔仲温《郭店楚简〈缁衣〉字词补释》，《古文字研究》第二十二辑，中华书局，2000年，247页。

[4] 黄德宽、徐在国《郭店楚简文字考释》，黄德宽、何琳仪、徐在国《新出楚简文字考》，安徽大学出版社，2007年，6页。颜世铉《郭店楚简浅释》，《张以仁先生七秩寿庆论文集》上册，台湾学生书局，1999年，382—383页。

[5] 陈剑《甲骨金文考释论集》，线装书局，2007年。

[6] 张光裕、袁国华《郭店楚简研究》第一卷《文字编》，台北艺文印书馆，1999年，173页。张守中等《郭店楚简文字编》，文物出版社，2000年，52页。

讨，其形音义现在已经比较清楚了。

廖名春将31号简文读作“礼，因人之情而为之”，说出于《礼记·坊记》“礼者，因人之情而为之节文”。① 陈伟在廖说基础上，将31号简与97号简两简缀联成“礼，因人之情而为之，节度者也”，使之成为一个完整的句子，与《礼记·坊记》文字基本相合。②97号简中“[illegible]”，裘锡圭按语云：“疑读为‘度’和‘序’。”陈伟读为“度”。李天虹通过全面分析此字的用例，肯定了它在楚简中大都应该读作“文”。③ 李家浩进一步指出，“这个字见于《古文四声韵》《汗简》引石经，为古文‘闵’字”。④

李学勤指出，石经古文“闵”这类形体上半是从“民”声或者说“民省声”的，楚简文字所谓的“廈”上半所从可以跟九店楚简的一模拟较特别的“民”字相比较，也是“民”。“民”声字跟“闵”“文”均可相通。⑤

陈剑经过综合分析甲骨金文中旧释为“尤”的字及相关的字，认为楚简这类“古文闵”字可以隶定作“[illegible]”，如“闵”所从的“门”“文”都是声旁一样，“[illegible]”所从的“民”和“旻”也都是声旁⑥。至此，从字形到释义到通假，才最终把该字解释清楚。

有时，字形清晰可辨，但其前后如果有字残损，也会影响到

---

① 廖名春《新出楚简试论》，台湾古籍出版有限公司，2001年，39页。

② 陈伟《〈语丛〉一、三中有关“礼”的几条简文》，《郭店楚简国际学术研讨会论文集》，湖北人民出版社，2000年。

③ 李天虹《释楚简文字“廈”》，《华学》第四辑，紫禁城出版社，2000年，85—88页。

④ 此为张富海总结，见《北大中国古文献研究中心“郭店楚简研究”项目新动态》，简帛研究网站，http://www.jianbo.org/Xyxw/Beida.htm，2000年。

⑤ 李学勤《试解郭店简读“文”之字》，《孔子儒学研究文丛（一）》，齐鲁书社，2001年，117—120页。参看李天虹《郭店竹简〈性自命出〉研究》，湖北教育出版社，2002年，21—22页。又，在上注所引张富海文提到的那次北大中国古文献研究中心“郭店楚简研究”项目例会上，李家浩也已经指出这类形体上半所从之形是声符“民”（此皆陈剑文中所提），详参《著名中年语言学家自选集·李家浩卷》，安徽教育出版社，2002年，294页。

⑥ 陈剑《甲骨金文考释论集》，线装书局，2007年，59—80页。

对该清晰之字的识读，既而影响到通假关系的确定。对于这种残损字的释读，实非音韵学者所长，必须借助古文字学者的成果。如《上博二·子羔》简 4“敏以寺”，第三字“好”残损，马承源以方框代表[1]，李锐[2]、黄德宽[3]认为是“学”的省体“𦥯”，其实此释读有问题，经郭永秉[4]详细比对同出一人之手的《子羔》《孔子诗论》《鲁邦大旱》中从“臼”（或“臼”形）的“与”字和“豊”字，发现该残字与此均不类，最终把《孔子诗论》中“好”按照《子羔》简 4 的泐痕作图像处理，对《子羔》简 4 对照如下：

《孔子诗论》简 24 好　　　　处理效果

《子羔》简 4 好

这样，确认此字当是“好”之残。这一字释读通了，那么其下的“寺”也就可以顺利释读为“诗”了[5]。

二、通假关系的历史性

通假关系的历史性即历史继承性，即同一通假关系，此前有，现在仍在沿用。孙玉文指出：“研究上古声母的直接材料有谐声字、联绵词、假借字、异文、声训、汉代的注音等。利用这些材料研究上古声母，最要紧的一件事就是要区分它们所反映的时

---

① 马承源主编《上海博物馆藏战国楚竹书（二）》，上海古籍出版社，2002 年，187—188 页。

② 李锐《读上博简（二）〈子羔〉札记》，www.jianbo.org，2003 年 1 月 10 日。

③ 黄德宽《战国楚竹书（二）释文补正》，www.jianbo.org，2003 年 1 月 21 日。

④ 郭永秉《说〈子羔〉简 4 的“敏以好诗”》，《出土文献与古文字研究》第一辑，复旦大学出版社，2006 年。

⑤ 此处“好”的古文字形均出自郭永秉文。关于“寺”到底该释读为何字，此前有争论，如上引黄德宽文读为“诗”，裘锡圭在“诗”后打上问号表示存疑，见裘锡圭《谈谈上博简〈子羔〉篇的简序》。李学勤、王志平认为应读为“时”，详见李学勤《楚简〈子羔〉研究》、王志平《上博简（二）札记》。以上诸文均收入《上博馆藏战国楚竹书研究续编》，上海书店出版社，2004 年，分别在 1—11 页、12—17 页、495—510 页。

代层次……对于假借字，我们应当区分始借时代和沿借时代。”[①] 如“谷”通“欲”，《何尊》：“敬□我！助王龏德谷天，顺我不敏。”何尊为成王五年器，出土于陕西宝鸡。又如，据全广镇研究，在两周金文的通假字中，仅见于西周的有41%，两周金文并见的有21%，仅见于东周的有30%。[②] 这其中多数通假字在战国楚简中仍沿用，这到底是语音没有变化一直沿用？还是语音已变在楚简中具有存古性质？我们认为，通假字在甲骨文中已出现，金文中亦有，到战国文献中更是普遍，这是一种社会现象。在战国时代，似乎并不存在好古、厚古的风尚，亦无唐宋八大家之“古文运动”，特别是在用字领域，所以，这种历史性是一种自然的继承。而在这一继承中，想必在当时人的眼中，并不认为这是一种“雅”或“古”的表现，而更大的原因可能是符合当时的语音系统，故而使用自然，因此，这种历史性亦当反映时音。不过，有一种情况应当引起重视，即战国简牍中属于古籍传抄的部分，其通假可能存在沿借的问题，在使用中要特别注意区别。

三、通假关系的地域性

在古文字学的研究中，往往根据地域的不同把文字分成不同的“系”，如楚系、秦系、齐系等，进而探讨各系的文字特色。在利用古文字资料研究上古音时，古音学者也自然采用古文字学者的这一方法，进行分系即分地域的研究，但某地出土的文字是否就一定反映该地的文字特色或语音特色，这是值得探讨的。例如，在目前研究最热的战国楚简中，出现了一些非楚系的文字，这使得楚文字的研究更为复杂。冯胜君指出，郭店简的《唐虞之道》《忠信之道》《语丛》（一～三）及上博简《缁衣》是具有齐

---

① 孙玉文《试论跟明母谐声的晓母字的语音演变（一）》，《古汉语研究》2005年第1期，2—8页。

② 全广镇《两周金文通假字研究》，台湾学生书局，1989年，501页。

系文字特点的抄本[①]，这使得许多问题需要重新探讨。因此“过去人们往往按照地域相近的因素，把历史上楚地出土的简帛一律划为楚文字，甚至受楚地影响的也划为楚文字”的“这种机械的做法是否得当都值得进一步商榷，同样，过去总结的一些所谓楚文字的特点，今天看来，很有可能也要重新界定”。[②]虽然，注重地域性是研究深入的表现，但古文字学界的反思，对我们以古文字为资料研究上古音的学者来说，也是值得借鉴与思考的。

用古文字中的通假字研究上古音，除上述困难外，即使可以确定通假关系，但对这些通假字的选择也直接影响到研究结论的可靠性。

第二节　谐声字的复杂性

在利用古文字资料研究上古音时，除了其中的通假字，谐声字也是学者的常用资料。对谐声字的利用也存在诸多问题与困难。

一、具体谐声字的考释尚无定论

古文字中可资利用的另一重要资料就是谐声字。然而，谐声系统复杂，具体到某一谐声字的考释与分析，并不容易。如：

上博《缁衣》简1、郭店《缁衣》简1有“放”字，即有如下解释：

1. 郭店整理者释为从力攴声。

2. 周凤五（1999）释为放，会意。

① 冯胜君《论郭店简〈唐虞之道〉〈忠信之道〉〈语丛〉（一～三）及上博简〈缁衣〉为具有齐系文字特点的抄本》，北京大学博士后研究工作报告，2004年。该报告2007年以《郭店简与上博简对比研究》在线装书局出版。

② 王志平、董琨《简帛文献文字研究》，《简帛文献语言研究》，社会科学文献出版社，2009年，279页。

3. 白于蓝（2000）释为从攴力声。

4. 黄锡全（2002）认为上博简该字上部是曾侯乙简“箙”省声，故可读为“服”，郭店简为从力攴声。

5. 李学勤（2002）认为上博简该字上部从垂，系“服”字，形近而为“攼”，又被误为“攼”。

6. 黄德宽、徐在国（2002）释为从来从力，二者均为声符。

7. 林素清（2002）释为从力来声。

8. 苏建洲（2008）赞同郭店整理者所释，分析为从力攴声。

“攼”到底是不是谐声字？如果是，声符是什么？

上博简《周易》有一“慐”字：

九三：不恒其德，或承其慐（羞），贞吝。（上博三《周易》28号简）

恐愉吾子慐（羞），愿因吾子而辞。（上博三《中弓》26号简）

对于《周易》中的“慐”，濮茅佐隶作“憂”，说：“憂，从页从心，畓省声，《说文》所无。音与忧、羞通。”[①]对于《中弓》中的“慐”，李朝远注云：“慐，同‘㥑’‘忧’。”[②]孟蓬生认为，《周易》与《中弓》此二字实一字，濮氏与李氏隶定不一，当隶定为“慐”，此字既非“忧”，亦非“从畓省声”，其构形当是“从心，頙声”。[③]谐声字由声符与形符组成，其声符对于整个谐声字的读音至关重要，如果谐声字的声符不能确定，那么用以研究上古音就很危险。按，“慐”，孟氏所论构形为是，声符确定，方可进一步释读。《集韵·尤韵》卷四“脜頙”二字同列，引《说文》后云“或从頁”，则《集韵》以“脜頙”为异体。《说文·页部》卷

① 马承源主编《上海博物馆藏战国楚竹书（三）》，上海古籍出版社，2003年，174—175页。

② 马承源主编《上海博物馆藏战国楚竹书（三）》，上海古籍出版社，2003年，174—175页。

③ 孟蓬生《简帛文献语义研究》，《简帛文献语言研究》，社会科学文献出版社，2009年，105—165页。

九上“脜，读若柔”，则“脜頁”为日纽幽部。“惪”即“忧”，《集韵·尤韵》“惪慢”同列，云“或作慢，通作忧”。《正字通·心部》“惪，忧本字”，“忧”为影纽幽部。“羞”，心纽幽部。韵部虽同，但声纽发音部位不同。显然，“憂”不论读为“忧”还是“羞”，声纽都相隔甚远。综观“憂”，共有四个问题需要处理，一是“憂”本身的构形分析；二是分析构形之后的释读；三是此类材料数量的多寡；四是对前三个问题的判断、取舍？对这四个问题的处理原则和方法将直接影响古音研究的绪论。

二、两声字如何处理

所谓“两声字”，裘锡圭认为“就是由都是音符的两个偏旁组成的字”，如“牾”“貟”等。以往用谐声字研究上古音中，好像很少有人注意到谐声字中的两声字，但两声字在甲骨文中就存在，如、（匐），复、勹皆声；（[illegible]），畐、莆皆声；蚁，虫、又皆声；（弸），弗、弜皆声；（餓），宜、我皆声[①]。在文字学界，很早就注意到两声字的存在，林义光《文源》叫作“二重形声”，何琳仪叫作“双重标音”[②]，陈伟武叫作“双声符字”，并考定了14个双声符字[③]。双声符的两声字不仅甲骨文里有，其他古文字里也有，叶玉英在前人基础上，从时代与地域两个方面入手，考证了甲骨文、金文和春秋战国的秦系文字、楚系文字、晋系文字等中的72个两声字[④]。对于这些两声字，该如何处理它们的声、韵、调关系？如（[illegible]），畐、莆皆声，均为并纽

① 黄天树在“两声字”之外又分出“多声字”，如，从宀，柬、闲皆声，我们认为这也是两声字。见黄天树《殷墟甲骨文“有声字”的构造》，《黄天树古文字论集》，学苑出版社，2006年，269—298页。

② 何琳仪《战国文字通论》（订补本），江苏教育出版社，2003年，225页。

③ 陈伟武《双声符字综论》，《中国古文字研究》第1辑，吉林大学出版社，1999年，328页。

④ 叶玉英《古文字构形与上古音研究》，厦门大学出版社，2009年，378—420页。

职部，声韵全同；但“麸”这些两声符字中两个声符的语音，在声韵调关系上较为复杂，存在声韵全同、声同韵转、韵同声转、声韵皆转等关系，这样一来，到底该以哪一个声符为准来确定该谐声字的读音？

三、谐声系列复杂

孙玉文指出利用谐声字、联绵词、假借字、异文、声训、汉代的注音等资料研究上古声母时，最要紧的一件事是区分它们所反映的时代层次。“对于一个谐声字，我们应区分其造字时代和用字时代”，某一谐声字的产生、发展，需要逐个研究，以期确定其造字时代和用字时代。谐声字如此，谐声系列也是这样。我们把每一个谐声字搞清楚了，那么，谐声系列也就可以搞清楚。《广韵声系》与《古文字谱系疏证》均是罗列谐声字系列的专著，我们选取几例略做比较：

《古文字谱系疏证》	《广韵声系》
禺愚遇偶愚堣隅鄅鶚厲庽寓遫窩湡耦齵緉	禺愚湡堣鶚嵎髃隅鍝蝺煱齵鄅 禺遇寓庽嵎瘍顒騆鰅喁齵蕅偶髃甈 偶 耦藕 寓鸈①
青婧请情精猜猜罾鲭精鄁寈清辖旍婧	青鹊鲭蜻靘猜清圊请晴辖绩倩精褚 腈倩清靘掅靘精菁鹊蜻鼱婧晴箐靘 聙精情晴请赗彭靖婧赗靓请婧鲭绩 崝 倩蒨篟 靓瀞瀞

①《广韵声系》212—214页有“禺”“耦”“寓”三个主谐声字，其中“禺”又有两个谐声系列，“耦”“寓”为第二主谐字。

《古文字谱系疏证》	《广韵声系》
鬲偏遍鄗滆遢篙镉鬲盝輻镉	鬲隔膈搹槅愅瞝鳊嗝鳊 鬲镉蒚骟醽鬷褊鞷輻弼篙碻翮滆蒚 隔篙
无魹迒犹霖鄦盬芜庑鄦鄴	无瞴膴芜璑隲篻鷡谯墲怃羉墲橅墲 篻抚缷膴幠鄦 舞䍢廡䑎䍢缷

我们选择表中第一横格中的字与《说文》进行比较如下：

《广韵声系》有而《说文》没有的共 11 字：鹏鍝蝺焬鄅廗嵎瘑骉藕鹛。

《广韵声系》和《说文》有而《古文字谱系疏证》没有的共 11 字：嵎髃隅齵颙鰅喁蕅偶髃甋。

《古文字谱系疏证》有而《广韵声系》和《说文》没有的共 8 字：禺偶鞲厲遇寓齵缌。

《广韵声系》独有的共 9 字：鹏锅蝺焬嵎瘑骉藕鹛。

三书全有的共 8 字：禺遇愚堣隅寓湡耦。

由此来看，三者收字出入较大，而收字多寡、收字不同的差异巨大。其中《广韵声系》收字最多。

《广韵声系》的编辑旨趣是"一、叙列周秦两汉以来谐声字发达之史迹……三、比较主谐字与被谐字读音分合之现象……"，但"广韵一书，为记载中古文字之总汇。其形声字，比之《说文》，多逾三倍"。①《古文字谱系疏证》的目的是"从汉字形音义的内在联系入手，以地下发现的第一手资料为依据，全面梳理纷纭复杂的先秦古文字，从而探索和揭示古文字阶段汉字体系内部的发展沿革关系，构建古代汉字的发展沿革谱系，以便更为科学地认识汉字形体结构及其发展演变的若干规律和特点，为全面的汉字

① 沈兼士《广韵声系》，中华书局，1985 年，2 页。

发展史研究奠定基础，“以声符为核心构建形声谱系，再以‘音’系连将形声谱系按古韵部和声纽编列构建广义谱系，对每一字罗列古文字不同阶段之典型形体，然后逐字分析字形，阐释用例，予以梳理证说，在此基础上对同声系内部具有亲缘关系的同源字进行考辨确认。通过以上工作，试图比较全面地揭示古文字阶段汉字体系内部字际关系，分层次构建古代汉字因发展沿革而形成的广义谱系”。该著之所谓“古文字”，是指“殷商甲骨文、西周金文、春秋文字、战国文字和秦文字。所据的资料皆为地下考古发现者”。[①] 所以，我们认为，《广韵声系》所收之谐声系列，并非研究上古音的最佳资料，但其体例甚善，若以其体例来排比《说文》之前之古文字，则不失为研究上古音之新途，相较而言，《古文字谱系疏证》可信度较高。

孙玉文对谐声系列做了详细而缜密的研究，探讨谐声系列的长短及长的谐声系列的多寡在上古音研究中的作用，提炼出“谐声系列求音类法”。[②] 我们提倡在孙文的指导下，对谐声字与谐声系列逐个进行研究，探究谐声字的“籍贯”与时代层次，探讨每一个谐声系列的谐声通例、特例与例外谐声。其实，例外谐声还可能是字形讹混所致，如裘锡圭从古文字角度分析从“去”得声的字读音分成两个系列，一系属鱼部，一系属叶部，指出这是小篆里表示离去义的“去”与象器皿上有盖子的“[illegible]”字形近而混，“从‘去’得声的鱼部字，所从的是离去的‘去’。从‘去’得声的叶部字，所从的则是象器盖相合的‘去’（盍）”[③]。显然，如果不从古文字的角度去分析，很难明白为什么主谐字相同，但被谐声却分属两个系列。

① 黄德宽等《古文字谱系疏证·前言》，商务印书馆，2007年，4—8页。

② 孙玉文《谐声系列和上古音》，《中国语言学》（第4辑），北京大学出版社，2010年，1—23页。

③ 裘锡圭《谈谈古文字资料对古汉语研究的重要性》，《中国语文》1979年第6期，437—442页。

此外，在出土的古文字资料中，还有错别字、异体字、俗字、歧读字等，这些在研究上古音时，都应当详加分辨，以免误导结论。

综上，利用古文字的新资料研究上古音已受到音韵学者的重视，但研究成果仍相对较弱，所用古文字资料不外通假与谐声，并未超出清人范围。成果较弱的原因是多方面的，首先，作为研究上古音的古文字资料特别是谐声字与通假字甚是复杂；其次，多数研究上古音的音韵学者因缺乏系统的古文字学知识而不能直接利用古文字的第一手资料。这就造成了以古文字为资料研究上古音的诸多困难与成果的不理想。因此，我们认为，研究上古音的音韵学者利用古文字资料研究上古音欲取得突破性进展，第一，应当习得一定的古文字学的基本理论与方法，掌握一定数量的古文字，以对古文字资料有一定的鉴别能力，“走音韵学与古文字相结合的道路”。第二，在充分利用古文字学者的研究成果的同时，区分资料的时代性与地域性，对通假与谐声做分时分域研究，对累积而成的通假字、谐声字“混合体”进行“离析”，对谐声字、谐声系列逐个研究，在此基础上进而研究上古音。

主要参考文献

著作

［汉］刘熙. 释名 [M]. 四部丛刊本 .

［唐］段成式. 酉阳杂俎 [M]. 四部丛刊本 .

［宋］陈彭年等. 宋本广韵 [M]. 永禄本韵镜合刊影印本 . 南京：江苏教育出版社，2008.

［宋］陆游. 老学庵笔记 [M]. 北京：中华书局，1979.

［清］方以智. 通雅 [M]. 北京：中国书店影印清姚文燮浮山此藏轩刻本，1990.

［清］王夫之. 船山全书 [M]. 长沙：岳麓书社，1988.

［清］王夫之. 船山遗书 [M]. 金陵节署刻本.

［清］朱彝尊. 静志居诗话 [M]. 北京：人民文学出版社，1990.

［清］段玉裁. 说文解字注 [M]. 上海：上海古籍出版社，1988.

［清］段玉裁. 六书音均表 [M]. 音韵学丛书本. 北京：中华书局，1983.

［清］谢启昆. 小学考 [M]. 上海：上海古籍出版社，2002.

［清］永瑢，纪昀. 四库全书总目 [M]. 北京：中华书局，1965.

［清］陈鳣. 论语古训 [M]. 上海：上海古籍出版社，2002.

［清］姚文田. 说文声系 [M]. 粤雅堂丛书本.

［清］严可均. 说文声类 [M]. 北京：国家图书馆出版社，2011.

［清］江有诰. 江氏音学十书・谐声表 [M]. 续修四库全书第 248 册（影印南京图书馆藏清嘉庆道光间江氏刻本）.

［清］夏炘. 诗古韵表廿二部集说 [M]. 续修四库全书第 248 册（影印中国科学院图书馆藏清道光十三年刻本）.

［清］赵尔巽. 清史稿（缩印本）[M]. 北京：中华书局，1997.

长泽规矩也. 明清俗语辞书集成［M］. 上海：上海古籍出版社，1989.

陈复华，何九盈. 古韵通晓［M］. 中国社会科学出版社，1987.

陈剑.甲骨金文考释论集［M］.北京：线装书局，2007.
陈新雄.古音学发微［M］.台北：台湾文史哲出版社，1983.
陈新雄.古音研究［M］.台北：五南图书出版有限公司，1999.
陈章太，李如龙.闽语研究［M］.北京：语文出版社，1991.
丁锋.日汉琉汉对音与明清官话音研究［M］.北京：中华书局，2008.
丁山.商周史料考证［M］.北京：中华书局，1988.
董莲池.新金文编［M］.北京：作家出版社，2011.
冯其庸.通假字典［M］.石家庄：花山文艺出版社，1998.
高鸿缙.中国字例［M］.台北：台湾三民书局，2008 .
高小方.中国语言文字学史料学［M］.南京：南京大学出版社，2005.
耿振生.近代官话语音研究［M］.北京：语文出版社，2007.
耿振生.明清等韵学通论［M］.北京：语文出版社，1992.
郭锡良.汉字古音手册［M］.北京：北京大学出版社，1986.
何九盈.中国古代语言学史［M］.广州：广东教育出版社，2000.
何九盈.中国古代语言学史（新增订本）［M］.北京：北京大学出版社，2006.
何琳仪.战国文字通论（订补本）［M］.南京：江苏教育出版社，2003.
胡朴安.中国训诂学史［M］.北京：商务印书馆，1998.
黄德宽.古汉字发展论［M］.北京：中华书局，2014.
黄德宽，等.古文字谱系疏证［M］.北京：商务印书馆，2007.
季旭昇.说文新证［M］.福州：福建人民出版社，2010.
蒋绍愚.近代汉语研究概况［M］.北京：北京大学出版社，1994.
李开.汉语语言研究史［M］.南京：江苏教育出版社，1993.
李新魁.《中原音韵》音系研究［M］.郑州：中州书画社，1983.
李学勤.清华大学藏战国竹简（壹）［M］.上海：中西书局，2010.
李学勤.字源［M］.天津：天津古籍出版社，辽宁人民出版社，2012.
李珍华，周长楫.汉字古今音表（修订本）［M］.北京：中华书局，1999.
李智明.中国古代语言学史稿［M］.贵阳：贵州教育出版社，1993.
梁启超.中国近三百年学术史［M］.北京：东方出版社，2004.
廖名春.新出楚简试论［M］.台北：台湾古籍出版有限公司，2001.

刘钧杰. 同源字典补［M］. 北京：商务印书馆，1999.

刘钊. 古文字构形学（修订本）［M］. 福州：福建人民出版社，2011.

刘钊，等. 新甲骨文编（增订本）［M］. 福州：福建人民出版社，2014.

柳士镇. 语文名著［M］. 北京：中国青年出版社，2000.

陆宗达，王宁. 训诂与训诂学［M］. 太原：山西教育出版社，1994.

罗炽. 方以智评传［M］. 南京：南京大学出版社，1998.

马承源. 上海博物馆藏战国楚竹书（二）［M］. 上海：上海古籍出版社，2002.

马承源. 上海博物馆藏战国楚竹书（三）［M］. 上海：上海古籍出版社，2003.

宁忌浮. 洪武正韵研究［M］. 上海：上海辞书出版社，2003.

宁继福. 中原音韵表稿［M］. 长春：吉林文史出版社，1985.

濮之珍. 中国语言学史［M］. 上海：上海古籍出版社，1987.

裘锡圭. 文字学概要［M］. 北京：商务印书馆，1988.

裘锡圭. 中国出土古文献十讲［M］. 上海：复旦大学出版社，2004.

全广镇. 两周金文通假字研究［M］. 台北：台湾学生书局，1989.

任道斌. 方以智茅元仪著述知见录［M］. 北京：书目文献出版社，1985.

任道斌. 方以智年谱［M］. 合肥：安徽教育出版社，1983.

上海大学古代文明研究中心，清华大学思想文化研究所. 上博馆藏战国楚竹书研究续编［M］. 上海：上海书店出版社，2004.

上海书店出版社编. 中国地方志集成·福建府县志辑［M］. 上海：上海书店出版社，2000.

绍兴县地方志编纂委员会. 绍兴县志［M］. 北京：中华书局，1999.

沈兼士. 广韵声系［M］. 北京：中华书局，1985.

沈兼士. 沈兼士学术论文集［M］. 北京：中华书局，1986.

苏建洲.《上博楚竹书》文字及相关问题研究［M］. 台北：台湾万卷楼图书股份有限公司，2008.

孙雍长. 训诂原理［M］. 北京：语文出版社，1997.

汤余惠. 战国文字编［M］. 福州：福建人民出版社，2001.

唐兰. 殷墟文字记［M］. 北京：中华书局，1981.

唐作藩. 音韵学教程［M］. 北京：北京大学出版社，2002.

王力. 汉语史稿［M］. 北京：中华书局，1980.

王力. 汉语音韵［M］. 北京：中华书局，2003.

王力. 清代古音学［M］. 北京：中华书局，1992.

王力. 同源字典［M］. 北京：商务印书馆，1982.

王力. 王力文集［M］. 济南：山东教育出版社，1986.

王力. 王力语言学论文集［M］. 北京：商务印书馆，2000.

王力. 中国语言学史［M］. 太原：山西人民出版社，1981.

王钟翰点校. 清史列传［M］. 北京：中华书局，1997.

威妥玛著，张卫东译. 语言自迩集——19 世纪中期的北京话［M］. 北京：北京大学出版社，2002.

徐通锵. 语言论——语义型语言的结构原理和研究方法［M］. 长春：东北师范大学出版社，1997.

杨树达. 积微居金文说［M］. 北京：中华书局，1997.

姚孝遂，等. 小屯南地甲骨考释［M］. 北京：中华书局，1985.

叶宝奎. 明清官话音系［M］. 厦门：厦门大学出版社，2001.

叶玉森. 研契枝谭［M］. 北平富晋书社影印本，1929.

叶玉英. 古文字构形与上古音研究［M］. 厦门：厦门大学出版社，2009.

殷寄明. 语源学概论［M］. 上海：上海教育出版社，2000.

余行达. 说文段注研究［M］. 成都：巴蜀书社，1998.

张光裕，袁国华.《郭店楚简研究》第一卷《文字编》［M］. 台北：台北艺文印书馆，1999.

张守中，等. 郭店楚简文字编［M］. 北京：文物出版社，2000.

张舜徽. 说文解字约注［M］. 郑州：中州书画社，1983.

赵克勤. 古代汉语词汇学［M］. 北京：商务印书馆，1994.

赵元任. 现代吴语的研究［M］. 北京：商务印书馆，2011.

《中国戏曲志·福建卷》编辑委员会. 中国戏曲志·福建卷［M］. 北京：文化艺术出版社，1993.

周长楫. 闽南方言大词典［M］. 福州：福建人民出版社，2006.

周大璞. 训诂学要略［M］. 武汉：湖北人民出版社，1984.

周有光. 世界文字发展史［M］. 上海：上海教育出版社，2011.

周祖谟. 文字音韵训诂论集［M］. 北京：北京大学出版社，2000.

论文

白于蓝. 郭店楚简拾遗［J］. 华南师范大学学报（社会科学版），2000（3）.

曹强. 论江有诰对《诗经》"合韵"处理之得失［C］//《汉语史学报》第九辑. 上海：上海教育出版社，2010.

陈鸿森. 陈鳣事迹辨正［C］// 传统中国研究集刊 第一辑 . 上海：上海人民出版社，2006 .

陈辉.19 世纪东西洋士人所记录的汉语官话［J］. 浙江大学学报（人文社会科学版），2010（6）.

陈伟.《语丛》一、三中有关"礼"的几条简文［C］// 郭店楚简国际学术研讨会论文集 . 武汉：湖北人民出版社，2000.

陈伟武 . 双声符字综论［C］// 中国古文字研究：第 1 辑 . 长春：吉林大学出版社，1999.

陈燕 . 试论段玉裁的合韵说［J］. 天津师大学报（社会科学版），1992（3）.

陈垣. 广韵声系序［C］// 沈兼士《广韵声系》，北京：中华书局，1985.

陈云龙 . 从"旧时正话"看明代官话［J］. 语文研究，2005（1）.

董绍克. "声近义通"的适用范围及其与"约定俗成"的关系［J］. 山东师大学报（哲学社会科学版），1984（3）.

范文凤.《等韵学》音系研究［D］. 厦门大学硕士学位论文，2007.

冯爱珍. 福州方言的入声［J］. 方言，1993（2）.

冯蒸.《尔雅音图》音注所反映的宋初零声母——兼论中古影、云、以母的音值［J］. 汉字文化，1991（1）.

冯蒸.《尔雅音图》音注所反映的五代宋初等位演化：兼论《音图》江 / 宕、曾 / 梗两组韵摄的合流问题［J］. 语言研究，1996（6 ）.

冯蒸. 古汉语同源联绵词试探——为纪念唐兰先生而作［J］. 宁夏大学学报（社会科学版），1987（1 ）.

高田时雄. 清代官话の资料について［C］// 东方学会创立五十周年纪念东方学论集，1997.

古屋昭弘.上古音的开合与战国楚简中的通假字［C］// 历史语言学研究：第三辑.北京：商务印书馆，2010.

顾之川.《通雅》转语研究［D］.西南师范大学硕士学位论文，1988.

郭锡良.殷商时代音系初探［J］.北京大学学报（哲学社会科学版），1988（6）.

郭永秉.说《子羔》简 4 的“敏以好诗”［C］// 出土文献与古文字研究：第一辑.上海：复旦大学出版社，2006.

何九盈.古无去声补证［C］// 音韵丛稿.北京：商务印书馆，2002.

何九盈.《说文》省声研究［J］.语文研究，1991（1）.

侯精一.百年前的广东人学“官话”手册《正音咀华》［J］.语文建设，1962（12）.

黄德宽，徐在国.郭店楚简文字考释［C］// 新出楚简文字考.合肥：安徽大学出版社，2007.

黄德宽，徐在国.上海博物馆藏战国楚竹书（一）缁衣・性情论释文补正［J］.古籍整理研究学刊，2002（2）.

黄典诚.闽语的特征［J］.方言，1984（3）.

黄天树.殷墟甲骨文“有声字”的构造［C］// 黄天树古文字论集.北京：学苑出版社，2006.

黄薇.明清官话的标准音研究述评［J］.兵团教育学院学报，2011（3）.

黄锡全.读上博楚简札记［C］// 新出楚简与儒学思想国际学术研讨会会议论文.清华大学，2002-03-31.

柯建林.清孙偘《尔雅直音》音系研究［D］.首都师范大学硕士学位论文，2011.

孔仲温.郭店楚简《缁衣》字词补释［C］// 古文字研究：第二十二辑.北京：中华书局，2000.

黎新第.近代汉语共同语语音的构成、演进与量化分析［J］.语言研究，1995（2）.

黎新第.明清时期的南方系官话方言及其语音特点［J］.重庆师院学报（哲学社会科学版），1995（4）.

李葆嘉.论明清官话的市民社会内涵［J］.南京社会科学，1995（6）.

李葆嘉.清代琉球官话课本音系南京说——《琉球官话课本研究》结论

驳议［C］// 中国音韵学研究会第十一届学术讨论会论文集．香港：文化教育出版社有限公司，2000.

李丹丹，李炜．琉球官话课本的“官话”性质［J］．吉林大学社会科学学报，2008（1）.

李方桂，周祖谟，朱德熙，等．上古音学术讨论会上的发言［C］// 语言学论丛：第十四辑．北京：商务印书馆，1987.

李家浩．读《郭店楚墓竹简》琐议［C］// 中国哲学：第 20 辑．沈阳：辽宁教育出版社，1999.

李鹃娟．丁履恒“合韵理论”与章君“成均图”比较研究［C］// 声韵论丛：第 10 期．台北：台湾学生书局，2001.

李军．《切字捷要》所反映的明代“汉音”［J］．古汉语研究，2011（2）.

李零．郭店楚简校读记［C］// 道家文化研究：第十七辑（“郭店楚简”专号）．北京：三联书店，1999.

李守奎，王永昌．段玉裁“古谐声偏旁分部互用说”的文字学观察——兼论汉字中的“假形声字”［C］//“出土文献与传世典籍的诠释”国际学术研讨会论文，2017.

李天虹．释楚简文字“廈”［C］// 华学：第四辑．北京：紫禁城出版社，2000.

李文．论段玉裁的“古异平同入说”［J］．古汉语研究，1997（2）.

李新魁．汉语音韵学研究概况及展望［C］// 音韵学研究：第一辑．北京：中华书局，1984.

李新魁．论近代汉语共同语的标准音［J］．语文研究，1980（1）.

李学勤．论楚简《缁衣》首句［C］// 清华简帛研究：第 2 辑．北京：清华大学出版社，2002.

李学勤．论清华简《楚居》中的古史传说［J］．中国史研究，2011（1）.

林素清．郭店、上博《缁衣》简之比较——兼论战国文字的国别问题［C］// 新出土文献与古代文明研究国际学术研讨会论文．2002-07-28.

刘福根．戴侗“因声以求义”的理论与实践［J］．古汉语研究，1996（4）.

刘冠才．论祭部［J］．古汉语研究，2004（2）.

刘国胜．郭店竹简释字八则［J］．武汉大学学报（哲学社会科学版），

1999（5）.

刘青松. 方以智古音研究考论［J］. 语言研究增刊：音韵学专辑，1998.

刘青松. 杨慎古音学思想初探［J］. 古汉语研究，2000（3）.

刘世俊，张博. 说“转语”［J］. 宁夏社会科学，1993（5）.

刘钊 . 谈古文字资料在古汉语研究中的重要性［C］// 古文字考释丛稿 . 长沙：岳麓书社，2005.

鲁国尧. 明代官话及其基础方言问题——读《利玛窦中国札记》［J］. 南京大学学报：哲学. 人文科学. 社会科学，1985（2）.

鲁国尧. 研究明末清初官话基础方言的廿三年历程——“从字缝里看”到“从字面上看”［J］. 语言科学，2007（2）.

鲁国尧. 中国音韵学研究会第十二届学术讨论会暨汉语音韵学第七届国际学术研讨会开幕辞［C］// 语言学文集：考证、义理、辞章. 上海：上海人民出版社，2008.

鲁国尧. 周祖谟文选 · 前言［C］// 周祖谟文选. 北京：北京大学出版社，2010.

吕胜男. 再谈《诗经》之耕、真合韵［J］.《天中学刊》，2009（1）.

麦耘. 论近代汉语 -m 韵尾消变的时限［J］. 古汉语研究，1991（4）.

麦耘.《正音撮要》中尖团音的分合［J］. 古汉语研究，2000（1）.

孟蓬生. 简帛文献语义研究［C］// 简帛文献语言研究 . 北京：社会科学文献出版社，2009.

木津祐子.《新刻官话汇解便览》的音系初探——兼论明清正音书在日本的影响［C］// 中国音韵学研究会第十一届学术讨论会论文集. 香港：文化教育出版社有限公司，2000.

裘锡圭. 谈谈古文字资料对古汉语研究的重要性［J］. 中国语文，1979（6）.

桑宇红. 知庄章组声母在现代南方方言的读音类型［J］. 河北师范大学学报（哲学社会科学版），2008（3）.

沈兼士. 广韵声系编辑旨趣［C］// 沈兼士《广韵声系》，北京：中华书局，1985.

石云孙.《通雅》：雅学的辉煌［J］. 安庆师范学院学报（社会科学版），1997（2）.

时建国.《切韵声源》研究［C］// 音韵论丛，济南：齐鲁书社，2004.

苏建洲.《上博楚竹书七》考释六题［C］// 出土文献与古文字研究：第三辑 . 上海：复旦大学出版社，2010.

孙宜志. 方以智《切韵声原》与桐城方音［J］. 中国语文，2005（1）.

孙宜志.《通雅》在汉语方言学上的地位［J］. 古籍整理研究学刊，2006（3）.

孙玉文. 试论跟明母谐声的晓母字的语音演变（一）［J］. 古汉语研究，2005（1）.

孙玉文. 谐声系列和上古音［C］// 中国语言学：第 4 辑 . 北京：北京大学出版社，2010.

田恒金. 谈方以智对古音以及音义关系的认识［J］. 河北师院学报（社会科学版），1995（3）.

汪启明 .《六书音均表・四》合韵字研究［J］.《楚雄师专学报》，1987（2）.

王力. 训诂学上的一些问题［C］// 王力语言学论文集. 北京：商务印书馆，2000.

王志平，董琨 . 简帛文献文字研究［C］// 简帛文献语言研究 . 北京：社会科学文献出版社，2009.

谢洁瑕. 姚文田古音学研究［J］. 古汉语研究，2007（1）.

岩田宪幸.《正音通俗表》音系的特征［J］. 龙谷纪要，1995（17）.

颜世铉. 郭店楚简浅释［C］// 张以仁先生七秩寿庆论文集. 台北：台湾学生书局，1999.

杨建忠. 方以智《通雅》"因声求义"的实践［J］. 黄山学院学报，2004（1）.

杨建忠，贾芹. 方以智《通雅》"因声求义"的理论［J］. 古籍整理研究学刊，2003（4）.

杨建忠，夏永声，白俊芳. 方以智《通雅》对清代学风的影响［J］. 韶关学院学报（社会科学版），2004（2）.

叶宝奎. 谈清代汉语标准音［J］. 厦门大学学报（哲学社会科学版），1998（3）.

袁雪梅. 试评方以智对"謰语"及联绵词的研究［J］. 四川师范大学学报（哲学社会科学版），1998（3）.

远藤光晓.《翻译老乞大・朴通事》里的汉语声调［C］// 语言学论丛：

第十三辑. 北京：商务印书馆，1984.

曾晓渝. 见母的上古音值［J］. 中国语文，2003（2）.

曾晓渝.《西儒耳目资》的调值拟测［J］. 语言研究，1992（2）.

张金发. 论《马氏等音》知照组声母以及日母的特点［J］. 漳州师范学院学报（哲学社会科学版），2011（4）.

张民权. 论顾炎武《诗本音》通韵合韵关系处理之得失［J］.《语文研究》，1999（2）.

张民权. 万光泰古音学述评［J］. 古汉语研究，2005（1）.

张卫东. 北京音何时成为汉语官话标准音［J］. 深圳大学学报（人文社会科学版），1998（4）.

张玉来. 近代汉语官话入声的消亡过程及相关的语音性质［J］. 山东师大学报（社会科学版），1991（1）.

张玉来. 明清时代汉语官话的社会使用状况［J］. 语言教学与研究，2010（1）.

赵元任，颜森. 什么是正确的汉语［J］. 江西师范大学学报，1989（3）.

周长楫. 通假字"音同"原则浅说［J］. 古汉语研究，1998（1）.

周凤五. 郭店楚简识字札记［C］// 张以仁先生七秩寿庆论文集. 台北：台湾学生书局，1999.

周华飞. 古音学"合韵说"研究史［D］. 天津师范大学硕士学位论文，2013.

周远富. 方以智古音学考论［D］. 南京大学博士学位论文，2002.

周远富. 方以智《通雅》与上古声纽研究［J］. 语言研究，2002（4）.

周祖谟. 广韵声系叙例［C］// 沈兼士《广韵声系》，北京：中华书局，1985.

周祖谟. 汉代竹书和帛书中的通假字与古音的考订［C］// 音韵学研究：第一辑. 北京：中华书局，1984.

朱德熙. 在长沙马王堆汉墓帛书座谈会上的发言［M］// 朱德熙文集：第5卷. 北京：商务印书馆，1999.

后　记

本书的写作，意在总结之前所学，以启新途。书中部分内容，曾以单篇论文形式刊于各学术刊物。在此，特别感谢各刊物编辑，使我有问学于学界、请益于同行的机会。有两章内容是在所指导的研究生丁媛和余虹两位同学毕业论文基础上修改而成的。

书稿既成，似可“轻松”一下，但我连这个念头都没有。相反，感到很“惶恐”。一则，书一旦出版，则覆水难收，文责自负。而反观自己，才疏学浅，未能自信之处夥颐，故而惴惴不安。二则，近两年参加了数次学术会议，有机会与一批80、90后青年才俊切磋琢磨，他们才思敏捷，视野开阔，使我这种“惶恐”之感与日俱增。果应了这句话：长江后浪推前浪。要想不被后浪拍死，尚需加倍努力！

近年来，颇感自己处于“中年学术危机”，试图“升级转型”（姑且认为是“升级转型”吧），故一方面于上古音中继续摸爬滚打，一方面又想利用新的出土材料开拓新的研究领域。但时至今日，总感觉举步维艰、力不从心，甚或陷入邯郸学步的窘境。

走到今天，我感觉自己实属幸运：身边有好的师长、同门、同仁；在对的时间遇到对的人；在人生的重要时刻常有贵人相助；心想的事经过努力大多数也能实现。若无师友之提携奖掖，则无我之今日。师友同门同道之恩情，我庶几永念焉。常思奋发图强以报之，但因自己资质鲁钝，懒散懈怠，常常是顾此失彼。加之当今学术繁荣，著作蜂出，新知迭现，真有点目不暇接。

特别感谢我的硕士导师刘世俊先生。老师已八秩高龄，当我怀着忐忑与不安，求老师赐序时，老师不但爽快答应，而且表示：“你让老师做的，老师一定会做到。”闻此，我一句话都说不出，只有感动、感激、感恩。似海师恩，无以为报！感谢学习、工作中给我鼓励的师长、同门、同仁、同事！我本该列出长长的感谢名单，但若列出，恐怕要占很大篇幅。感谢出版社编辑的辛苦工作，她们的编辑非常认真、负责！感谢是必须的，行动是重要的。接下来的日子，唯有不懈努力，方可报答师友！

敬请博雅君子，并世方家，是正纰缪，助予前行，则予将奉觞加璧馨香祝寿者也。

杨建忠

2018.10.27 于杭州